竞技体育教练员工作压力的构成及其与工作倦怠的关系

徐　磊　著

北京体育大学出版社

策划编辑：李志诚
责任编辑：李志诚
责任校对：原子茜
版式设计：李　鹤

图书在版编目（CIP）数据

竞技体育教练员工作压力的构成及其与工作倦怠的关系 / 徐磊著. -- 北京 : 北京体育大学出版社, 2019.12
ISBN 978-7-5644-3269-0

Ⅰ. ①竞… Ⅱ. ①徐… Ⅲ. ①竞技体育－教练员－工作状态－研究 Ⅳ. ①G808.191

中国版本图书馆CIP数据核字（2019）第268853号

竞技体育教练员工作压力的构成及其与工作倦怠的关系

JINGJI TIYU JIAOLIANYUAN GONGZUO YALI DE GOUCHENG JIQI YU GONGZUO JUANDAI DE GUANXI

徐磊　著

出版发行：北京体育大学出版社
地　　址：北京市海淀区农大南路1号院2号楼4层办公B-421
邮　　编：100084
网　　址：http：//cbs.bsu.edu.cn
发 行 部：010-62989320
邮 购 部：北京体育大学出版社读者服务部 010-62989432
印　　刷：北京建宏印刷有限公司
开　　本：710mm × 1000mm　　1/16
成品尺寸：157mm × 235mm
印　　张：15
字　　数：231千字
版　　次：2019年12月第1版
印　　次：2019年12月第1次印刷
定　　价：88.00元

前　言

教练员工作压力是引起工作倦怠的主要原因，不仅会影响教练员的身心健康，而且还会影响整个竞技体育事业的可持续发展。

本研究以资源保存理论和压力交互作用理论为基础，以竞技体育教练员工作压力的构成及其与工作倦怠的关系为研究对象，通过文献资料法、问卷调查法、访谈法和数理统计法，建立了以教练员工作压力为自变量、工作倦怠为因变量、应对策略为中介变量、自我效能感和组织支持感为调节变量的有中介的调节模型，即自我效能感和组织支持感在教练员工作压力和工作倦怠之间起调节作用，并且这种调节作用可以通过应对策略这一中介得以实现。主要研究结论如下。

（1）在借鉴以往工作压力测量工具的基础上，通过定性的访谈，编制了27个题目的教练员工作压力问卷。该问卷一共由5个维度组成，分别为：工作特征压力、人际关系压力、职业发展压力、工作保障压力和绩效考核压力。

（2）教练员感受的工作压力处于中等偏上水平，其中工作保障压力最强烈；教练员工作倦怠的程度处于中等偏上水平，低效能感受最强烈；教练员在面对压力时，多采用积极应对策略而较少采用消极应对策略；教练员的自我效能感处于中等偏上水平，而组织支持感处于中等偏下水平。

（3）教练员工作压力的部分维度在性别、年龄、职称、工作时间、学历和婚姻状况变量上存在显著差异。

（4）教练员工作压力与工作倦怠有正向相关关系，具体来说：教练员工作特征压力、人际关系压力、职业发展压力、工作保障压力和绩效考核压力都可以正向预测情感衰竭、低效能和疏离感。其中，职业发展压力对情感衰竭和低效能的解释力最大；人际关系压力对疏离感的解释力最大。

（5）自我效能感、组织支持感在教练员工作压力的部分维度和工作倦怠的不同维度的关系中具有调节效应，也就是说自我效能感和组织支持感的强弱可以影响教练员工作压力部分维度和工作倦怠之间的关系。

（6）积极应对策略和消极应对策略在教练员工作压力和工作倦怠之间具有中介效果。

（7）自我效能感、组织支持感和教练员工作压力的部分维度之间的交互作用是通过积极应对策略和消极应对策略对工作倦怠产生影响的。

目 录

1 绪 言

1.1 选题依据

奥林匹克圣火历经了一个多世纪的传递，奥运会已经成为世界舞台上重大的文化活动。在这个舞台上各个国家竞争空前激烈，现代竞技体育发展迅速。中华人民共和国成立以来，我国竞技体育水平不断提高，我国在世界体坛和奥运会的舞台上拥有了自己的一批优势项目（如体操、跳水、乒乓球、举重等），这些项目的发展经历了由小到大、由弱变强的过程。这些项目的强盛不仅与我国运动员的刻苦努力有关，更与我国拥有一大批高水平的教练员有密切关系。

田麦久教授曾指出，教练员是直接影响竞技体育发展的因素之一。一个国家竞技体育水平是受多方面因素影响的，教练员水平和人数是其中一个很重要的因素，教练员是决定运动员水平的主导因素之一。在竞技体育运动中，无论是运动员的选材、运动训练的过程还是参加比赛以及运动员的管理都需要教练员付出大量的劳动和辛勤的工作。2001年，时任国家体育总局局长袁伟民在全国体育发展战略研讨会上提出，一个国家竞技体育水平的高低关键在于教练员。一位精通业务、钻研技术、善于管理、有理想追求的教练员往往能带出一支好队伍。国家体育总局原副局长李富荣曾经在国家级教练员的培训班上指出，教练员水平的高低直接影响运动员水平的高低，要想使运动项目得到可持续发展，拥有一大批高水平的教练员是前提条件。可以这么说，没有金牌教练员就没有金牌运动员。可见，国家竞技体育之间的竞争表面上是运动员之间的竞争，实质上是教练员之间的竞争。

长期以来国内外研究者对运动员的心理健康问题做了大量研究，也获得了相应的研究成果。但是作为高压力状态下的教练员，他们的心理健康方面的研究却始终没有得到重视。现实告诉我们，如果不关注教练员的心理健康问题，不仅会引发个体一系列的不良反应，而且会影响一个国家竞技体育的发展。2008年，时任古巴女排主教练的卡尔德隆因战绩不佳被解职，后因压力太大心情抑郁患上疾病离开人世，终年57岁；他的继任者佩尔多莫由于心脏病突发死在工作岗位上。从此，古巴女排进入低谷，成绩一落千丈。俄罗斯女排主教练奥夫钦尼科夫在伦敦奥运会后也因压力太大、心情抑郁而自杀。这些悲剧都提示我们在重视运动员的心理调节和心理健康的同时也应重视教练员的心理健康问题。

竞技体育教练员由于其特殊的职业特征，如工作繁重、社会期望值高、责任重大，还要面对各种类型的运动员，不但要承担整个运动训练的管理工作，同时还要扮演许多职业角色，如运动训练设计者、家长、教师、朋友、科研人员等，容易造成角色冲突、角色模糊等问题，可见他们的职业性质决定他们工作压力巨大。过大的工作压力容易引发工作倦怠等一系列负面反应，同时还会严重影响教练员的身心健康和生活质量，而且也会直接影响运动员的竞技水平，甚至会影响一个国家竞技运动的发展。因此，研究教练员工作压力的诱发因素以及工作压力与工作倦怠之间的关系，可以使我们在进行压力管理时避免工作压力引发工作倦怠，扫除其负面影响，进而使工作压力产生积极作用。

1.2 研究主题

以我国竞技体育教练员（以下简称“教练员”）的工作压力现状作为事实依据，首先，探索研究教练员工作压力与工作倦怠之间的具体关系；其次，分别探讨自我效能感和组织支持感对二者之间关系的影响，也就是说在相同的压力下个体的感受会不同，即自我效能感和组织支持感在教练员的工作压力对工作倦怠的影响中的调节机制；最后，探讨这种调节机制的内部机制，即提出两个有中介的调节模型。

1.3 研究目的和研究意义

1.3.1 研究目的

首先，本研究通过对相关文献综述的归纳和总结，深入分析教练员工作压力、工作倦怠、自我效能感、组织支持感和应对策略的理论基础及它们之间的相关关系。其次，探索教练员工作压力的诱发因素，对教练员工作压力的测量工具进行编制并对现状进行调查。再次，对竞技体育教练员的工作压力、工作倦怠、自我效能感、组织支持感和应对策略之间的关系建立研究假设和理论模型，并进行实证检验。最后，通过定性和定量分析，分别从个人角度和组织角度对教练员工作压力的科学预防和干预提出建议。

1.3.2 研究意义

1.3.2.1 理论意义

本研究从自我效能感（个人角度）和组织支持感（组织角度）出发，以竞技体育教练员为调查对象，探索教练员的工作压力组成维度，深入分析教练员的工作压力和工作倦怠之间的关系，以及自我效能感和组织支持感在它们之间的作用机制，拓展工作压力和工作倦怠的研究范围，并且为教练员的工作压力管理和干预提供理论依据。

1.3.2.2 实践意义

教练员是竞技体育发展的重要组成部分，教练员的心理健康对竞技体育的发展有着重要影响。对教练员工作压力进行研究，对教练员个人而言，可以了解工作压力的构成因素和作用规律，积极地进行压力管理，减少负面影响，提高工作积极性与满意度；对教练员的管理部门而言，可以通过制定相关的规章制度和政策，改善教练员的工作环境和待遇，对教练员的压力进行干预和管理，减少教练员的工作倦怠，进而提高教练员的工作绩效。

1.4 主要研究内容

1.4.1 编制竞技体育教练员的工作压力问卷

以往对教练员工作压力的测量都是借鉴相关领域的测量工具，但是由于职业的不同，构成工作压力的维度可能会不同，因此，本研究通过个人深度访谈和集体访谈对教练员的工作压力源进行归纳总结，然后对编制的问卷进行预试检验后，形成正式问卷，为后面的假设检验建立基础。

1.4.2 教练员工作压力对工作倦怠的影响机制

（1）教练员工作压力和工作倦怠的直接关系和间接关系。

首先，对教练员工作压力与工作倦怠之间的直接相关关系和工作压力对工作倦怠中的三个维度（情感衰竭、低效能和疏离感）的预测作用进行实证分析。其次，探讨应对策略（积极应对策略、消极应对策略）在工作压力和工作倦怠之间的中介作用。

（2）自我效能感对教练员工作压力和工作倦怠之间关系的调节效应。

通过相关分析和分层回归分析，探讨教练员自我效能感对教练员工作压力和工作倦怠之间关系的调节作用。

（3）组织支持感对教练员工作压力和工作倦怠之间关系的调节效应。

通过相关分析和分层回归分析，探讨教练员组织支持感对教练员工作压力和工作倦怠之间关系的调节作用。

（4）应对策略为中介变量、自我效能感为调节变量的有中介的调节效应。

通过相关分析和分层回归分析，探讨教练员工作压力对工作倦怠影响机制中自我效能感在工作压力和应对策略之间的调节作用。

（5）应对策略为中介变量、组织支持感为调节变量的有中介的调节效应。

通过相关分析和分层回归分析，探讨教练员工作压力对工作倦怠影响机制中组织支持感在工作压力和应对策略之间的调节作用。

1.5 研究创新点

（1）研究工具创新。以往对工作压力和工作倦怠的研究主要关注如护士、警察等行业，体育教练员由于特殊的工作环境和工作特点，其工作压力可能会和其他职业有所差异。以往的研究虽然探讨过教练员这个群体，但是测量工具都是借鉴相关领域的量表或问卷，必定会对教练员工作压力的测量造成误差。因此，本研究根据科学的问卷编制方法对教练员工作压力的测量工具进行编制，为下一步的假设检验提供基础。

（2）研究视角创新。本研究从个体角度（自我效能感）和组织角度（组织支持感）两个层面进行研究。以往的研究只是将个体特征变量和环境变量单独作为中介或者调节变量进行研究，而本研究将从个体和组织两个视角全面深入研究教练员工作压力和工作倦怠之间的关系。

（3）研究内容创新。本研究以资源保存理论和压力交互作用理论为基础，构建了教练员工作压力对工作倦怠影响机制的理论模型。具体来说，首先，根据资源保存理论验证了自我效能感、组织支持感对工作压力和工作倦怠之间关系的调节效应；其次，根据压力交互作用理论验证应对策略在工作压力和工作倦怠之间的中介作用；最后，提出了自我效能感、组织支持感调节教练员工作压力和工作倦怠之间关系的作用机制，也就是揭示了教练员工作压力在不同的自我效能感和组织支持感的情况下存在差别的原因（怎样起到作用），提出了两个有中介的调节模型，该模型不仅丰富了教练员工作压力和工作倦怠的研究内容，而且对教练员工作压力的早期预防和干预有重要的参考价值。

1.6 研究技术路线

本研究在理论分析的基础上，构建了教练员工作压力、工作倦怠、自我效能感、组织支持感和应对策略之间关系的假设模型。具体研究技术路线如图1所示。

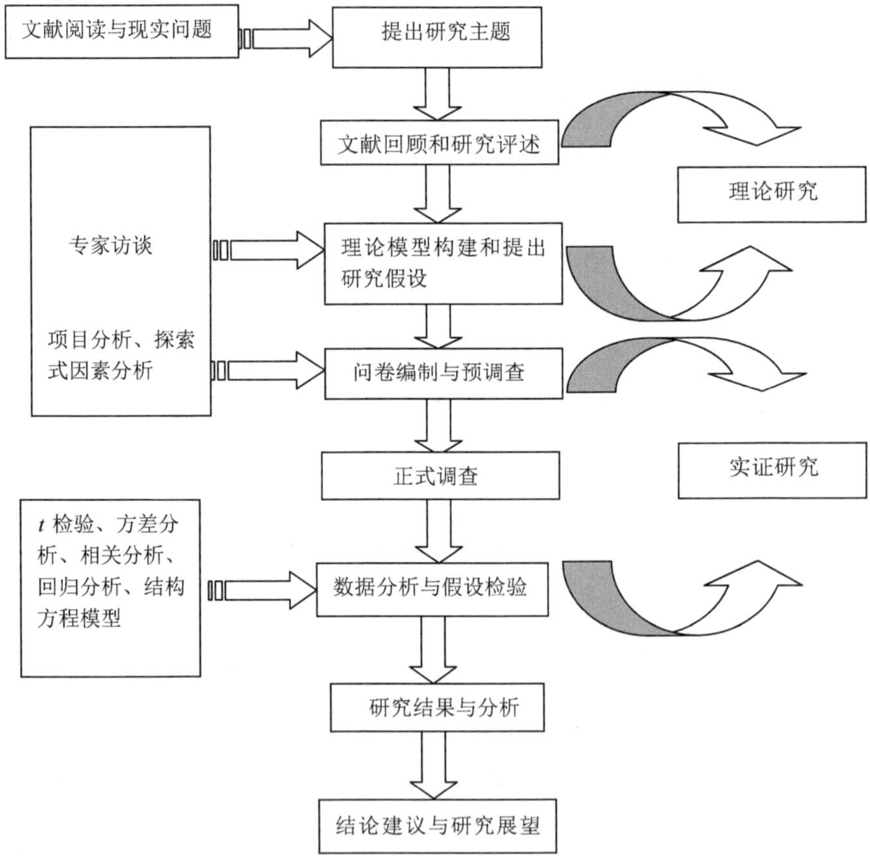

图1　研究技术路线示意图

1.7 结构安排

本研究根据研究的主题进行文献梳理和回顾，并对文献进行评述，在这个基础上提出教练员工作压力对工作倦怠的影响机制的研究设计，即根据研究的目的选择相应的研究方法、提出研究假设和建立研究模型。通过编制问卷、借鉴和引用相关成熟的问卷，并通过小样本的预试对相关测量工具进行检验形成正式问卷，然后进行正式调查。然后根据问卷所收集的数据进行假设检验，对相关变量之间的关系进行讨论，最后得出研究结论，并根据结论提出相关建议。具体研究结构如下。

（1）第一部分是前言，主要介绍本研究的选题依据、研究的目的和意义、研究的主要内容、主要创新点、技术路线和结构安排。

（2）第二部分是对本研究的研究模型的5个变量进行文献回顾和评述，即对工作压力、工作倦怠、自我效能感、组织支持感、应对策略进行文献探讨，并对它们之间的关系进行评述，在此基础上提出研究的局限和不足之处。在文献分析的基础上，通过分析相关的理论基础进行本研究模型的构建和提出相应的研究假设。

（3）第三部分是研究的设计，包括具体的研究对象、研究方法和数据的收集方法等。

（4）第四部分主要是进行问卷的编制和对本研究的假设进行检验。首先，在预试问卷的信效度检验的基础上，进行验证式因素分析进一步检验问卷的结构效度和信度；其次，通过相关分析和回归分析对假设模型之间的关系进行检验，并对检验结果进行讨论。

（5）第五部分是研究结论和建议，根据上述假设检验的结果和讨论，从自我效能感（个体角度）和组织支持感（组织角度）出发，提出减少体育教练员工作压力和工作倦怠的建议和对策，最后提出本研究的研究不足、局限和展望。

2　文献综述

2.1　工作压力的研究

2.1.1　压力的定义

在过去的几十年中，由于构成压力的因素过于复杂，关于压力概念的认识，学术界一直存在很多争议。各个学派分别从不同的角度对压力进行了研究并取得了一定的研究成果。在众多学派的研究当中，主要存在以下几种学说。

（1）压力的刺激学说。该学说认为当个体受到外界环境刺激时就会产生压力。该学说主要强调压力刺激的来源（来源具有破坏性和干扰性），并认为是外界环境不良的刺激导致个体的反应或紧张。例如，Janis和Mann认为：压力性事件是由外界环境的变化导致的个体情绪上的紧张、不愉快，进而导致个体处理信息的能力下降。Ruff G. E.等人认为：压力是指机体需要维持机体的基本功能来应付外界环境的条件变化的一种状态。Akster等认为：压力是外界一种环境力量从而导致机体基本功能不平衡。

（2）压力的反应学说。该理论认为压力是个人的一种主观感受，是面对外界环境时的生理和心理的反应，同时也是一种消极的反应状态。美国著名的生理学家瓦尔特·坎农（Walter Cannon）认为动物在面对外界的威胁时会调整身体的生理和心理状态，使机体处于警戒状态，对于人也一样，面对外界威胁的力量时人也处于同样的警戒状态，具体表现为：呼吸频率加快，激素分泌增多，只是每个人的表现程度不一样。随后加拿大的心理学家汉斯·谢耶（Hans Selye）进一步对紧张状态进行了研究，他认为虽然导致压力的因素有很多，但压力下的状态是一样的，并且在随后的研究中把这种状态称为一般性适应综合征（GAS，包括3个阶段：警戒阶段、抵抗阶段、衰竭阶段）。该研究在学术界有力地推动了压力研究的发展。

（3）压力的主体特征学说。该学说特别强调了个人的主观特征在面对压力时的重要作用，即压力的产生与主体的需要和能力有关。当个体有高需求而又感到能力有所不能及时，就会感到压力的存在。例如，Lazarus认为：压力是当有新的需求产生时，个体难以满足这些需求的心理状态。McGrath认为：在需求和能力之间处于失衡状态时压力就会产生。

（4）压力的复杂构成学说。随着压力的研究越来越全面和系统，Lazarus和Folkman提出了压力的交互作用理论。该理论认为无论是刺激学说还是反应学说都忽略了人在反应过程中的主观作用，是不够全面的。他们认为压力是一个动态变化的过程而不是一个静态的结果，压力是随着环境和时间而变化的，是人和环境相互作用所产生的结果。因此，他们认为压力应该包括压力源、压力感、心理过程3个相关概念。

从以上观点可以看出，刺激学说强调外界环境的作用，关注压力的来源和刺激性质；反应学说则强调个体对外界刺激的主观感受及身心反应；主体特征学说特别强调了个人应对压力时的不同反应；复杂构成学说则综合了以上观点并得到了学术界的广泛认可，认为压力是外界刺激和个体的共同产物，全面考查了压力的形成机制。以上研究为后续的工作压力理论奠定了基础。

2.1.2 工作压力的定义

随着压力研究范围的扩大，压力研究逐渐从医学、心理学渗透到组织行为学和社会学领域，直到20世纪70年代，压力研究应用到工作场所，进而形成了以工作环境或职业环境为背景的工作压力或称为职业压力（job stress或occupation stress）。现将国内外学者从不同视角给出的职业压力的定义总结如下。

国外学者Caplan等人认为工作压力是工作环境的特性，如工作负荷、工作复杂程度、角色特征、角色模糊等对个人产生威胁而产生的状态。Lazarus和Launier认为“压力是需要或超出正常适应反应的任何状况”。他们认为压力与个体对它的认知有密切关系。也就是说，不同的人对同一种压力的看法是不同的。Cooper和Marshall认为个体之所以感受到工作压力，是由于外界环境和个体的主观愿望不匹配，也就是说匹配程度的大小造成了工作压力的大小。Macneil认为：个体的人格特质与工作环境中各种因素交互作用产生想象，当个体意识到其中的因素对其心理产生威胁时，工作压力便产生。Luthans和Fred认为工作压力是指个体在工作环境中对外界环境的适应性反应，这些反应会导致个体心理、生理、行为上的偏移。Lazarus和Folkman将工作压力定义为：当环境与个体之间产生一些特殊的关系时，个体认为无法应对这种特殊关系并产生了疲劳，或超越了个体所拥有的心理资源和能力。Lazarus还认为不同的人面对同样的压力事件时会有不同的情绪、行为表现。Kvriacou认为工作压力是一种痛苦、消极的经验，这种经验是在面对问题时个人的能力和资源无法解决时产生的。Quick等人认为工作压力就是指压力的后果，他们把压力反应定义为在面对压力源时机体各种心理、生理等自然资源的调配和调动。Hart、Wearing和Headey等认为工作压力是个体与工作环境的交互作用所导致的一系列的资源不平衡状态。该定义强调应将与工作压力相关的变量如应对方式、个性特点等考虑进来。Summers和De Cotiis认为工作压力是个体由于某种特殊原因偏离了所希望的生活的主观体验。Jungwee Park将工作压力定义为：当个体的能力、资源和需求与工作要求不匹配时所产生的情绪、心理、生理的不良反应。

相比国外学者，国内学者对工作压力的研究比较晚，大多是借鉴国外研究的成果。徐长江作为国内工作压力研究最早的学者之一，他认为工作压力的形成与工作环境中威胁个人目标的压力源有关，并且这些压力源是长期不间断地对个体产生作用，最终导致个体在心理、生理和行为上的不适反应。李中海、廖建桥认为，在工作环境中，当人感觉自己的应对能力不能满足工作需求时，即产生了不平衡状态。这种状态会刺激人的生理、心理的不适反应。许小东认为工作压力是个体在工作环境中，在压力源持续的刺激下，个体的工作行为受到威胁所产生的一系列的生理、心理和行为的反应过程。石林认为工作压力是指在“工作环境中发生的，使个人目标受到威胁的压力源长期地、持续地作用于个体而形成的个体不同的工作压力反应”。舒晓兵认为“工作压力是在一个组织中，个体的工作能力与要求的匹配及对风险的惧怕程度”。

通过对以上国内外学者相关文献的梳理可知，国内外学者分别从以下几个角度给工作压力下了定义：第一，认为压力是由于外界的作用产生的，压力来自外界压力源；第二，压力来自个体的主观认知和感受，即压力源来自内在认知；第三，压力是外界和个体内在认知的共同作用，即压力是在外在环境和内在的主观认知的共同作用下产生的，这一观点也得到了学术界的普遍认同。

因此，本研究结合第三个观点认为，竞技体育教练员的工作压力是指在工作过程中，由工作环境方面的压力源如工作时间过长、工作负荷过重等所导致的个体与工作环境交互作用所产生的生理、心理和行为的一系列反应。

2.1.3 工作压力的理论基础

关于工作压力的理论主要有以下几种：

（1）个体—环境匹配理论。

个体—环境匹配理论（图2）是Frech和Caplan提出的，并在工作压力领域得到了广泛的应用。他们认为工作压力的大小与工作环境和个体的适应程度是相关联的。该理论强调工作环境与个体的能力、个体的特征的匹配程度，比较全面地揭示了工作压力的成因。

（2）工作要求—控制模式理论。

Karasek提出的工作要求—控制模式理论（图3）也是工作压力研究中一个重要的理论。该理论强调工作压力受工作要求和工作控制的共同影响。工作要求是指工作的强度、难度和任务量等；工作控制表现为决策力和技能。也就是说，工作压力既不取决于工作要求也不取决于工作控制，而是两者相互作用的结果。当工作控制处于不同水平的时候，工作要求对工作压力的影响也不一样。

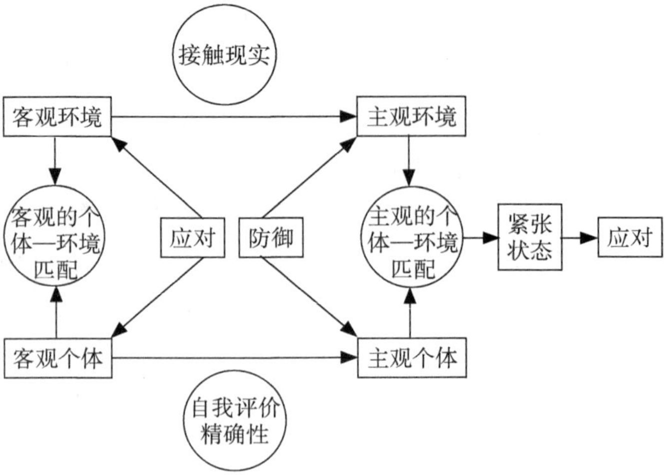

图2　个体—环境匹配理论（资料来源：Frech&Caplan，1972）

	低	高
低	“被动”工作	“高紧张度”工作
高	“低紧张度”工作	“积极主动”工作

图3　工作要求—控制模式理论（资料来源：Karasek，1979）

随后Van Der Doef将社会支持变量加入了该模型，将这一模型进一步发展为工作要求—工作控制—支持模式（简称JDCS），该理论认为社会支持会对工作压力产生显著的影响。

（3）基于交互作用模型的工作压力评价理论。

该理论是Lazarus在个体—环境匹配理论的基础上提出来的，弥补了早期的研究不足（图4）。早期研究认为环境和个性特征是分离的，是静态地看待个人与环境的匹配程度；而交互作用评价理论认为压力是一个随情景变化的动态过程。该理论认为压力的产生取决于两次评价：第一次评价是个体考察情景对自己的重要性，第二次评价是个体考察自己所具备的应对资源。例如，当个体认为面临的情况可以由自己的行为控制时，以问题为中心的应对策略占主导；而当个体认为自己无力改变局面时，以情绪为中心的应对策略将占主导。

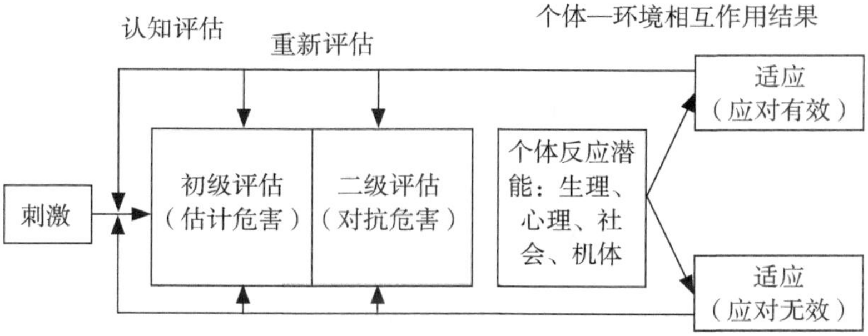

图4　基于交互作用模型的工作压力评价理论（资料来源：Lazarus，1984）

通过以上分析可以看出，不同学者从各自的角度对工作压力进行了理论研究，丰富了工作压力研究的内容，为后续的研究提供了很好的理论基础。

2.1.4　工作压力的测量

心理学研究中，测量工具是进行研究的基础。同样，对于工作压力的测量来说，如果不能准确地描述工作压力的指标、内涵和维度，就会对下一步研究造成困扰。由于国外对工作压力的研究较早，国内研究开展较晚，因此国内一些研究直接借用国外的测量工具。国外应用比较广泛的压力测试工具主要有以下几种。

（1）职业压力指标量表（Occupational Stress Indicator，OSI）。

Cooper等人于1988年在工作压力交互模型的研究基础上，开发出测量工作压力的指标体系（图5）。他们认为，压力的结果是压力源与一些干扰变量相互作用形成的，应该包括3个维度：压力源、缓冲变量、压力结果。该量表体系包括7个方面25个分量表，被翻译成多种语言版本在世界上20多个国家得到广泛使用，信效度也得到广泛验证。

（2）职业压力调查量表调整版（OSI—R）。

1981年Osipow设计了职业压力调查量表（Occupational Stress Inventory），该量表经过20多年的不断修订，于1998年推出了调整版。该量表在国外得到了广泛应用，并证明有良好的应用价值。1999年国内学者李健等人将该量表引入国内并于2001年对该量表进行了修订和信效度检验。OSI—R由职业角色问卷、个体能力问卷和个体紧张反应问卷3个分量表组成，共140个测试项目。

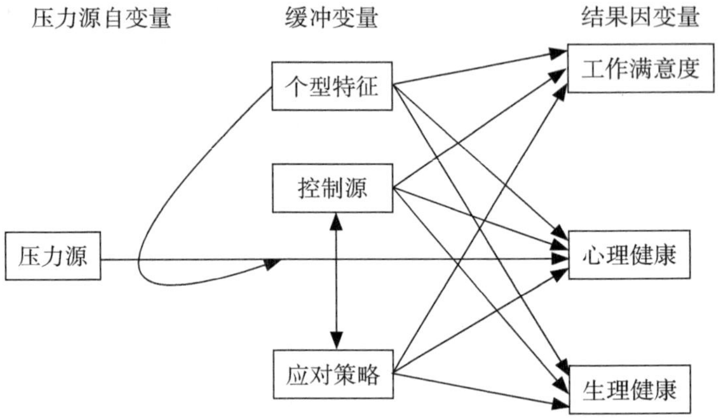

图5　OSI基本框架（资料来源：cooper等，1988）

（3）工作压力量表。

Parker和DeCotiis于1983年编制了工作压力量表，已在国外许多研究中得到了应用并证明有良好的信效度。该量表包括压力和焦虑两个维度，共13个题目。采用李克特式5点量表的形式计分，“1”表示非常反对，“5”表示非常同意，以此类推。

（4）McLean’s工作压力问卷（McLean’s Work Stress Questionnaire）。

美国心理学家McLean教授于1979年编制的工作压力量表由3个分量表组成，分别是应对能力量表、工作满意度量表和工作压力源量表。应对能力量表包括20个题项，用以调查被试者反应能力、兴趣爱好、对自己的评价、对他人的认可和创造性、积极性5个方面的内容。工作满意度量表包括15个问题，用以测试被试者对所属单位、本职工作、人际关系、职业发展的满意度。工作压力源量表包括12个问题，用以测试被试者在工作中的角色冲突、角色模糊等方面是否存在压力因素。该量表还需进一步验证。

（5）工作内容问卷（Job Content Questionnaire）。

20世纪70年代，Karasek教授根据工作压力JD—C模型研制了工作内容问卷。该问卷原本应用于工作压力与高血压、心脏病的关系研究，后逐渐应用于职业人群的压力测试。该问卷由工作控制水平和工作心理需求两部分组成，共有42个题项。

（6）工作控制问卷（Job Control Questionnaire）。

1988年美国国家职业安全卫生研究所的Hurrell和McLaney共同开发了工作控制问卷。该问卷由物理工作环境、决定控制、人物控制和资源控制4部分组成，主要从压力源的角度对工作压力进行评价。该问卷用李克特式5点量表形式计分。

2.1.5 教练员工作压力的测量工具

目前，国内外关于教师、护士、警察等相关行业的工作压力问卷已经得到开发和广泛运用。而教练员职业压力的测量工具比较少，导致教练员工作压力研究进行得比较缓慢，而且大多是借用相关领域的压力测量工具进行测量。通过谷歌学术和中国知网查询到有关教练员压力的测量工具主要有国外Kelly B.C教授等人开发的CIS问卷。该问卷的调查对象是大学的篮球教练员，通过访谈、探索式因子分析、验证式因子分析编制了4维度的教练员压力源问卷，包括输—赢、时间角色、计划成功和运动员问题4个方面。该问卷具有良好的信效度。而国内目前针对教练员职业压力测量工具的研究为空白，几乎所有教练员职业压力的测量都是直接借用国外工作压力量表，由于所属行业的区别，对压力的维度划分就会产生误区从而导致不同的研究结论。因此，研究工具的缺乏就会造成对下一步研究的阻碍。国内目前只有张玉泉、张永虎等学者针对教练员工作压力的问卷进行了编制，他们把教练员的压力维度划分为6个方面，分别为组织氛围、人际关系、职业期望、工作任务、工作家庭冲突和运动因素。但是该量表的样本对象仅仅局限于一个地区，并且信效度检验方法有待商榷，造成其问卷编制不严谨。因此，本研究通过对以上文献的回顾，弥补上述研究的不足，对教练员的工作压力问卷进行编制，以便为后续研究打下基础。

2.2 工作倦怠的研究

2.2.1 工作倦怠的概念

工作倦怠的概念是由美国心理学家Freudenberger在1974年首次提出的，又称为“职业倦怠”或“职业枯竭”，最初是指在助人行业中个体面对工作的过度要求时，所产生的身体和情绪的极度疲劳状态。在早期研究当中，工作倦怠通常针对教师、医生、护士和服务员而言，这些职业都需要给对象提供帮助，帮助对象解决各种问题，这一过程往往持续时间很长，工作负荷大，容易产生疲劳感进而产生倦怠感。显然，竞技体育教练员要在运动员选材、训练、管理等方面付出大量劳动，同时需要处理大量的信息并做出决策，长此以往教练员容易产生情感上的衰竭。工作倦怠自20世纪70年代提出以来已经成为组织行为学和健康心理学研究的重点领域。

对此，国内外学者分别从工作倦怠的成因、工作倦怠的静态和动态、Maslach的三维度模型3个角度对工作倦怠的定义进行了分析。从成因的角度出发，Freudenberger等认为造成工作倦怠的原因是个人所定的目标不切实际所造成的情感冲突；Lauderdale认为是个人目标与所获得的成功之间的差距导致倦怠感。该观点强调情感冲突对工作倦怠的影响。Maslach从情感损耗角度认为工作倦怠是由于在长期的情感压力下，工作者服务的情感付出满足不了服务对象的情感需求，造成情感资源的过度付出，长此以往产生工作倦怠。Schaufeli从综合的原因观点出发认为工作倦怠是社会关系交换中的互惠关系丧失造成的一系列心理消极体验。

国内学者李永鑫分别从静态和动态的角度对工作倦怠进行了总结。从静态角度出发，工作倦怠与工作密切相关，是一种典型的疲劳症状，这种症状出现在没有精神病学原理的“正常人”身上，会导致工作绩效的下降；从动态角度出发，工作倦怠最初以压力的形式出现，经过长时间缓慢发展会形成情感上的疲惫，最终导致工作倦怠。

Maslach等从三维度模型角度对工作倦怠进行了定义。他们认为工作者过度的情感付出不能满足服务对象的情感需求而造成情感衰竭，这是第一阶段；第二阶段，工作者采取防御措施减少情感的付出，进而表现出消极的工作态度；第三阶段，期望的工作状态与实际目标不符而造成个人的成就感下降。

该观点得到了学术界的一致认可，实际上三维度模型就是3个阶段的逐渐过渡，最终导致工作倦怠。

因此，根据以上的概念梳理，本研究认为教练员的工作倦怠是指在执教的工作环境中，不舒适的情景或压力所造成的一系列极端消极的心理状态（包括情感和效能的低下），典型特征包括情绪低落、身心疲惫、工作效率下降及无所适从。

2.2.2 工作倦怠的理论基础

（1）存在心理学理论。

Rollo May认为人有自行选择其生活目标及生活意义的自由，强调人存在的价值。工作倦怠产生的根源是人们没有找到存在的价值，认为他们的生活是没有意义的。当人们认识到他们的目标和现实不一致时，便会产生沮丧、失败、绝望直至倦怠。

（2）资源守恒理论。

Hobfoll教授认为个体为了实现某一目标，总是希望能保存现有的资源并渴望获得更多的资源，当这些资源受到威胁时，个体资源不足以应对或付出没有得到回报就会产生心理应激。Shirom等在资源守恒理论的基础上进行了进一步研究，认为在长时间的心理应激过程中，个体无法填补个人资源（如时间、身体状态、情绪状态、注意力等）的失去而造成恶性循环，从而产生工作倦怠。

（3）公平理论。

Blau认为个体与组织之间实际是一种公平交换的关系。如果个体不断付出却得不到相应的回报，将会威胁得失比率平衡，长此以往造成个人情感大量付出，导致工作倦怠。

（4）五因素模型理论。

五因素模型理论是Densten在Maslach的三维度模型基础上提出来的，他通过对MBI的一些项目进行修改和验证性因子分析得出一个五因子工作倦怠模型。这个模型包括心理紧张与躯体紧张、自我评价的无效能感与他人评价的无效能感以及疏离。

（5）工作投入理论。

Maslach与Leiter认为模型中除了包括负面的心理状态也应该包括正面（如工作投入）的心理状态。只有负面的心理状态，缺少正面的心理状态的模型理论对于人和工作匹配的情景是不完全的。个体与工作情景越匹配则越投入，越不匹配则越容易产生工作倦怠。

（6）工作倦怠结果归因模型理论。

Moore认为已有的理论对工作倦怠的解释不够全面，而用归因的理论进行解释有助于了解其发展过程。他认为是个体差异而不是情境造成工作倦怠。工作倦怠首先受角色失调、角色模糊等原因影响，接着个体就会从来源、可控性、稳定性3个方面进行探寻即归因，归因的结果就是导致个体在态度上的反应，如缺乏人情味、离职率升高、试图对情境及个人进行改变等。最后，这些反应又会反过来对前因变量进行影响，或者减缓了工作倦怠，或者迫使个体重新对其进行归因。

2.2.3　工作倦怠的测量

由于工作倦怠概念的模糊性以及内容结构的不确定性，国外学者从各自角度编制了测量工具，主要有以下4种。

（1）Maslach倦怠问卷。

该问卷是Maslach和Jackon根据其三维度理论模型编制的实际应用最为广泛的测量工具。该问卷有3个版本，分别是公共事业问卷、教育行业问卷及通用问卷。并且包括情感衰竭（9个题项，主要测量情感资源的消耗情况）、冷漠化（5个题项，主要测量工作者对待服务对象时的负性、冷淡及玩世不恭的态度）、个人成就（8个题项，主要测量工作中的成就感）3个分问卷；随后Maslach为了加大原有问卷的使用范围对问卷进行了修订，形成了工作倦怠通用问卷（MBI—GS），该问卷同样包括3个分问卷（衰竭子问卷、工作懈怠子问卷、专业自我效能感子问卷）。

（2）Pines和Aronson编制的倦怠量表（Burnout Measure）。

Pines和Aronson编制的倦怠量表是继MBI量表后使用较广泛的量表之一。Pines根据临床经验和个案分析编制的这个量表包括3个部分：生理衰竭、情绪衰竭和精神衰竭。可以看出，Pines只从衰竭角度来分析，因此该量表是单维度量表。随后，Ezrachi对该量表进行了因子分析，得出该量表的题项分别落在3个因子上，与其构想的理论并不符合，虽然该量表扩展了研究内容，但学者对其信效度一直表示怀疑。

（3）S-MBM工作倦怠量表。

Shirom和Melamed根据Hobfoll的资源保存理论编制了S-MBM工作倦怠量表。他们认为工作倦怠的原因就是精力资源不断消耗，同时又得不到及时补充，个体长时间的付出得不到及时的资源补充就会出现工作倦怠。同时他们认为只有耗竭维度是必要的，其他两个维度只是随后附带发生的。由此可以看出此量表也是单一维度。但该量表的信度、区别效度和收敛效度需要进一步研究。

（4）OLBI工作倦怠量表。

由于MBI量表在去人格化维度上的克隆巴赫α系数较低，因此Demerouti和Ebbinghaus在其基础上进行了改编，将去人格化维度去除，只保留两个维度即衰竭和疏离。两个分量表都采用了正反向计分，从1到4计分。该量表常用于非助人行业并认为具有良好的信效度。

综上所述，目前关于工作倦怠应用最为广泛的测量工具是Maslach和Jackson编制的Maslach倦怠问卷，该问卷受到各国学者的一致认同，被翻译成多种语言并在国际上得到广泛应用。关于教练员工作倦怠的测量工具比较欠缺，因此，本研究中教练员工作倦怠的测量依然使用相关领域用过的成熟的工作倦怠通用问卷，并根据教练员的语言习惯进行相应修改。本研究所使用的问卷是我国学者李超平根据Maslach的问卷修订的中文版的工作倦怠问卷，这是目前被引用最多的中文版问卷。白玉苓对该问卷进行了实证研究，证明其具有良好的信度。该问卷包括情感衰竭（EE1 ~ EE5）、低效能（IE1 ~ IE6）和疏离感（AL1 ~ AL4）3个维度，一共15道题，3个维度的克隆巴赫α系数分别为0.88、0.83和0.82。为了使该问卷适合教练员工作的实际情况，对个别题项的语句进行了调整，使问卷更加符合教练员的语言习惯。具体题项见表1。

表1　工作倦怠问卷

变量	维度	题项	编号
工作倦怠	情感衰竭	工作中的琐事让我感到身心疲惫	EE1
		一天的训练结束后，我感觉筋疲力尽	EE2
		早上起床后，感到很疲乏，但仍要面对一天的工作	EE3
		感觉训练时没有激情	EE4
		我对自己的工作感到心灰意冷	EE5
	低效能	在我看来，我很擅长自己的工作	IE1
		取得工作上的成就令我有满足感	IE2
		我为单位做出了贡献	IE3
		我自信能有效完成各项工作	IE4
		我能有效地解决工作中的各种问题	IE5
		当我完成工作时，我感到非常高兴	IE6
	疏离感	我对某些运动员的态度有些麻木了	AL1
		我对自己在工作中所做的贡献越来越不关心了	AL2
		我觉得现在对训练工作不像以前那么热情了	AL3
		自从干这份工作，我对工作就越来越不感兴趣了	AL4

资料来源：李超平，时勘，2003。

2.3　工作压力与工作倦怠的关系研究

国内外大量的研究表明，工作压力是引起工作倦怠的一个重要的原因，当个体受到工作环境下的压力刺激时，身体和心理会产生一系列不适应感，当这种不适应感长期作用于个体时，就会产生如情感耗竭、低人格化和低成就感症状。

2.3.1 国外学者的相关研究

Kittel和Leynen在对比利时的中学教师工作压力源和工作倦怠的研究中，采用了Karasek的JD—CS工作压力模型和Maslach的三维度工作倦怠模型。研究认为：工作要求和工作倦怠高度相关，并且与其中的情感衰竭联系更为密切。Mearns和Cain对中小学教师的工作压力和工作倦怠之间的关系进行了研究，认为工作压力是导致工作倦怠的直接原因。相关分析表明，工作压力和工作倦怠呈显著的正相关。Leiter和Maslach通过对医院的护士进行研究，发现工作压力会显著影响工作倦怠，并进一步表明压力首先引起情感的衰竭，其次会降低人格化，最后引起低成就感。Lee和Ashforth通过元分析的方法对工作压力和工作倦怠之间的关系进行了分析。结果表明：工作压力中角色压力的资源损失与工作倦怠的相关性要高于其他两个维度，并且认为过高的工作倦怠会导致组织承诺、工作满意度的降低。Cam采用MBI量表对土耳其179名护理学教师的工作倦怠感进行了调查。结果表明，教师的工作压力和工作倦怠感显著正相关，其中工作压力对个人性化的预测力最高。

2.3.2 国外教练员工作压力和工作倦怠的相关研究

国外关于教练员工作压力和工作倦怠关系的研究并不多，主要是一些北美及欧洲地区的学者分别从定性和定量两个方面做了些研究。例如，Drake和Hebert E. P对学校教练员的工作压力和工作倦怠做了定性的研究。研究结果表明：教练员的工作压力和工作倦怠程度比其他职业高，而且男女教练员都存在压力和工作倦怠。通过对被试者4个月的访谈得出角色模糊、角色冲突和工作上的超量负荷是教练员主要的压力源，通过进一步研究发现这些教练员很少使用应对策略进行压力管理。Kelley B. C对学校131名男性和118名女性棒球教练员的工作压力和工作倦怠的关系进行了分析。结果表明：工作压力越高，教练员的工作倦怠感（情感衰竭、降低人格化和低成就）也会越高。Timothy Baghurst通过对美国NCAA篮球队教练员的访谈，编制了高校篮球教练员的反应工作压力的问卷，经过探索式因素分析和验证式因素分析得出美国高校篮球教练员的工作压力是一个四因素结构，该问卷可以有效地对工作倦怠进行预测，可以有效地对美国NCAA大学教练员的工作压力进行测量。Camilla通过对美国502名教练员的访谈和网络调查，发现教练员感知的压力不仅是外界因素所造成的也是个人因素所造成的，尤其工作时间长、薪水低、缺乏有效的评价机制和缺少社会支持是造成大学教练员工作压力的主要因素。

由此可以看出，国外对教练员工作压力的研究比较少，而且大多都是定性的研究，定量的研究相对较少。虽然也编制了一些测量教练员工作压力的工具，但基本都是围绕高校教练员。虽然国内外环境和文化存在一些差异，但是国外这些教练员工作压力的研究将为本研究提供一定的参考。

2.3.3 国内学者相关领域研究

国内学者对工作压力和工作倦怠的关系也做了大量的研究。研究对象主要是助人行业中的教师、护士、医生等职业。例如，赵简和张西超采用工作压力问卷和工作倦怠问卷对通信企业员工进行问卷调查，结果发现：工作压力与情绪耗竭、愤世嫉俗和低工作效能感三个维度呈显著正相关，相对于低工作效能感来说，情绪耗竭和愤世嫉俗与工作压力的相关程度较高；在各种压力源中，工作负荷和职业发展压力与情绪耗竭显著正相关，职业发展压力和人际关系压力与愤世嫉俗显著正相关；心理资本和情绪耗竭、愤世嫉俗和低工作效能感显著正相关，并且心理资本可以调节职业发展压力、人际关系压力和愤世嫉俗之间的关系。也就是说心理资本越高的员工，职业发展压力和人际关系压力所导致的工作倦怠感越低。徐富明采用自编中小学教师工作压力调查表和职业倦怠问卷对367名中小学教师的工作压力及其与职业倦怠的关系进行研究，结果表明：①当前中小学教师的工作压力来源较多、压力强度较大。②中小学教师的考试压力、工作负担压力、角色职责压力、聘任压力、职业发展压力、人际关系压力与情绪疲惫显著正相关；人际关系压力与低成就感显著正相关，与去个人化显著正相关。③聘任压力、人际关系压力可以正向预测情绪疲惫；人际关系压力可以正向预测低成就感；人际关系压力可以正向预测去个人化，职业发展压力可以负向预测去个人化。蒋奖等采用Maslach倦怠量表和职业压力指标量表中的生理健康、心理健康和工作满意度分量表对135名银行职员进行了调查。结果表明：①情绪疲惫（耗竭）与生理健康、心理健康呈显著正相关，与工作满意度呈显著负相关；消极怠工可以正向预测生理健康和心理健康水平；职业效能感越高，心理健康水平越低，而工作满意度越高，同时职业效能感与生理健康之间的相关性不显著。②员工生理健康与情绪疲惫有关，心理健康与情绪疲惫、消极怠工有关。李琼等对北京市5255名中小学教师进行了问卷调查，研究考察了中小学教师工作压力与工作倦怠之间的关系，结果表明：工作特征、学生学业、社会因素、专业发展压力对情感衰竭、去个人化对低成就感具有显著的正向预测作用，其中工作特征、学生学业对情感衰竭具有最大的解释力；社会因素与专业发展压力对教师的去个人化具有最强的解释力；教师的工作倦怠感与学生问题压力呈负向相关，而且教师低成就感与学生问题压力呈负向相关，即教师感受到的学生问题压力越大，教师的成就感越高。

2.3.4 国内教练员工作压力和工作倦怠的研究

通过中国知网、万方数据库搜索到的教练员工作压力和工作倦怠的文章不多，大多数只做工作倦怠和工作压力的人口统计学特征的描述性研究。例如，邱宗忠、陈雪梅、周涛对山东省278名竞技体育教练员职业压力状况进行调研。结果表明，总体来说，竞技体育教练员感知的工作压力偏高，其工作压力主要来自工作任务本身、组织结构和氛围、工作—家庭冲突、运动员因素、职业发展以及人际关系6个方面。教练员工作压力在性别、年龄、学历及婚姻状况变量上存在显著差异。李铂、吴磊对20个运动项目的教练员职业压力现状进行了调查，结果表明：大多数教练员认为压力感知程度较大，在不同年龄和不同职称变量上，教练员感受到的压力水平具有显著性差异；职业压力反应的4个维度都处于中等水平，其中认知反应维度得分最高，进一步分析发现不同年龄、不同执教对象和不同执教成绩的教练员在压力水平的4个维度上具有显著性差异。

有一些学者进行了教练员工作压力和工作倦怠的相关性研究。例如，张玉泉、张永虎、周涛等采用“职业压力源量表”和“MBI量表”对山东省278名竞技体育教练员职业压力与职业倦怠及其关系进行了调研。结果表明，教练员职业压力来自运动员因素、工作—家庭冲突、组织结构和氛围、工作任务本身、职业发展以及人际关系6个方面，总体压力约居中等偏上程度。其职业倦怠趋于中度水平，但在去个性化层面上已较为明显。教练员职业压力源与职业倦怠存在着相关关系，压力源中的工作—家庭冲突、职业发展对情绪衰竭有较强预测力；压力源中的工作任务本身、组织结构和氛围对去个性化有较强预测力；压力源中的职业发展及运动员因素对低成就感有较强预测力。而压力源中的人际关系对职业倦怠没有直接影响作用，可能是通过其他中介变量的影响间接作用于职业倦怠的，这尚需做进一步验证和考量。

童炳珍等人以湖北省省级运动队106名教练员为被试者，对教练员工作压力源和职业倦怠水平进行了调查分析。结果表明，竞技体育教练员工作压力水平较高。按照压力水平由高到低的顺序，工作压力源依次为工作任务本身、管理事务和组织结构、自身素质和成就感、工作条件和保障、角色压力、人际关系和团队气氛、职业发展。工作压力源中的工作条件和保障、角色压力、人际关系和团队气氛、职业发展、管理事务和组织结构5个维度与玩世不恭维度呈正相关；工作压力源中的工作任务本身、管理事务和组织结构两个维度与成就感低落维度呈显著负相关。根据相关分析和回归分析的结果，工作压力源与职业倦怠呈显著正相关，工作压力源对职业倦怠的预测力较好。

孟祥乐选取陕西省35所运动学校和运动队的302名教练员，采用“体育教练员职业压力问卷”和“职业倦怠问卷”进行问卷调查，并做相关和回归分析。结果表明：体育教练员职业压力和职业倦怠均超过中等水平，并有向严重发展的趋势；成就感低落与压力各维度呈正相关；

玩世不恭与职业发展、人际关系呈负相关；情绪衰竭与运动员因素、工作—家庭关系呈正相关。运动员因素和工作—家庭关系对情绪衰竭有正向预测作用；职业发展和人际关系对玩世不恭有负向预测作用；而职业压力各维度对成就感低落均有正向预测作用。结论：体育教练员的职业压力和职业倦怠密切相关，减轻职业压力可以有效改善职业倦怠。

孟祥乐运用问卷调查、数理统计等研究方法，对体育教练员的职业压力、应对方式与职业倦怠之间的关系进行了研究。结果表明：①按照压力程度，体育教练员的职业压力源依次为训练比赛、职业发展、运动员因素、人际关系和工作—家庭关系，其压力超过中等水平，并有向“压力大”发展的趋势；②解决问题、超越应对、发泄和回避是教练员进行应对的三种方式，其中教练员首选的应对方式是解决问题；③教练员感知的职业倦怠处于中等偏上水平，而且越来越严重，其中情绪衰竭和低成就感最为强烈；④教练员的职业压力既可以直接显著正向预测职业倦怠，又可以通过应对方式显著间接预测职业倦怠，应对方式在职业压力和职业倦怠的关系中具有中介效应。

王宪红等人通过自编教练员工作压力问卷、“工作倦怠量表”和“社会支持量表”对山东省278名教练员工作倦怠、工作压力与社会支持之间的关系进行了调查。结果表明：教练员工作压力来源于6个方面，工作倦怠由3个维度组成；总体来说，教练员的工作压力感知处于中等偏上水平，虽然工作倦怠感知处于中等水平，但是去个性化感知比较强烈。教练员工作压力、工作倦怠与社会支持之间具有显著的相关关系。工作—家庭冲突压力和职业发展压力可以显著正向预测情绪衰竭，社会支持可以显著负向预测情绪衰竭。工作任务本身和组织结构氛围可以显著正向预测去个性化，社会支持可以显著负向预测去个性化。运动员因素和职业发展压力可以显著负向预测低成就感，社会支持可以显著负向预测低成就感。

通过以上研究的分析可知，工作压力与工作倦怠之间的关系非常复杂。总地来说，工作压力对工作倦怠会有影响，但是各个领域所得出的结果并不一致。究其原因，首先，各个领域对压力的划分维度并不一样

（也就是说各个行业的工作压力来源不一样，对工作倦怠的每一个维度的影响也会不一样）；其次，并不是工作压力的每一个维度都会产生工作倦怠，这提醒我们它们之间的关系并不是简单的因果关系，中间还存在其他变量的干扰或中介，这也是本研究的切入点，即教练员的工作压力有哪些，哪些变量会对工作压力和工作倦怠之间的关系产生干扰。

2.4 自我效能感的研究

2.4.1 自我效能感的概念

1977年，美国著名心理学家Bandura在他的《自我效能：关于行为变化的综合理论》中首先提及“自我效能”这一概念。对这一概念的解释经历了两个阶段。第一个阶段认为，自我效能就是指在特定的背景下个人是否有能力去操作行为的期望。第二个阶段认为，自我效能是包括知觉的自我效能和自我效能的信念这两个部分。在这一概念的逐步发展过程中，最终将自我效能定义为：人们对于自己是否有能力去完成某种行为的自信程度。Bandura认为个体在特定的环境中首先对自己所拥有的能力进行评估，进而去影响自己对行为的选择和投入程度。因此，自我效能感是一种动态概念，即个体行为和信念伴随着信息的不断变化而变化。个体对自己行为的维持主要取决于他的信念和认知。Bandura还进一步认为，人的自我效能感必须和特定的环境相联系才有意义。因为自我效能感并不像个性特征那样稳定，它会随环境的改变而改变。这就可以解释为什么有的人在不同的环境中自我效能感不同。

近些年来，随着社会经济的发展，自我效能感作为一个重要的社会心理学概念已受到广大学者的关注。自我效能感被认为是影响人们在具体环境中的行为的重要因素，对此学者们在相关领域做了大量研究。

2.4.2 自我效能感在工作压力与工作倦怠中的作用

对于自我效能感在工作压力和工作倦怠中所起的作用，不同学者从不同的视角对它们的关系进行了分析。尚少梅等采用问卷调查法，对北京市3家三级甲等综合医院的150名ICU护士进行了调查。结果表明：ICU护士自我效能感得分与情绪倦怠感得分呈显著负相关，应重视提高ICU护士的自我效能感，以便更有效地降低其工作倦怠感。刘红云等对28所小学1299名教师进行了调查，结果表明：教师工作压力与教师工作满意度和内在动机的关系受教师自我效能的调节，自我效能感较高的教师，工作压力所带来的负面影响较小。郑晓芳对湖南省450名中小学教师进行调查分析后发现，教师的职业压力部分通过教师的教学效能感影响工作倦怠的程度，即教学效能感在它们之间起部分中介作用。Schaubroeck认为自我效能感在工作压力和结果变量之间起缓冲作用。Litt认为自我效能感对工作压力有重要影响，它会影响个体对工作进行控制的能力感知和控制欲望。但是Jex等学者认为自我效能感在工作压力和结果变量之间没有调节作用。

尽管从以上的文献中我们可以看出，自我效能感无论是作为中介变量还是作为调节变量，其对工作压力的缓冲作用都得到大量证实，但也有研究结果存在矛盾。究其原因，可能是不同个性特征的人在不同领域的自我效能感是不同的，有些研究并没有把自我效能感放在具体的工作环境中考虑才会得到矛盾的结果。Bandura认为的自我效能感是和具体的工作内容相联系的，因此本文认为，教练员的自我效能感是在具体的工作环境中教练员对自己有能力完成某种行为的自信程度。

2.4.3 自我效能感的测量

目前对于自我效能感的测量还没有达成一致，因为自我效能感的测量要根据特定工作的活动和行为进行。不同学者根据不同的领域对自我效能感进行了开发。Allan开发的政府机构管理者核心任务问卷为基础。Orpen对管理者自我效能感的测量，针对管理者的工作活动来进行，只是问卷设计主要集中在管理员工方面，而且只有6个项目。国内俞国良教授编制的教师教学效能感量表包括27个问题，用以测量中小学教师的教学效能感，包括一般教育效能感和个人教学效能感两个维度。

德国临床和健康心理学家Ralf Schwarzer教授等人于1981年编制的量表已在国际上广泛使用，中文版的一般效能感量表（GSES）已被证明具有良好的信度和效度。而本文所采用的自我效能感量表是魏海燕根据Ralf Schwarzer、Jones等的工作自我效能量表编制的中方版量表，该量表经曾晓娟检验具有良好的信效度。该量表只有一个维度，共7个题项，克隆巴赫α系数为0.87，采用李克特7点量表法，“1”表示非常不同意，“7”表示非常同意。具体题项见表2。

表2　自我效能感量表

变量	题项	编号
自我效能感	我确信自己有能力完成工作中的各项任务	SE1
	我对自己的工作能力感到非常骄傲	SE2
	更换工作时，我能很快适应新的工作	SE3
	我拥有目前工作所需要的知识和实践经验	SE4
	我相信我的能力不比其他教练员差	SE5
	我曾经做过比现在更有挑战性的工作	SE6
	学习掌握本领域前沿的新知识时，我的第一反应是：我一定能做好它	SE7

资料来源：魏海燕，2007。

2.5　组织支持感的研究

2.5.1　组织支持感的概念

20世纪80年代，世界经济快速发展，许多大公司面临裁员、兼并和重组，原本组织提供稳定的雇佣关系的优势已发生改变。在这一背景下，1986年美国的埃森博格教授等提出组织支持理论，随后与其相关的研究在世界众多权威杂志（如管理心理学杂志、应用心理学杂志等）上发表。

组织支持感的定义主要有以下几种：埃森博格教授认为，组织支持感是“组织中的员工对于组织重视他们的贡献和关心他们的幸福感受的全面看法”，即组织中的员工对用自己的努力工作和对组织的忠诚换取组织对自己的重视和回报的一种感知。随后国内外学者对这一概念进行了补充。Mcmllion提出，“员工感受到的组织支持还应该包括工具性的支持，并进一步把组织支持感划分为尊重支持、亲密支持和工具支持”。Rhoades认为组织支持感还应该考虑情境因素，他认为组织支持感是员工感受到的组织在有利或不利的情境下对待他们是否会有不同，并是否注重他们的贡献”。国内比较权威的学者凌文铨教授认为“组织支持感是员工对组织如何看待他们的贡献的看法和关心他们利益的看法”。通过以上文献的回顾，本研究对组织支持感的定义是：竞技体育教练员感受到的组织对自己的工作所做出的贡献的看法和关心自己的利益的程度，其中包括对工作的支持、利益的关心和价值的认同3个方面。

2.5.2 组织支持感的理论基础

组织支持理论主要来源于社会交换理论、组织公平理论和组织拟人化思想。社会交换理论最初用来解释人与人之间的关系，这一关系本质上就是一种交换，这种交换包括物质的也包括非物质的。后来，社会交换理论被用于解释组织中的人的行为。由于员工是为了社会性和经济性的报酬而工作的，当员工感受到组织对自己的关心和支持时，根据交换原则，员工也会对组织做出积极性反馈。组织公平理论认为组织成员对他们自身及他人在组织中所受到的待遇会形成一些看法和感觉。组织公平理论就是对这些看法和感觉进行分类，从而研究在组织中人们对公平的感知及其影响。组织公平包括程序公平、互动公平和分配公平3个方面。当员工在组织中感受到公平时就会表现得更加积极和努力。组织拟人化思想是1965年Levionson所提出的，他认为，员工把组织看作有生命特征的机构，想象自己与具有人类特征的组织发生互动关系，往往将组织的代理人视为组织，将组织代理人的意图视为组织的意图。

2.5.3 组织支持感对工作压力和工作倦怠之间关系的影响

尽管对组织支持感的研究时间不长，但对于组织支持感对工作压力和工作倦怠之间关系的影响国内外学者做了一些研究。Orpen、Ota等认为，组织支持感对工作压力和工作倦怠之间的关系有一定影响，并且在压力源和压力反应之间起到缓冲的作用。George认为组织支持感可以使员工感受到组织给予的物质和精神上的关心和鼓励，从而降低工作压力带来的工作疲劳及不良反应。Wayen等认为组织支持感与工作的消极行为（如消极怠工和缺勤）有负相关关系。Viswesvaran等认为不管面对较大还是较小的压力，组织支持感都能够降低员工总的压力感。Stamper和Johlke研究发现组织支持感在角色压力（如角色模糊和角色冲突）和压力结果（绩效、满意度和留职意向）之间发挥显著的缓冲效应。

同时国内学者也做了一些相关研究。例如，白玉苓以服装产业的知识型员工为样本进行了调查，发现组织支持感与工作压力具有显著负相关性，组织支持感对工作压力具有一定的预测作用。另外，调查结果也显示出组织支持感的构成维度对工作压力的不同维度的影响作用。赵延昇、李曼以“80后”企业的知识型员工为样本进行了调查，发现工作倦怠对离职倾向有显著预测作用，组织支持感可以显著缓解工作倦怠对离职倾向的影响。

2.5.4　组织支持感的测量

由于不同学者的研究视角不同，在组织支持感的划分维度上产生了一些分歧。最初组织支持感的测量一般采用Eisenberger开发的组织支持感问卷。该问卷由36个题项组成，对不同行业和不同组织所做的探索性分析和验证性分析表明，该问卷具有很高的信度。但由于该问卷条目太多，操作性较差，在后续的研究中，有学者从中提取了负荷因子较高的条目作为测量条目，有8条目和16条目的简短版。Kraimer通过对企业外派员工的组织支持感的研究认为组织支持感应该划分为3个维度，即事业型组织支持感、适应性组织支持感和金融性组织支持感。但遗憾的是他并没有开发出相应的量表。

国内学者对组织支持感量表的研究也有不同的看法。例如，凌文辁教授最初研究员工组织承诺时，将埃森博格的问卷进行了修订，该问卷包括生活支持和工作支持两个维度，共8个条目。随后刘智强博士开发了相对广义的组织支持感量表和相对狭义的组织支持感量表。宝贡敏等开发了包括组织制度支持、主管任务导向型、同事工作支持等5个维度包含37个条目的组织支持感量表。凌文辁和杨海军开发了中国文化背景下的组织支持感问卷，包含3个维度，即工作支持、价值认同和关系利益。近年来，应用比较广泛的是曾晓娟、赵曙明、姜薇薇等根据美国心理学家埃森博格教授所编制的问卷中因子负荷较高的6个题项组成的新的中文版量表，该量表经过实证研究也证明具有良好的信效度。本研究所采用的组织支持感量表就是曾晓娟修订的中文版量表，该量表只有一个维度，克隆巴赫α系数为0.89，采用李克特7点量表法，“1”表示非常不同意，“7”表示非常同意。具体题项见表3。

表3 组织支持感量表

变量	题项	编号
组织支持感	我的单位确实很重视我的福利	OS1
	我的单位很关心我的个人目标和价值实现	OS2
	我的单位很重视我做出的贡献	OS3
	我的单位很重视我提出的观点或意见	OS4
	当我有困难时，我的单位会帮助我	OS5
	总的来说，我的单位对我的支持很大	OS6

资料来源：曾晓娟，2010。

2.6 应对策略的研究

2.6.1 应对策略的定义

长期以来，如何应对工作压力，一直是工作压力领域专家研究的重点。而对于工作压力的应对的定义不同学者提出了不同看法。在早期的应对定义中，Haan提出应对是寻求对现实的保护的任何努力。但是这一观点立即受到质疑。质疑来自2个方面：一是概念模糊，无法对实际研究产生作用；二是它忽略了非现实倾向的策略。

后来Stone和Neale建议应对只包括对付应激要求的有意识的努力。这一定义不允许有无意识或下意识的应对过程。然而大量研究表明心理应对的防御机制在无意识特别是应对情感冲突和自我损伤时是非常重要的。

Folkman根据认知交互理论的内容，把应对定义为所有在认知和行为上对要求的掌握、减少和容忍的努力。这个定义非常广泛，它既包括内部的要求也包括外部的要求。内部要求反映了认知评价或情感冲突的结果。此外，应对希望得到两种结果中的一种：改变自我和环境的关系，或者减少情感上的痛苦和紧张。对某一件事情的意义给予改变的认知评价是改变自我和环境关系的一种方式。工具性应对，如直接指向威胁来源的问题解决方式，也是改变这一关系的一种方法。应对还要处理由应激源所引起的情绪。拉扎罗斯认为情绪的调整是缓和型的应对。Matheny和Kenneth通过对以往应对的文献的回顾，认为拉扎罗斯的定义是比较全面的，不能再添加新的内容了。因此，他们最后把应对定义为："任何预防、消除或减弱应激源的努力，无论健康还是不健康的、有意识还是无意识的，这种努力也可能是用最小的痛苦对应激源的忍受。"（表4）

表4　关于应对的定义

研究者	年份	定义
Haan	1977	应对是寻求对现实的保护的任何努力
Folkman	1980	所有在认知和行为上对要求的掌握、减少和容忍的努力
Stone	1984	对付应激要求的有意识的努力
Matheny	1986	任何预防、消除或减弱应激源的努力，无论健康还是不健康的、有意识还是无意识的，这种努力也可能是用最小的痛苦对应激源的忍受

资料来源：作者整理。

这一定义得到广泛的认可。因此，本研究根据以上的总结把应对策略定义为教练员在面对工作压力源时，有意识或无意识地采取的应对方式。

2.6.2　应对策略的理论基础

应对的理论观点主要有3种：特质论、过程论、情境论。

赞成特质论观点的学者认为每个人应对方式的不同是由个体的人格

特质差异所造成的，人格特质的不同维度反映出不同的应对方式。例如，Eysenck认为应对方式应该根据人格的内向和外向来区分；Coelho认为应对方式应该根据人格的面对和逃避来区分；Byren认为应对方式应该根据人格的抑制和敏感来区分。以上学者都认为应对方式不会随着情境的改变而改变，并且具有相对稳定的特点。但后来的学者却批评了这种观点。叶一舵、申燕娥认为不应该忽视情境对应对方式的影响，特质论只认为应对方式是人格所造成的，由于人格特质和应对方式紧密相关，那么通过测量人格就可以预测个体的应对方式。

针对人格特质和应对方式的关系，国内大量学者分别以不同行业为样本做了研究。刘晓辉、崔淑芳、袁萍等虽然把人格特质当成一维、五维甚至多维，并探讨了与其应对的关系，但仍然受到很多人的批评，他们和杨昭宁认为仅仅探讨人格特质与应对的关系是不对的，应该考虑环境因素的作用，应该将人格特质和环境因素结合起来考虑。

赞成过程论的学者认为，应对应该是变化、动态的过程。该理论认为个体首先对应激源的情境进行认知评价，在整个评价过程中，个体的活动导致重新对应激源进行认知评价，从而对应对策略进行调整。此过程强调的是个体不断地思考和进行行动的变化，强调过程。Lazarus认为个体因素和环境因素相互作用，个体在这种相互作用下进行认知评价（图6）。如果个体认为应对需要耗费资源，那么他就会根据实际情况去决定做什么。

情境论认为个体对应对方式的选择是由情境的不同所造成的。应对是情境的反映。相关学者也做了研究，Compas等认为在一段时间内，不同个体的应激方式是相似的，正好与人格特质理论相反。他并不认为人格特质、个体差异会对应对有影响。叶一舵、申艳娥认为个体无法区分主观体验和客观体验的应激。

对以上的几种观点进行总结后发现：特质论强调个体差异对应对方式的影响；过程论强调个体在与环境交互作用的情境下，个体的认知评价所采取的应对方式；情境论关注不同情境条件下个体的应对方式，面对不同的压力情境所采取的应对策略。

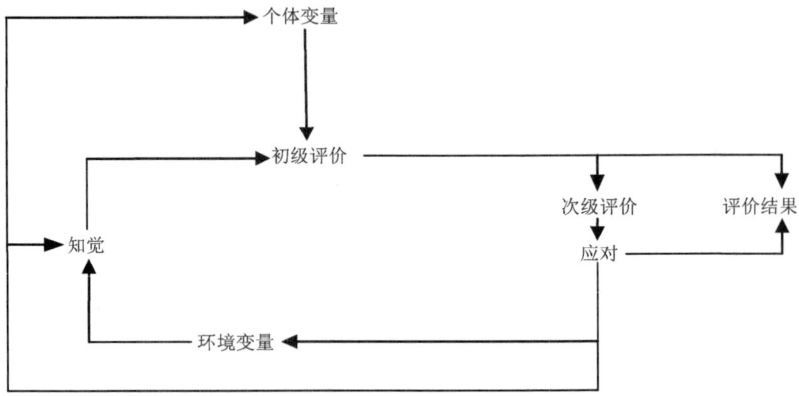

图6　应对过程模型（Lazarus and Folkman，1984）

因此，本研究认为应该综合考虑以上的观点，不应该肯定其中一种观点而否定其他观点。应该将个性特征和认知评价及情境特征放在一起考虑，以全面而深入地探讨应对策略。

2.6.3　应对策略在工作压力中的作用

个体应对工作压力的作用机制是相当复杂的。就像前文所提到的，个体差异性导致对压力的反应是不同的，个性特点、应对方式都反映了个体的特质。以往研究表明个体拥有应对压力的资源的多少和使用程度会影响个体所承受压力的程度，个体会利用这些资源去面对压力，这样他所承受的心理、生理压力就会相应少些。如前文所述，教练员的效能感是一种特殊领域的工作效能感，在工作压力和结果变量中可以起到缓冲（中介或调节）作用。相关的研究表明，应对策略在面对工作压力的结果变量时（工作绩效、紧张）也起到了调节缓冲作用。根据过程论的观点，个体在面对工作压力时，会对工作压力进行认知评价，判断是否会对自身产生影响，进而利用自身应激资源来应对。在应对策略的相关研究中，相关学者主要做了一些关于应对策略中介和调节机制的研究。Haggerty等从青春健康的角度认为应对是中介变量，理解焦点是自变量，它对因变量有很重要的影响，强调的是应对过程；而认为应对是调节变量的原因是，他们认为应对是一种保护性因素，包括个体（形象、气质、自尊等）和环境（家庭收入、社会关系等）。

（1）中介变量。

应对作为压力源和压力结果中的中介变量，是一种解释变量，即解释压力源为什么或者如何影响压力结果，反映了它们之间的关系。Rudolph认为应对有3种中介途径：压力源和压力结果的中介变量；压力源和压力反应的中介变量；应对反应和应对结果的中介变量（图7）。

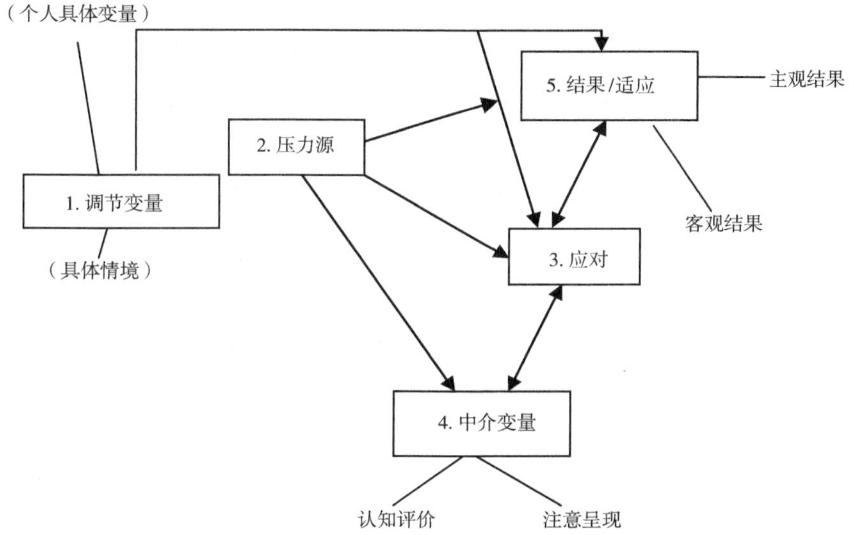

图7　压力源、应对、调节变量、中介变量概念模型（Rudolph，1995）

（2）调节变量。

调节变量是影响自变量和因变量之间关系或强度的变量。关于压力应对的调节类型，Rudolph认为可以从3个方面进行考虑：个体特征的变量，如个体的发展水平、人格特征、性别等背景因素；压力源的阶段、类型或环境；个人特征与环境的交互作用。在压力调节机制研究中，认为个体特征是调节变量的代表性学者是Bushman和Brown，他们认为自尊、乐观会对身心健康有直接效果。Scheier等认为那些乐观的学生会相应地采取主动寻求社会支持、问题取向应对，而悲观的学生则往往否认和逃避压力。而Folkman等则认为压力应对是作为一种情境变量而出现的，他们认为压力的应对是一个动态过程，由3个阶段组成，分别是压力预期、压力经历和压力后恢复，在3个阶段中压力源的性质、反应的类型和效果都存在差异。Connor Smith在初级控制应对模型中提出，压力源（情境）被调控的程度决定应对的效能。Folkman认为压力源可以被控制时，个体就产生接近性应对和逃避性应对。Moos和Schaefer研究认为个体的应对方式应该与具体的情境相匹配，同时认为接近性应对在可控制的情境中最有效果。然而随着研究的深入，最近研究表明，不应该把个体变量和情境变量分割开来，个体变量和情境变量是交互作用的。Frydenberg提出二维表征理论。该理论认为应对是由情境因素和个体特征因素共同决定的，是情境因素和个体特征因素的函数。Aldwin认为应对要想变得有效必须和具体的压力情境相匹配。Cecilia提出了认知和动机双过程模型，该模型认为个体对情境的识别是一种认知过程，可以解释情境与应对的匹配程度，而动机过程则可以解释个体识别存在的差异。

通过对以上的研究结果的分析，本研究认为应对策略是压力源和压力结果之间重要的变量，应该综合考虑它的作用机制，而本研究将应对策略作为调节变量是因为个体会对压力进行识别和评价，进而使用自身的资源去应对，同时个体也会因为自身对压力源的控制感不同使得应对存在个体差异。

本研究认为积极应对策略和消极应对策略是两种最普遍的应对策略。积极地应对策略是指面对压力性事件的会进行管理和控制，会积极地寻求各种社会支持和解决问题；而消极的应对策略是指面对压力情境时采取躲避、不理会等消极方式。许多文献都支持将应对策略分解为积极性应对和消极性应对。

纵观以往对积极应对策略的研究，发现研究方法比较单一，主要是采用横向研究方法。相关研究证实积极的应对策略主要是通过3个方面来发挥作用的：第一，积极应对策略起到保护性作用；第二，积极应对策略可以直接对结果变量产生积极影响；第三，积极应对策略可以调节工作压力和相关结果变量之间的关系。具体来说，当个体面对工作压力源时，积极的应对策略可从源头上直接减少压力症状，或者说消除工作压力源所带来的消极影响。Decker研究表明，积极应对策略的直接作用是减少心理症状或者改变自身的调节方式。另外，在研究积极应对策略和工作压力源之间的关系时，学者们产生了不太一致的结果。Griffith认为积极应对策略与工作压力是相互独立的，它们之间没有相关关系。虽然有些学者研究认为它们之间有显著的相关关系，但相关的方向不能确定是正还是负，而且这种相关关系比较弱。这说明肯定有相关的因素在影响它们之间的关系，也就是说并不是每一个压力源因素都会影响积极应对策略的使用，而且有些压力源会直接影响，另外一些可能会间接影响。这一点在相关研究中得到了证实。例如，Day和Livingstone研究发现4种慢性工作压力中的两种与以解决问题为中心的应对策略正相关；另外两种与以解决问题为中心的应对策略负相关。

对于积极应对策略在工作压力源和结果变量之间的调节作用，学者们也存在分歧。Wheaton研究表明积极应对策略对工作压力有显著作用，即与很少使用积极应对策略的人相比，经常使用积极应对策略的人压力症状比较少。而Day研究认为积极应对策略对工作压力源没有起到调节作用。

从以上的分析可以推断，在工作压力源和结果变量之间，应对策略起到了很关键的作用，其作用机制非常复杂。面对工作压力时，使用积极应对策略的个体会积极寻求各种解决问题的方式和社会支持从而减少工作压力所带来的消极影响；而使用消极的应对策略不但解决不了问题，而且还会产生严重的心理症状从而增加工作压力的消极影响。

2.6.4 应对策略的测量

众多学者根据自己的分类标准编制了不同的应对策略测量工具。比较有代表性的首先是Lazarus和Folkman编制的WCQ（Ways of Coping Questionnaire），分为8个维度；其次是Latack编制的3个维度、42个条目的应对策略量表；最后是Paul D编制的4个维度的应对策略量表。（表5）

表5　应对策略测量工具

学者	时间	维度	内容
Lazarus & Folkman	1984	8	正面应对、自我控制、主动寻求社会支持、承担责任、有计划地解决问题、对压力性事件进行积极评估、距离化、逃避策略
Latack	1986	3	积极控制应对策略、消极逃避应对策略、症状管理应对策略
Paul D	2004	4	以问题为中心的应对策略、以寻求社会支持为中心的应对策略、回避型应对策略和放松型应对策略

资料来源：作者整理。

本研究所采用应对策略问卷是在已有研究的基础上，根据肖计划的应付方式问卷、姜乾金的特质应对方式问卷、解亚宁的简易应对方式问卷和龚志周中的博士论文的研究结果编制而成。该问卷在赵秀清、曾晓娟等人的研究中经检验发现具有良好的信效度。该量表分为积极应对策略（PR1—PR6）和消极应对策略（NC1—NC5）两个维度，经实证研究克隆巴赫α系数分别为0.907和0.813，说明该量表的两个维度具有良好的信度，采用李克特7点量表法，“1”表示非常不同意，“7”表示非常同意。（表6）

表6　应对策略量表

变量	维度	题项	编号
应对策略	积极应对策略	我尽量以积极的态度来看待面临的问题	PR1
		我认为经验的积累可以促进我的成长	PR2
		我排除其他思想或活动的干扰，集中精力解决面临的问题	PR3
		遇到困难时，积极调动各方社会资源寻求支持	PR4
		我仔细考虑应采取什么步骤来解决问题	PR5
		当我面对训练问题时，我会考虑一个处理问题的最佳方案	PR6
	消极应对策略	即使发现存在问题，但在其产生危害前不去理会	NC1
		当出现一时无法解决的问题时先放在一边不理	NC2
		我会用各种方式来发泄自己的情绪	NC3
		我会装作事情并未真的发生一样	NC4

续表

变量	维度	题项	编号
		我会承认自己不能处理面临的问题，并放弃尝试	NC5

资料来源：赵秀清，2012。

2.7 国内外研究现状评述

通过对工作压力和工作倦怠概念的阐述以及相关文献的回顾，可以发现：

（1）目前关于工作压力和工作倦怠之间的关系在国内外一些行业内已经取得了一些研究成果。但是不同的行业或职业，工作压力的内容是不一样的，以往的研究只是借用别的领域的问卷简单地描述教练员的工作压力和工作倦怠的现状。目前国内对教练员工作压力的测量都是借鉴相关领域的测量工具进行修订，这样难免会对工作压力的研究产生困扰，而不能真正揭示教练员的工作压力与相关变量之间的关系。

（2）从以上文献我们还可以看出，关于教练员工作压力的研究仅限于工作压力与个体变量之间简单的相关关系，并没有真正揭示工作压力的作用机制。而且从相关领域研究可以看出工作压力和工作倦怠之间的关系很强，但并不是每一个维度对工作倦怠的预测能力都很强，这说明它们之间并不是简单的因果关系，它们之间的关系非常复杂。如果它们某些方面的关系是间接的，那么它们之间的作用机制是什么？受哪些变量的干扰？

通过以上分析，本研究准备从以下几个方面着手。

（1）通过定性和定量研究来分析竞技体育教练员工作压力的内容及维度，针对教练员的实际情况编制有效的测量工具。

（2）通过调查来分析竞技体育教练员工作压力的现状，是否存在人口统计变量上的差异。

（3）探讨教练员工作压力源和工作倦怠之间的关系。

（4）分别从个人（自我效能感）和组织（组织支持感）两个层面探讨它们如何影响教练员的工作压力和工作倦怠之间的关系，并深入探讨这种作用机制的内部机制（应对策略）。

2.8 理论基础和研究假设

2.8.1 理论基础

2.8.1.1 资源保存理论

压力理论的发展经历了刺激学说、反应学说和刺激—反应学说3个阶段后，Lazarus和Folkman提出的个体—环境交互作用模型得到学术界广泛的认同。但是Hobfoll和一些学者却认为交互作用的模型并没有明确个体的需求和资源的概念到底是什么，从而导致两者之间的关系和机理模糊不清，为此Hobfoll在此背景下提出资源保存理论。

资源保存理论是近些年来压力研究的一个崭新视角，它从资源的流失和获得的视角解释压力情境下不同个体存在差异的原因，同时也为工作倦怠、离职倾向和工作绩效等相关问题的解释提供了新的视角，因此，该理论得到了包括管理学等领域学者的广泛关注。

资源保存理论的基本观点是：人们生来就需要获得和保存一些自己认为珍贵的资源，当个体感到资源受到威胁或不足以应对需求、资源失去或个体感到将要失去、投入后没有获得相应的回报时，就会出现压力等心理问题。资源保存理论把这些资源分成物质性资源、条件性资源、积极的人格特质资源和能源型资源。

对工作压力和工作倦怠的研究，学者们大多从工作要求和工作资源两个角度出发。在工作中，当个体失去特定的资源，工作要求无法充分满足，或无法得到预期的回报时，个体就会产生工作倦怠。这里的工作要求主要指过重的工作负担和紧张的工作气氛等各种压力事件，而资源可以帮助人们获得防卫性的应付措施，包括朋友或家人的理解、组织的支持，甚至还包括良好的身体素质、更高的学识和更多的时间等资源。这些资源都被认为是有价值的资源。

从工作资源的视角来看，资源保存理论从个体的内在资源特征和与组织相关的外在资源的角度对工作压力和工作倦怠进行研究。Neil的研究表明资源的评价类型取决于个体的心理价值观，而个体对压力的反应往往与评价类型有关。根据Cordes的研究结果，个体的内在资源特征和工作倦怠有关系，积极的情感与情绪衰竭负相关，消极的情感与情绪衰竭正相关。因此，积极的个体内在资源（自信、自我效能等）可以帮助个体积极调解由于资源产生工作压力和工作倦怠等一系列问题。国内一些学者也对此进行了研究，根据高中华等人的研究，员工拥有的心理资本越高，对压力的感受就越小，缓解也就越多。

组织支持感是一种组织支持型资源，是一种社会性资源，这种社会资源对于员工来说是有价值的，它可以帮助员工增加资源，提高获得增值螺旋的概率，减少丧失螺旋的可能，使员工在工作中有积极的表现，减少资源耗竭所带来的消极后果（工作倦怠等）。根据Hobfoll的观点，如果组织为员工提供有价值的社会资源（组织支持），那么员工就会表现出较高的组织承诺和情感依恋，并以此作为对组织的回报。张莉等的研究结果表明，当个体获得来自组织的资源时（工作环境、工作福利的改善等），就会表现出对组织的承诺和依赖，从而降低工作倦怠等消极影响。反之，如果员工得不到来自组织的有效的资源支持，就会产生工作倦怠或其他一些负面影响。Halbesleben的研究结果表明，同事之间的互惠行为是一种与组织支持相关的资源，它可以有效调节工作疲惫和工作绩效之间的关系。本研究正是基于以上观点把组织支持感作为外在资源、自我效能感作为内在资源来进行工作压力和工作倦怠的研究。

2.8.1.2 压力交互作用理论

Lazarus和Folkman提出的压力交互作用理论全面概括压力的构成要素，既强调环境的刺激作用，也考虑了个体的主体特征差异，是当前压力积极应对领域最具影响力的理论之一。

压力交互作用理论认为刺激学说和反应学说都忽视了心理活动和应对策略在压力应对状态中的中介变量作用，因此都不够全面。该理论认为：心理压力是个体和环境之间的一种特殊关系，这种环境在个体看来已经给他的应付能力带来了负担或超出个体应付能力，并且危害到他的健康。也就是说，个体紧张反应的产生，除了压力源存在之外，还必须满足以下两个条件：一是，个体感受到自己的需要和目标受到威胁；二是，个体无力对压力源进行常规的应付。

压力交互作用理论强调个体认知到的自身能力和认知的客观要求之间的平衡性的重要性。个体一旦认知到自己的能力不足，对环境的过高要求无法满足时，即体验到了自身的能力和客观要求之间的不平衡，于是产生压力感。

压力交互作用理论也强调应对策略在压力形成过程中的重要作用，由于在压力的本质认识中重视压力的应对，为工作压力的研究提供了更广阔的领域，同时也赋予工作压力的管理研究更重要的实践意义。

在压力交互作用理论的引导下，相继出现了个体—环境匹配理论、基于交互作用模型的压力评价理论和工作要求—控制模式。

（1）个体—环境匹配理论。

该理论认为引起工作压力的因素不是单独的环境因素或个体因素，而是个体和环境相联系的结果。工作压力的产生是由于个体能力与工作要求不匹配。只有个性特征与工作环境相匹配，才会出现较好的适应。个体—环境匹配理论强调个体的能力、个性等个体特征与工作环境的匹配程度最终决定了个体工作压力的大小，而不能只看工作环境或个体单方面的特点，是一个比较全面揭示工作压力成因的理论。个体—环境匹配理论已经获得了一些研究的证实。例如，Rijk的研究发现，那些具有高积极性应对方式而处于低工作控制环境的个体，在高工作压力下表现出严重的情感衰竭。

（2）基于交互作用模型的压力评价理论。

该理论认为压力是一个过程，这一过程随着时间和任务的改变而发生变化。个体和环境的关系以及个体与环境的匹配程度，在时间、工作任务或活动上，都是动态的。基于交互作用模型的压力评价理论认为，压力的产生取决于两次评价：在第一次评价中，个体考察所面临的情境事件对自己的重要性；在第二次评价中，个体考察的是自己所具有的压力应对资源。例如，当个体认为所面临的情况可以由自己的行为控制时，以解决问题为中心的应对策略占主导；当个体认为自己无法改变局势时，以情绪为中心的应对策略占主导。应对方式会随着压力情境而改变，也会随着时间而改变。

（3）工作要求—控制模式（JD—C模式）。

Karasek提出的工作要求—控制模式也是工作压力研究中一个重要的理论。Karasek认为工作活动包含工作要求和工作控制两个关键特征，它们共同影响工作压力。工作压力是指存在于工作情境中反映员工的工作任务量和困难程度的因素，即压力源；而工作控制包含两个成分：技能和决策力。工作压力既不单独取决于工作要求，也不单独取决于工作控制，而是二者交互作用的结果，当工作控制处于不同水平时，工作要求对工作压力的效应是不同的，也就是说，工作活动所包含的工作要求和工作控制决定员工所承受的工作压力。JD—C模式有两个基本观点：第一，高工作要求、低工作控制导致工作压力；第二，当工作要求和工作控制都处于高水平时，工作动机增强，有利于提高员工的工作绩效和工作满意度。在这种情况下，高工作要求非但不是压力源，反而是对员工的激励因素。当员工处于高水平工作要求时，工作控制可以防止员工受到过高工作压力的伤害，因而是一种防御机制。工作要求既增加了学习压力也增加了工作压力，而对工作控制有所控制可以减轻员工的压力。

随着研究的深入，之后的学者如Van Der Doef在JD—C模式的基础上加入社会支持的维度，使这一模式成为工作要求—控制—支持模式（简称JDCS模式）。根据JDCS模式，高要求—低控制—低支持的工作往往导致心理压力和生理疾病，而高要求—低控制—低支持的工作将增加学习动机，促进技能的发展，而且低控制和社会支持可以抵消高要求所导致的高压力的消极影响。

2.8.2 研究假设

2.8.2.1 工作压力与工作倦怠的关系假设

在工作压力研究中，有些研究认为工作压力是压力源，有些认为是压力反应，而有些认为压力是一个完整的从压力源到压力反应的过程。由于两者之间的概念存在很大的相似性，所以有必要在研究工作压力和工作倦怠之间的关系之前，对二者的概念进行辨析。

早期研究者认为工作压力和工作倦怠在概念上存在很大的重叠和交叉，甚至觉得没有必要提出工作倦怠的概念，它们之间是紧密联系的。他们认为：首先，工作倦怠是工作压力的一种极端反应或者称为一种反应形式。比较有代表性的学者是Dunham，他认为工作倦怠就是工作压力的极端形式，是压力反应的产物，而Maslach认为工作倦怠实际上就是一种压力反应，这种反应包括情绪衰竭、冷漠的心态和个人成就感的丧失。其次，影响工作倦怠的变量同时也影响工作压力，如社会支持、个性特征、公平感和控制感等。因此，工作倦怠的研究总是和工作压力联系在一起。

虽然工作倦怠是工作压力发展的最后阶段或特殊反应形式，但它们的概念也存在以下区别。

首先，工作压力的概念内涵更加宽泛。从广义的角度来看，工作压力是一个完整的包括工作压力源、压力反应以及工作压力源—压力反应的过程；从狭义的角度看，工作压力就是指压力反应。因此，无论从广义还是从狭义的角度看，工作压力的概念内容都更加丰富。而工作倦怠只是工作压力的一种表现形式。

其次，每一个领域的工作者都会体验到工作压力，但并非每一个工作者都会体会到工作倦怠。从时间上看，工作倦怠是一个长期的过程，而工作压力是一个即时的反应。工作压力的反应伴随着一系列心理和生理的不适应，而这种不适应的最后阶段就是工作倦怠。根据资源保存理论的解释，当个体没有更多资源付出而工作要求又一直处于较高水平，并且它们之间长期处于这种不平衡的状态时，就有可能产生情绪衰竭的状态。

再次，工作倦怠是工作压力的一种反应形式，但又不仅仅是一种压力反应形式。由于工作倦怠是一个多维度的概念，它从多个方面来研究包括压力反应的机体反应。它不仅包括不良情绪的反应还包括对他人态度的变化和自我评价。也就是说，工作压力仅仅会引起反应，而工作倦怠包含对他人态度的改变和行为的变化。

最后，工作倦怠的产生是由于个体在工作中感觉到付出和回报不一致，而工作压力是由于个体感觉到工作的高要求和能力之间不一致。就正如Pines指出的，成就动机越高越容易产生工作倦怠，而成就动机越低越容易产生工作压力。

总之，国内外有关工作压力和工作倦怠的关系研究表明个体在面对工作压力时都会表现出身心紧张，如果不进行正确的应对管理和缓解，长此以往就会造成工作倦怠。在有关工作压力和工作倦怠的研究中，工作倦怠总是作为工作压力的结果变量出现。但是相关领域中工作压力和工作倦怠维度间的关系却得出不太相同的结论，原因可能是职业的不同导致工作压力的组成不同，不同压力维度对工作倦怠的影响程度也不同。耿东丽研究了护士工作压力、社会支持和工作倦怠的关系，结果表明，护理专业及工作、工作量及时间分配、工作环境及资源、病人护理和管理及人际关系5个压力维度与工作倦怠的3个维度呈显著正相关。崔向军等对高校教师的工作压力和工作倦怠进行了研究，结果表明，高校教师的社会压力、学校压力和个人压力都和工作倦怠的3个维度呈显著正相关。贾子若等以铁路机车司机为样本的研究，发现铁路司机的工作压力和工作倦怠有显著正相关关系，但工作压力的5个维度和工作倦怠的3个维度的具体关系有所不同，工作本身的压力、工作家庭矛盾压力和工作倦怠的3个维度显著正相关；而人际关系压力、组织因素压力和工作倦怠的3个维度呈负相关；职业发展压力和工作倦怠的3个维度不相关。

在体育领域，相关学者也做了些研究，都表明教练员的工作压力和工作倦怠存在较高的相关性，但研究结论也和别的领域一样存在较大分歧。原因可能有以下两种：第一，这些学者大多借鉴了相关领域的工作压力问卷对教练员的工作压力进行测量，并没有对教练员工作压力问卷进行编制；第二，他们调查对象的范围比较窄，有的是调查的区域比较窄。张玉泉等在对竞技体育教练员工作压力和工作倦怠的关系的研究中，采用职业压力源量表和MBI量表对山东省278名教练员进行了调查，结果表明：教练员来自工作—家庭冲突和职业发展的压力对情感衰竭有显著正向影响；来自工作任务本身、组织结构和氛围的压力对个性化维度有显著正向影响；而来自人际关系的压力和工作倦怠的3个维度没有相关关系。王宪红等的研究结果则表明：工作—家庭冲突和职业发展压力对情绪衰竭有显著正向影响；工作任务本身、组织结构和氛围对去个性化有正向影响，运动员因素和职业发展压力对低成就感有负向影响。

但无论什么原因造成结论的不同，工作压力和工作倦怠之间的关系是毋庸置疑的，只是在具体维度上所体现的相关程度不同。因此，对于本研究教练员的工作压力和工作倦怠的关系研究提出如下假设。

H1：教练员工作压力对工作倦怠有正向影响

H1a：工作特征压力对情感衰竭有正向影响

H1b：人际关系压力对情感衰竭有正向影响

H1c：绩效考核压力对情感衰竭有正向影响

H1d：工作保障压力对情感衰竭有正向影响

H1e：职业发展压力对情感衰竭有正向影响

H1f：工作特征压力对低效能有正向影响

H1g：人际关系压力对低效能有正向影响

H1h：绩效考核压力对低效能有正向影响

H1i：工作保障压力对低效能有正向影响

H1j：职业发展压力对低效能有正向影响

H1k：工作特征压力对疏离感有正向影响

H1l：人际关系压力对疏离感有正向影响

H1m：绩效考核压力对疏离感有正向影响

H1n：工作保障压力对疏离感有正向影响

H1o：职业发展压力对疏离感有正向影响

2.8.2.2 自我效能感在工作压力和工作倦怠的关系中的假设

在工作压力对工作倦怠的影响机制的关系变量中，各类中介变量和调节变量是压力研究的重点。许多学者将个体特征变量、社会支持变量和应对策略变量放入工作压力的研究机制中，加深了对工作压力研究的认识。在众多的缓冲变量中，自我效能感作为个体和环境交互作用中的重要个体特征，已经引起了许多学者的重视。

自我效能感是美国心理学家班杜拉在20世纪70年代提出的一个重要概念，它是在社会认知理论中提出的。自我效能的含义是指个体对自身能否完成某一活动所具有的能力判断和信念。这里要特别指出的是自我效能不是对自己所拥有的能力进行评估而是对某项活动完成得如何所做的自我评估。Bandura认为，如果一个人对自己要完成的活动充满自信，在相同的压力情况下他所感受的压力带给他的负面影响会很小，同理，一个人如果对自己要完成的活动缺乏自信，那么在相同的压力情形下，他所感受的压力带给他的负面影响会更大。这说明自我效能对工作压力有重要影响。

Jex也指出，在工作压力的产生和作用机制中，自我效能作为重要的个性特征变量起到了非常关键的作用。Jex在自我效能和工作压力关系的研究中指出，和低自我效能的个体相比，高自我效能的个体会更加积极地面对压力所带来的负面影响。也就是说，个体感受到的工作压力的大小在某种程度上取决于个体自我效能的高低。

Lazarus和Folkman提出的压力交互作用理论是有关于压力研究的最有影响的理论。该理论认为压力既不是外界环境的产物，也不是个体的产物，而是环境产生的威胁和个体认知相互作用的结果。该理论认为刺激学说和反应学说都忽视了个体特征在压力作用过程中的作用。压力评价理论是由交互作用模型发展而来，该理论认为个体将会对刺激产生两次评价，这两次评价的结果导致短期或长期心理、生理和行为的变化。在第一次评价中，个体需要对压力性事件的重要性进行评估；在第二次评价中，个体将对自己所拥有的应对资源进行评估。这种评价并不是早期所认为的静态或固定模式，而是一种动态变化过程，它会随着时间和情境的变化而改变。然而这种认知评价的结果又受个体特征的影响，自我效能感就是一个典型的个体特征变量，在本研究中不是指一般的自我效能感，而是指在具体工作领域中的自我效能感。这种理解也得到了众多学者的一致认可。自我效能高的个体不会把压力源作为对自己的威胁，他们会积极地应对这种压力；低自我效能的个体会把相同的压力源看作重要的压力性事件，并且在第二次评价中认为自己没有应对资源，这时个体将会消极地应对这些压力所带来的心理、生理和行为的变化。

Karasek的JD—C模型（工作要求—控制模型）也是由交互作用理论发展而来。该理论认为，工作的紧张感会随工作要求的增加而提高，但是如果对于这些工作要求是有能力去应对的。也就是说，对工作的控制水平是高的，那么所带来的结果将会是积极的。如果对工作的控制水平很低，将会带来消极的影响（如倦怠）。因此高压力—低控制的工作将会对生理、心理和行为产生消极影响；而高要求—高控制的工作可以提高学习动机和技能，较高的控制水平可以减少高压力所带来的消极后果。但是Karasek认为个体差异在JD—C模型中起到了重要的作用，而自我效能感正是众多个体差异中一个重要的缓冲变量。自我效能作为重要的个体变量会影响个体执行控制的能力和信念。Litt认为具有高自我效能的个体会对自己执行控制的能力更有信心，因此与低自我效能的个体相比，在高要求—高控制的工作中往往会带来更加积极的结果。班杜拉也认为Karasek的JD—C模型必须考虑自我效能这个个体变量所带来的结果，他认为具有不同自我效能的个体在面对相同的工作要求和控制条件时所产生的压力结果是不同的。因此，不考虑提高员工的自我效能感，而仅仅提高工作控制的强度，对改善压力的负面影响并没有什么帮助。

关于自我效能对工作压力和结果变量之间关系的影响，国内外学者进行了实证研究。Cristian以匈牙利的销售人员为样本进行了调查，发现工作压力和家庭矛盾之间的关系受到自我效能的影响，具体来说，具有高自我效能的个体会减轻家庭—工作矛盾对工作压力的影响，低自我效能的个体会加剧家庭—工作矛盾对工作压力的影响。刘红云等以28所小学的1299名小学教师为样本进行调查，结果表明，教师自我效能会调节教师工作压力和工作满意度之间的关系，自我效能越高的教师，越不会感受到工作压力带来的消极结果。尚少梅等对北京150名护士进行调查，结果表明，自我效能越高的护士由工作压力带来的工作倦怠越低。具有高自我效能的个体在面对压力性事件时不会产生焦虑，会以积极的态度面对；而低自我效能的个体则会认为自己没有控制事件的能力，会表现出回避的应激反应而出现倦怠感。

基于以上研究，本研究对自我效能感对教练员工作压力和工作倦怠之间关系的影响提出以下假设。

H2：自我效能感在工作压力和工作倦怠的关系中起调节作用，即教练员自我效能感越高，工作压力对工作倦怠的影响越小

H2a：自我效能感调节工作特征压力与情感衰竭的关系

H2b：自我效能感调节人际关系压力与情感衰竭的关系

H2c：自我效能感调节绩效考核压力与情感衰竭的关系

H2d：自我效能感调节工作保障压力与情感衰竭的关系

H2e：自我效能感调节职业发展压力与情感衰竭的关系

H2f：自我效能感调节工作特征压力与低效能的关系

H2g：自我效能感调节人际关系压力与低效能的关系

H2h：自我效能感调节绩效考核压力与低效能的关系

H2i：自我效能感调节工作保障压力与低效能的关系

H2j：自我效能感调节职业发展压力与低效能的关系

H2k：自我效能感调节工作特征压力与疏离感的关系

H2l：自我效能感调节人际关系压力与疏离感的关系

H2m：自我效能感调节绩效考核压力与疏离感的关系

H2n：自我效能感调节工作保障压力与疏离感的关系

H2o：自我效能感调节职业发展压力与疏离感的关系

2.8.2.3 组织支持感在工作压力和工作倦怠的关系中的假设

以往对工作压力和工作倦怠关系的研究，倾向于个人评价的结果。例如，Karasek提出的JD—C模型从个人角度认为工作压力和工作倦怠的产生是由于工作要求和工作控制的共同影响，而工作控制过分强调了个人评价的结果。而且大量的实证研究支持了这一观点。然而这种研究视角必然会阻碍研究思路和理论的发展。

随着研究的发展，罗宾斯的压力理论模型认为压力源是由环境、组织、个人3个方面潜在的因素构成的，应该从组织的层面来探讨工作压力的产生以及工作压力带来的负面影响（如工作倦怠）。这一观点也得到了国内外相关学者的认同。例如，Cooper认为应该把工作压力关注的视角放到组织里，国内学者马可一和王重鸣也认为应该把压力的管理放在组织研究。

近些年来，人们逐渐从更加广阔的视角对工作倦怠进行研究，同时对职业倦怠研究最多的模型是工作要求—资源模型（JD—R），国内外有很多文献已经将用JD—R模型应用于护士、医生、警察等助人职业中，也取得了相应的研究成果。

JD—R模型认为工作倦怠来自工作要求—资源的不平衡，自我效能属于个人资源，而组织支持则从另一个方面反映了组织给予的资源，如工作环境、福利待遇和提供便利条件等方面的资源。

由Hobfoll提出的资源保存理论（conservation of resource theory）受到了学者们的广泛关注。资源保存理论认为：人们具有保存、保护及建立他们认为重要的资源的基本动机。当个人遭受到资源丧失的威胁，或者一些实际资源的丧失，或者投入的资源无法获得回报时便会感受到心理上的不适应。这里所指的资源主要包括：①物质资源（object resourc-es），指具体的物质资源；②条件资源（condition resources），具体指与身份和社会经济地位相关的资源；③个人资源（personal resources），具体指那些与个人性格特征相关的资源，如自我、自尊等；④能量资源（energy resources），指可以用来获取物质资源的能源，如知识、金钱等。

这里所指的工作压力要求主要包括角色模糊和压力性事件及过重的工作负担。而宝贵的资源可以帮助人们获得良好的应对措施，其中就包含个人良好的素质、丰富的学识和来自组织的支持。

资源保存理论的具体观点主要有以下几点。

（1）资源丧失的首要性。虽然获得资源非常重要，但是对于个体来说，保护资源比获取资源更加重要，也就是说个体对失去资源比得到资源更加敏感，很容易为了避免丧失资源而失去获取资源的机会。

（2）获取资源的次要性。虽然说保护现有资源比获取资源更重要，但是如果个体想要降低失去资源的可能性，一个很重要的条件就是去获取更多的资源。除此之外，对于个体来说获取资源具有非常重要的意义和价值。因此，个体会在保证现有资源不流失的情况下进行资源的扩展。

（3）投入资源以免资源流失。个人保护资源的主要方法是投入更多的资源来改变现况，以防止或减缓珍贵资源的流失。例如，公司改组使员工产生不安全感，员工可能会投入更多精力，以期通过改善工作绩效来加强工作保障。

由于资源保存理论很好地解释了工作要求—资源不平衡中所导致的问题，近些年来在压力研究中慢慢得到重视，并被广泛运用在解释工作压力和工作倦怠之间的关系。以往研究者对工作倦怠的定义是个体在面对过量的工作压力时所产生的心理耗竭，特别是人际互动的工作。而就资源保存理论而言，个人心理上的不适来自个人因环境要求的资源耗竭。这与工作倦怠的定义有很大的相同点。特别需要指出的是，工作倦怠定义中的情绪衰竭，相当于资源保存理论中的第四个资源能量资源。Shirom认为，如果用资源保存理论的观点来界定工作倦怠，工作倦怠就是一个人内在能量资源不断耗损的过程。换句话说，当个人根据工作要求进行工作时，由于不断地付出心力，会使个人内在的能量逐渐丧失，最后陷入工作倦怠的状态。

国内外相关领域的研究也证实了组织支持感在工作压力和工作倦怠中的作用。房巧玲、王晓丽以注册会计师为调查对象，从资源保存理论的视角分析了注册会计师的工作倦怠的形成原因和发展过程。白玉苓通过对服装产业员工的调查研究发现：组织支持感与工作压力和工作倦怠呈负相关，并且组织支持感在工作压力和工作倦怠中起调节作用。赵伟等通过对护士的调查研究发现组织支持感可以调节工作压力和工作倦怠之间的关系，组织支持感有降低工作倦怠的作用。Schat通过研究表明，员工感受到的组织支持感越高，其工作压力越低，他认为组织可以提供良好的工作环境和和谐的人事关系，从而降低工作压力水平。Thomas和Ganster研究表明，员工感受到来自领导的支持时，会感受到较高的控制感，这种较高的控制感会降低员工的心理压力水平。因此，根据以上的理论分析和实证研究本研究提出以下假设。

H3：组织支持感在教练员工作压力和工作倦怠的关系中起调节作用，即教练员感受到的组织支持感越高，工作压力对工作倦怠的影响越小

H3a：组织支持感调节工作特征压力与情感衰竭的关系

H3b：组织支持感调节人际关系压力与情感衰竭的关系

H3c：组织支持感调节绩效考核压力与情感衰竭的关系

H3d：组织支持感调节工作保障压力与情感衰竭的关系

H3e：组织支持感调节职业发展压力与情感衰竭的关系

H3f：组织支持感调节工作特征压力与低效能的关系

H3g：组织支持感调节人际关系压力与低效能的关系

H3h：组织支持感调节绩效考核压力与低效能的关系

H3i：组织支持感调节工作保障压力与低效能的关系

H3j：组织支持感调节职业发展压力与低效能的关系

H3k：组织支持感调节工作特征压力与疏离感的关系

H3l：组织支持感调节人际关系压力与疏离感的关系

H3m：组织支持感调节绩效考核压力与疏离感的关系

H3n：组织支持感调节工作保障压力与疏离感的关系

H3o：组织支持感调节职业发展压力与疏离感的关系

2.8.2.4　应对策略在工作压力和工作倦怠的关系中的假设

根据前面文献关于应对策略的定义，应对策略是指个体在面对压力源时，有意识或无意识地采取的应对方式。良好的应对方式有助于缓解精神紧张，从而起到维持心理平衡、保护身心健康的作用。

Lazarus的压力交互作用理论认为，心理压力是个体和环境之间的一种特殊关系，这种环境在个体看来已给他的应付能力带来负担或超出个体应付能力，并且危害到他的健康，就是说交互作用理论强调个体认知到的自身能力和认知的客观要求之间的平衡的重要性。同时Lazarus的研究表明：应对是一个变化的过程，它随着情境的改变而变化，也随着时间的改变而变化；而不是如传统的研究者所认为的应对是一种个性特征或者一种固定的模式。

在工作压力和负面情绪关系的研究中，应对方式常常作为一个中间变量出现，也就是说压力除了可以直接产生负面情绪外还可以通过应对策略的间接作用影响结果变量。有研究结果表明，当个体面对压力性事件时，积极有效的应对策略有助于良好的适应，并减少抑郁和焦虑的产生；消极逃避的应对策略会导致一系列不适应反应，并且增加不良情绪反应。根据自我防卫理论（Diehl，Dybdahl，Jenkins，Nuismer，Freud）的观点，个体在面对消极情绪（倦怠、抑郁和焦虑）时为了维持内心的平衡，容易选择消极的应对方式。许多实证研究的结果也表明压力引起的消极情绪会给应对策略带来影响，也就是说消极情绪越高，个体越容易选择消极应对方式；而消极情绪越低，个体越容易选择积极应对方式。而相关研究也表明不同应对方式会对工作倦怠产生影响。例如，郭冰心等在对浙江省科技工作者的工作倦怠和应对方式的研究中指出，应对方式在科技工作者工作压力和工作倦怠中起中介作用，采用较多的积极应对方式和较少的消极应对方式可以减少工作倦怠的产生。袁锦芳通过对181名小学女教师的调查研究发现：在相同的工作压力下，应对策略和工作倦怠有不同程度的相关性，积极的应对策略会减少工作倦怠，消极的应对策略会增加工作倦怠，并且应对策略在工作压力和工作倦怠中起中介作用。

因此，通过以上的理论和实证分析本研究提出如下假设。

H4：应对策略是教练员工作压力和工作倦怠关系中的中介变量

H4a：积极应对策略是教练员工作压力和情感衰竭的中介变量

H4b：积极应对策略是教练员工作压力和低效能的中介变量

H4c：积极应对策略是教练员工作压力和疏离感的中介变量

H4d：消极应对策略是教练员工作压力和情感衰竭的中介变量

H4e：消极应对策略是教练员工作压力和低效能的中介变量

H4f：消极应对策略是教练员工作压力和疏离感的中介变量

2.8.2.5 自我效能感和组织支持感对应对策略的影响假设

应对策略在工作压力的产生和作用过程中具有非常重要的作用，这在前文中已经讨论过。但自我效能感和组织支持感调节工作压力和工作倦怠的关系的机制是什么？也就是说在相同的工作压力情况下，不同的自我效能感和组织支持感的工作倦怠为什么会存在差别？这是本研究要讨论的问题。

许多研究发现自我效能感对应对策略的选择有重要的影响。如Kinicki和Latack研究发现，对自己具有完成工作任务所需要的技能更有自信的个体，能够更有效地选择应对策略来应对压力。自我效能感高的个体倾向于选择积极的应对策略，而自我效能感低的个体倾向于选择消极的应对策略，这样自我效能感就能通过应对策略的选择对工作压力产生影响。Jex进一步指出“具有高自我效能感的个体可能在压力产生之前就会采取措施进行应对。例如，一个高自我效能感的员工一般会安排好他的工作计划，以避免出现到了截止日期还在工作的情况。自我效能感的重要性在于某些信念和价值会使个体对某一个事件的评价变得压力不是很大”。

根据压力交互作用理论的观点，压力来源于两次评价。在第一次评价中，个体首先要考察压力性事件对自己的重要性，也就是说，个体的自我效能会影响个体对压力源的频率、强度和性质的感知，进而影响个体对应对策略的选择。例如，如果个体具有较高的自我效能感，就会长期保持积极的情绪状态，当遇到紧张等压力性事件或情境时，将会积极地进行解读，从而比较少感受到压力的存在，压力的负面情绪也自然消除。

从资源保存理论的角度来看，资源是应对策略的基本材料。这些应对资源可能是个体、社会的或是物质的。个体的资源包括在许多情境下有帮助的特点或态度。最重要的个体资源有自尊、自信、控制感和自我效能感。自我效能感属于个体的资源。根据压力交互作用理论中的第二次评价的观点，当个体认为自己具有应对压力的个体资源（自我效能感）时，就不会有压力感。

组织支持感在工作压力和工作倦怠中的作用在前文也已经提及。那么具体的作用机制是什么？本研究认为当员工感受到较高的组织支持感时，也就是能感受到组织给予的物质或精神上的支持时，就可以减少心理压力带来的不良反应。根据Lazarus的压力交互作用理论中的第二次评价的观点，个体面对压力性事件时会考察自己所拥有的压力应对资源，而来自组织的精神或物质等方面的支持就是员工进行应对策略选择的依据。也就是说当员工拥有较多的来自组织方面的资源时，会采取积极的应对策略，减少压力所带来的负面效应；而当员工较少感受到来自组织的支持时，很可能会选择消极的应对策略，从而导致消极情绪的产生，长此以往就会产生负面效应（工作倦怠）。

最后，从资源保存理论的角度来看，无论是自我效能感还是组织支持感都属于个体应对压力的资源。自我效能感属于个体的内部资源，组织支持感属于外部资源，它们都会影响对应对策略的选择。

因此，根据以上逻辑分析和前文的假设，本研究推断，积极应对策略和消极应对策略中介了自我效能感、组织支持感对工作压力和工作倦怠之间关系的调节效应。

基于此，本研究提出以下假设。

H5：应对策略是工作压力和自我效能感交互影响工作倦怠的中介变量

H5a：积极应对策略是工作压力和自我效能感交互影响情感衰竭的中介变量

H5b：积极应对策略是工作压力和自我效能感交互影响低效能的中

介变量

H5c：积极应对策略是工作压力和自我效能感交互影响疏离感的中介变量

H5d：消极应对策略是工作压力和自我效能感交互影响情感衰竭的中介变量

H5e：消极应对策略是工作压力和自我效能感交互影响低效能的中介变量

H5f：消极应对策略是工作压力和自我效能感交互影响疏离感的中介变量

H6：应对策略是工作压力和组织支持感交互影响工作倦怠的中介变量

H6a：积极应对策略是工作压力和组织支持感交互影响情感衰竭的中介变量

H6b：积极应对策略是工作压力和组织支持感交互影响低效能的中介变量

H6c：积极应对策略是工作压力和组织支持感交互影响疏离感的中介变量

H6d：消极应对策略是工作压力和组织支持感交互影响情感衰竭的中介变量

H6e：消极应对策略是工作压力和组织支持感交互影响低效能的中介变量

H6f：消极应对策略是工作压力和组织支持感交互影响疏离感的中介变量。

2.8.3 模型的构建

从以上的理论分析和以往的相关领域文献的研究来看，对于工作倦怠这个结果变量来说，有些研究强调外在的力量（如社会支持等外部变量），有些研究则强调工作压力对工作倦怠的影响是由内部的变量造成的，如某些个性特征变量（自信、自尊等）。本研究根据资源保存理论和压力交互作用理论的观点，从个体和组织环境两个角度构建了工作压力、工作倦怠、组织支持感、应对策略和自我效能感的研究框架，具体来说，工作压力为自变量，工作倦怠为因变量，自我效能感和组织支持感为调节变量，应对策略为中介变量。因此，根据以上的文献研究和理论分析，本研究的理论模型如图8所示。

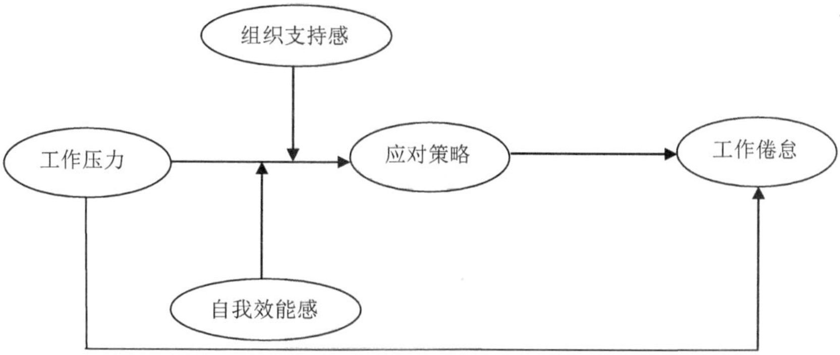

图8　工作压力对工作倦怠的影响机制模型

可以进一步分解成以下两个分模型，见图9、图10。

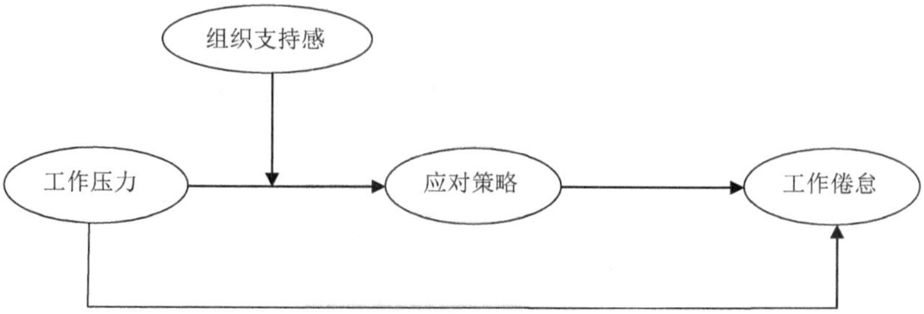

图9　工作压力对工作倦怠的影响机制模型1

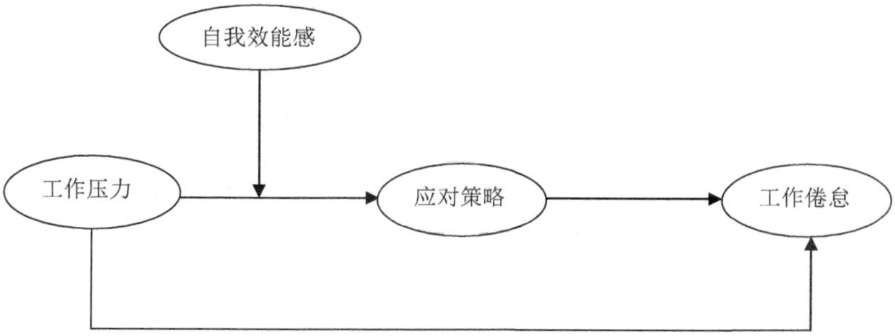

图10　工作压力对工作倦怠的影响机制模型2

3 研究对象与方法

3.1 研究对象

以竞技体育教练员工作压力的构成及其与工作倦怠的关系作为本研究的研究对象。

3.2 研究方法

3.2.1 文献资料法

首先，以“工作压力”、“职业压力”、“工作倦怠”、“自我效能感”、“组织支持感”和“应对策略”等为关键词，检索了中国知网（CNKI）、万方学术数据库和硕博论文数据库进行中文文献的搜集与整理；其次，以“work stress”“job pressure”“work burnout”“self-efficacy”“perceived organizational support”“coping strategies”等为英文关键词检索了“Web of Science”“EBSCO”以及谷歌学术搜索引擎等英文检索平台；最后，在南昌图书馆、北京体育大学图书馆、中国国家图书馆查阅了相关纸质图书，并且通过超星电子图书查阅相关的电子图书，图书的内容主要涉及健康心理学、管理心理学等相关领域，获取了与自己研究主题大量相关的理论知识，作为本研究的理论和实证分析的基础。在此基础上通过对以上文献的梳理和理论的提炼，从我国体育教练员的工作压力和工作倦怠的实际情况出发，分析自我效能感、组织支持感、应对策略在工作压力和工作倦怠中的作用机制，提出相关研究假设，从而构建本研究的理论模型。

3.2.2 访谈法

本研究的访谈法主要分为两个部分：第一，列出访谈提纲，选择不同人口学变量有代表性的教练员进行半结构式个人深度访谈和集体的焦点访谈。通过对他们的访谈了解当前教练员工作压力的主要影响因素（压力源），以及在压力情境下如何进行应对和不同应对策略的原因。这部分访谈不仅为教练员工作压力问卷的编制提供了依据，而且也为本研究的理论框架建立了基础。第二，对相关领域的专家和教练员进行访谈，访谈的目的是了解本研究主题的研究进展和理论知识，然后将编制好的初始问卷给专家进行整理修改，得到他们的认可后，问卷即具有专家效度。

3.2.3 类属分析方法

本研究采用类属分析方法对教练员的访谈资料进行归纳整理。类属分析方法是指在资料中寻找反复出现的现象以及可以解释这些现象的重要概念的方法。在对访谈资料进行反复阅读后，首先，根据前人的研究结果进行逻辑性分析，内容包括概念的定义和已有划分维度的分析；其次，将访谈的文字资料进行初步的比较和归类；最后，将不能分类的资料进行类属分析，将产生的新的分类进行命名，建立新的分类标准。

3.2.4 扎根理论方法

本研究根据扎根理论的研究思想，在被研究者的经验的基础上，以研究者个人现有的理论、前人的理论和资料中呈现的理论为线索，从现实出发，提出新的概念和思想，构建新的理论。本研究的基本步骤是：在上述类属分析的基础上，将资料中产生的核心变量的特征与研究者现有的理论、前人的理论相结合，寻找和建立概念之间在因果、过程和效果等方面的互动关系，形成观点或理论。

3.2.5 问卷调查法

问卷调查法是实证研究中应用最为广泛的一种方法，它是通过对调查对象进行问卷发放收集数据的一种方法。本研究在相关文献研究和访谈的基础上，编制出教练工作压力的初始问卷和搜集相关变量的成熟问卷，通过小样本问卷预试进行筛查，初步进行信效度检验；通过大样本问卷调查数据的收集进一步验证问卷的信度和效度并形成正式问卷，利用正式问卷对研究提出的理论模型进行验证。本研究将采用结构方程模型进行统计检验，根据Bollen的建议，如果资料的收集来自李克特量表形式，最好采用7点尺度，这样资料比较接近正态，因此，本研究的问卷均采用李克特7点量表法，“1”代表非常不同意，“7”代表非常同意。

3.2.5.1 调查的样本来源

整个调研过程分为预试阶段和正式调查阶段，预试调研是以江西省体育局下属的8个运动管理中心的教练员为调研对象，预调研阶段为期一个月。

本次预试调研选取江西省体育局所属的8运动管理个中心（球类中心、武术中心、田游中心、网球中心、射击中心、重竞技中心、水上运动中心和体操中心）的一线教练员（备战全运会）作为预调查的对象。

为了保证问卷填答的质量和有效回收率，全部预试问卷由笔者亲自前往以上8个运动管理中心进行发放。填答形式为集体填答和个人填答，填完后立刻回收。回收后对质量不好的问卷进行剔除。剔除的原则是：①填答是有规律的，如全部都填一个答案或者答案呈波浪形；②有漏填的题目；③一个题目填两个答案或以上的。本次预试在2016年5月进行，一共发放200份预试问卷，回收188份，回收率94%，剔除无效问卷24份，有效问卷为164份，问卷有效率为82%。

正式调查的调查对象是各个省的专业体育教练员（执教我国省级以上运动队的教练员），也就是以备战全运会以及更高级别的赛事为主的教练员，包括游泳、田径、体操、跳水、羽毛球、篮球、排球、武术、跆拳道、摔跤、击剑、射击、网球、皮划艇等20多个运动管理项目教练员。正式调查阶段的教练员涉及全国20个省的教练员，整个调研过程从2016年6月3日至9月28日，为期近4个月。

3.2.5.2 样本收集方式

本研究的数据收集主要采用现场调查、邮寄调查和网络调查3种方式，在预试阶段为了保证数据的可靠性，笔者亲自前往江西省体育局的8个运动管理中心进行调研。在正式调查阶段为了能尽量收集较多的样本，笔者发动各种资源进行样本的收集。首先，通过与同学、朋友以及在体育局工作的人员取得联系，前往训练场地进行现场调研；其次，通过邮寄的方式进行调查，对于外省的教练员，笔者将问卷快递给对方，并请求他们在规定的时间内寄回问卷；最后，通过网络进行调查，在问卷星网站上设计好问题，然后将网址通过微信、QQ等发给教练员，邀请他们打开链接进行作答。

3.2.5.3 样本量的大小

关于样本量的大小学术界一直存在争论，但是可以肯定的是样本量越大越好（候杰泰观点）。本研究采用AMOS软件对5个问卷进行验证式因素（CFA）分析以便确定问卷的结构效度。本研究的5个正式问卷总共有66个题目，正式问卷总共回收837份，除去无效问卷（有缺失值、规律填答）232份，最终有效问卷为605份，可以满足本研究样本量的需求。

3.2.6 数理统计法

数理统计法是利用统计学原理对问卷所收集的数据进行分析的方法。主要的统计方法有描述性统计、独立样本t检验、单因素方差分析、相关分析和分层回归分析。利用探索式因子分析方法进行初始问卷的结构效度的检验；利用验证式因子分析方法对5个问卷的结构效度进行验证；利用相关分析和回归分析对教练员工作压力、工作倦怠、自我效能感、组织支持感和应对策略之间的路径关系进行检验，具体的软件有SPSS20.0和AMOS21.0。

4　结果与分析

4.1　教练员工作压力的访谈和问卷编制

4.1.1　访谈的目的

访谈是定性研究的常用方式，也是探索式研究的常用方式。本研究通过对不同人口统计学变量的调查对象进行深入访谈和小组座谈，得到教练员工作压力的相关因素和引起工作压力事件的文本资料和录音，抽取引起教练员工作压力的相关因素，并在前期文献研究的基础上编制测量教练员工作压力的条目，并将相关条目进行归类和整理，为后续的问卷编制建立基础。

4.1.2　访谈的方法

访谈研究法是定性研究中重要的资料收集方法，本研究采用个人深度访谈和集体访谈两种形式进行。

个人深度访谈是指研究者一对一地和被访对象进行交谈。它与结构式的访谈不同，并不依据事先设计好的问卷和固定的步骤进行，而是根据访谈员指定的范围，由访谈员和被访者围绕某个主题进行自由的交谈。个人深度访谈采用半结构式的方式进行，访谈员和被访者在轻松、自然的情形下进行自由交谈，这种交谈的好处在于可以了解被访者内心真实的想法，为编制测量条目获取第一手资料。

集体访谈是指研究者同时与多个被访者进行交谈。集体访谈最大的特点是不仅可以使访谈者和被访者之间产生积极性互动，还可以产生良好的社会互动。参加集体访谈的人数是进行集体访谈前需要首先考虑的问题。根据长期的社会实践，一次性参加集体访谈的人数为5～7人，最好不要超过10人。其次，选择被访者时要考虑以下原则：①要有代表性；②要了解实际情况；③要敢于讲出实情；④相互之间要有共同语言。

集体访谈的具体实施步骤如下，首先，事先联系好访谈的教练员，跟他们确定具体的访谈时间和地点。其次，在访谈开始时，研究人员对研究的主题进行一个简短的介绍，其中包括研究的问题、研究的目的、处理结果的方式、志愿原则和保密原则等。在访谈过程中，让所有教练员都积极参与讨论，就有关工作压力的场景进行回顾和相互提示，提出他们对工作压力的感受、认知和评价。在访谈结束时，让每一位教练员总结一下自己对工作压力的看法，提出对工作压力进行管理的建议。最后，在访谈结束后，为了向教练员表示感谢，向每一位参与访谈的教练员赠送小礼品，表示感激之情。

多个被访者对工作压力来源的不同看法和工作压力对工作倦怠的影响机制可以促使研究者获得更多和更准确的思考。本研究将两种访谈方法结合使用，取长补短，使资料收集更加完善和准确。

访谈需要注意的事项：①访谈前，对访谈的目标和想要了解的内容需要有一个明确的了解，做到心中有数。②访谈前尽量通过各种渠道了解被访者的各种人口统计学特征信息，包括兴趣爱好，这样做的目的是让访谈员采用适当的角色姿态缩小和被访者之间的心理距离，使访谈员和被访者之间的关系变得更为融洽。③访谈的时间和地点根据被访者的方便进行。访谈前要非常客气地与被访者商量，并十分诚恳地表达打扰的歉意。④访谈时要用言简意赅的语句表达你想要谈的主要问题。要注意调动被访者的动机，以便建立融洽的访谈关系。⑤要运用恰当的记录方法。一般采用当场记录和事后记录的方式。本研究将采用两种方式相结合，以便更加客观和准确地收集所需要的资料。

4.1.3 访谈对象

为了能获取访谈的第一手资料，笔者分别进行了个人深度访谈和集体访谈。访谈对象的基本资料见表7。

表7　访谈对象基本资料

人口统计学变量	类别	人数
性别	男	9
	女	3
年龄	20～29岁	3
	30～39岁	4
	40～49岁	3
	50～59岁	2
职称	初级	3
	中级	6
	高级	3
工作年限	5年以下	3
	5～14年	6
	15年以上	3

4.1.4　访谈提纲设计

在正式访谈前，对访谈提纲进行精心严密的设计是非常必要的。根据kavle的建议，访谈应遵循以下要求：首先，问题要简明扼要，目的明确；其次，问题要由浅入深；最后，问题要有利于后续的理论分析。访谈提纲列完以后要请相关专家进行审阅以保证质量。访谈提纲分为两个部分：第一部分是访谈对象的基本情况介绍（人口统计学变量），第二部分是访谈提纲的具体内容。

访谈提纲如下。

（1）作为一名教练员，目前您在工作中是否感觉到压力？程度如何？这种压力是良性的还是恶性的？有哪些不良反应（如烦躁、消沉等）？

（2）您认为教练员的工作压力是由外界环境因素造成的还是由个人因素造成的？还是两者都有？

（3）在平时的训练和比赛中，您认为工作压力来自哪些方面？（请尽可能列举压力来源）

（4）如果您感受到工作压力，您通常会通过什么方式来消除它？

（5）您希望在组织层面通过怎样的调整来帮助您缓解工作压力呢？

（6）您在应对工作压力方面有什么好的建议吗？

4.1.5 访谈资料的整理和分析

为了能得到教练员的信任，笔者与教练员的朋友、同学做好了前期沟通，保证访谈的内容仅供学术研究，在此基础上提前约好访谈对象，并带好小礼物作为感谢。此次访谈整个过程为期一个月左右，每次访谈的时间都控制在一个小时以内，笔者在访谈过程中根据访谈提纲逐一进行，然后对访谈内容进行整理。以下是部分访谈内容（为尊重教练员的隐私把姓名略去了）。

某省队高级教练员说："我们哪有时间休息啊，年复一年，日复一日地守在田径场上很疲倦，很少有自己的休闲时间。明年又是全运会，我们的工作成绩主要就看这个啦，职称业绩等基本上都和这个挂钩啊！不能有一丝松懈啊！"

某位高级教练员说："我们东北一年大部分时间都是寒冷的天气，我们的比赛一般都是每年的4、5月份，一到10月份左右就要去南方训练，五六个月不在家，都是爱人在家操持着，感觉自己对爱人的帮助很少，也很少关心孩子的成长，有时家里人还不太理解我们，唉！只能是回家后尽量去弥补吧。"

某位中级教练员说："队员的什么事情都要我们管，我感觉自己就像是保姆。本来我们主管业务训练，像饮食、住宿等其他方面可以由别人负责，这下可好，都要问我，我和他们的爹妈差不多，有的时候回到家里还要想着队员的吃喝拉撒，真累！"

某位集体项目的教练员说："我们集体项目管理很麻烦，我们人数多，队员来自各个地方，拉帮结派现象比较严重。我们是集体项目，团队凝聚力是很重要的，所以要处理好各个地方队员之间的关系。除此之外，还要经常和裁判员保持良好关系，外地来了裁判要招待好，要不然到时比赛会吃亏，唉，真的好累！"

某位中级教练员说："我们这个项目领导也不太重视，给予我们的关照比较少。我们现在挑队员太难了，选择面窄，运动员的后备力量严重不足，很为这个项目发展担忧！”

某位初级教练员说：“我是年轻的教练员，我们这个省没办法，老少边穷嘛！现在的收入哪里买得起房，我还要谈对象，现在我还和队员住在一起呢，经常觉得自己在工作上很迷茫，到外面做什么也比这个强啊！”

某位女性中级教练员说：“我刚生完小孩，本来母乳喂养时间可以再长一点，这样对孩子成长比较好。按规定我们是有产假的，可是比赛任务紧、压力大，关系到这个队员明年是否可以参加全运会，这个队员是我一手带上来的，比赛日子马上就到了，我对他最熟悉，我不去行吗？所以我不得不提早给孩子断奶，全身心投入繁重的训练和比赛中去。”

某位中级教练员说：“我们评职称很困难，除了训练以外还要写论文、搞课题。你也知道我们本来文字功底就差，哪里写得了这个，但是没办法啊，这个和职称挂钩啊！只能找关系花钱去买论文，职称上去了收入和福利就会相应高一点啊！唉，真累！”

某位初级教练员说：“现在这个项目发展得很快，我必须要经常去吸收一些新的知识和理念才能跟得上啊，要不然就落伍了。自己原来当运动员没有想过那么多，只想着完成教练的计划就好了，现在我要考虑很多，确实感觉当教练不容易啊，因为你不能完全按照原来自己当队员时的计划练，个体差异太大了，而且体育本来就是一个交叉学科，我得经常出去培训啊，给自己充充电啊，压力大啊！”

当笔者问被访者如何应对工作方面的压力或倦怠时，有的被访者回答“先不管那么多啦，该干吗干吗”，有的被访者说：“我会找几个朋友喝喝酒发发牢骚，唱歌宣泄一下。”还有的被访者说：“我可能觉得这不是问题，我应该能解决，毕竟船到桥头自然直嘛！总有解决问题的办法嘛！”

可以看出，面对来自工作方面的压力时，个性特征不同的人压力感受和承受的程度不一样，而且面对压力时的态度也不太一样，有的会积极地去面对，有的会消极地去面对。同时被访者提到如果单位在制定职称晋升、业绩考核等的政策时多考虑下教练员的意见，可能压力就不会那么大了；如果教练员合理的诉求和正当的要求能够被单位领导接受，可能压力也不会那么大了。

由此可以看出，教练员独特的工作压力及其对工作倦怠的作用机制很复杂，它不仅和个性特征（自我效能、应对方式）有关系，而且还和单位的支持（组织支持感）有很大的关系。这些访谈内容可以为下一步研究提供一定的支持。

本研究对访谈文字资料的分析经过以下步骤：首先，将每个访谈对象的访谈录音转录成文字。其次，对访谈文字资料进行分析。最后，根据扎根理论对访谈文字资料进行质性分析。在进行资料分析时，共有3个阶段：第一阶段，开放式编码，即原始编码，找出有意义的字眼，并对原始编码进行分类，并计算频次；第二阶段，二级编码，又称为轴心式编码，根据研究目的，在原始编码频次指导下提炼出与研究最相关的、最有概括性的关联编码作为二级编码；第三阶段，进行选择性编码，将几个具有核心类属的关键概念整合起来进行编码。（图11）

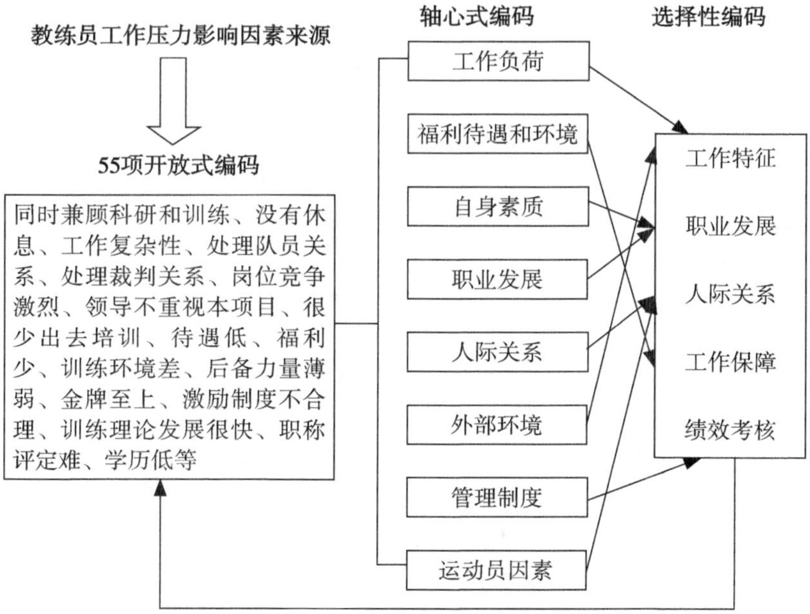

图11　教练员工作压力三级编码示意图

本研究对访谈资料进行编码，将各个项目教练员的访谈结果进行比较，寻找共同的应激源。在分析深度访谈材料的时候，在登录编码的基础上将相似的编码进行整合，获得55个主要的工作压力源事件（表8）。

表8　访谈结果的一级编码表

序号	访谈中的描述
1	平时除了训练，还要进行科研工作（写论文），感觉很累
2	节假日进行训练和比赛是常有的事情，休息很少
3	在家里工作是常有的事情
4	教练员的工作非常辛苦，缺乏适当的休闲时间
5	我同时要负责好几个队员的训练，很累
6	工作复杂程度越来越高（除了要关注运动员的训练，还要关心他们的生活）
7	需要处理好与上级和同级的关系
8	当面临激烈的比赛时，特别是比赛胶着的时候，感觉压力很大
9	感觉自己就像保姆，运动员的吃喝拉撒都得管
10	项目发展的速度和要求令人无法适应
11	评职称很难
12	继续深造和学习的机会比较少
13	领导不重视，不关心本项目的发展
14	教练员岗位竞争激烈
15	在本单位我能够很好地实现自己的人生价值
16	我很少出去参加教练员培训
17	我在本单位得到提升的可能性很小
18	训练地点偏远带来很多不方便
19	工资待遇较低
20	训练条件比较艰苦
21	有时感觉付出太多而得到太少
22	教练员的工作岗位缺乏安全和福利保障
23	与其他项目教练员相比，工资偏低
24	与其他省队的同行相比，工资偏低
25	要和领导保持好关系，以便得到他们的支持
26	要和运动员保持良好的关系
27	同事之间关系紧张
28	有时感觉运动员对自己不够尊敬
29	同事之间竞争激烈

续表

序号	访谈中的描述
30	长期在外的训练工作影响了我和家人的关系
31	要和裁判员保持好关系，比赛的时候不吃亏
32	运动员后备力量比较薄弱，选材面窄，我感到很有压力
33	面对运动员的伤病、学习与生活等相关管理问题，我感到有压力
34	运动员训练效果不好
35	运动员的素质、水平参差不齐
36	运动员的成绩上不去，我感到很有压力
37	运动员的专项能力非常有限，为完成训练任务我必须给他们很多指导
38	缺乏成就感
39	较难适应项目发展的速度
40	为了更好地胜任工作，我需要经常充电
41	现在竞技运动水平、训练方法发展很快，感觉自己知识储备跟不上发展需求
42	我常常感觉自己的学历、工作经历、运动员的经历或者专业训练水平不如其他教练员
43	运动员的专项技术水平超过我，我感到很有压力
44	在比赛中是否拿到金牌
45	社会大众对教练员的作用和职责缺乏科学的认知
46	社会对教练员关注不够
47	以运动员的比赛成绩来评价教练员的工作
48	面对竞技体育竞争的残酷性，我感到无奈
49	领导对教练员要求过多
50	一些合理的建议得不到领导的认可
51	目前的一些奖惩制度不合理
52	对教练员的考核指标比较单一，奖金和职称只和运动员的成绩挂钩
53	我常常担心因为运动员成绩不好，导致我从此离开现在的工作岗位
54	上级经常来检查我的训练，让我有压力
55	我与单位签订了较重的比赛任务，我感到很有压力

通过对以上压力源进行类属的分析，初步将以上各个压力源事件归类为8个维度，分别为工作负荷、职业发展、福利待遇和环境、人际关系、运动员因素、自身素质、外部环境、管理制度。进一步对8个维度的核心概念进行分析发现，人际关系和运动员因素可以整合为一个核心

概念，成为人际关系因素，而工作负荷和外部环境可以归纳为工作特征因素，自身素质可以归纳到职业发展的核心概念中，而福利待遇和环境和管理制度分别是工作保障和绩效考核的概念。因此，最后把教练员工作压力源的影响因素总结为5个维度。具体见表9。

表9　二级编码和三级编码表

	二级编码		三级编码
1	工作负荷	1	工作特征压力
2	职业发展	2	人际关系压力
3	福利待遇和环境	3	职业发展压力
4	人际关系	4	工作保障压力
5	运动员因素	5	绩效考核压力
6	自身素质		
7	外部环境		
8	管理制度		

4.1.6　教练员工作压力问卷的编制

4.1.6.1　问卷编制的原则

问卷是社会调查中用来收集资料的一种工具，它是由一系列预先精心设计好的问题表格所组成，用来测量人们的行为、态度和特征。问卷好坏程度直接关系到研究的成败。因此，编制问卷应遵循以下基本原则。

（1）合理性原则。

合理性原则是指问卷所设置的条目必须和主题相关（除了人口等几个背景题目）。为此在设计问卷初期必须找到与研究主题相关的因素。

（2）简洁明了原则。

简洁明了原则是指条目的设计应避免模糊和复杂，简短而不模糊，尽量用最简短的句子表达，每一个题目只能反映一个问题。

（3）通俗易懂原则。

通俗易懂原则是指问卷条目的语言风格要充分考虑到被访者的实际情况，如果条目过多使用专业术语会给被访者带来困扰，要尽量使用被访者都能读懂的条目。

（4）非诱导性原则。

非诱导性原则是指问卷所设置的条目应避免语言上的倾向性，语言应保持中性而不应有主观臆断和思维定式的倾向性。

（5）逻辑性原则。

逻辑性原则是指条目的设置要符合由简到难、由浅入深的逻辑思维；同时良好的逻辑性还反映在条目与条目之间的逻辑性和条目本身的逻辑性。

（6）便于处理性原则。

便于处理性原则是指收集的资料便于检查、处理和分析。具体指收回的问卷不仅便于进行信息的核对与整理，还便于对统计结果进行处理与分析。

因此，本研究将根据以上原则针对体育教练员的工作压力特点进行问卷的设计，以保证问卷的质量。

4.1.6.2 问卷编制的步骤

风笑天提出问卷设计的4个步骤。第一，进行问卷的探索性工作，也就是设计者针对调查的主题与调查对象进行随意的交谈并留意他们的行为举止和态度。第二，设计问卷初稿。根据前期与被访人员的交谈和相关文献资料，初步定制出一些条目，并安排好这些条目上下的逻辑顺序和基本维度。第三，问卷试用。首先，初始问卷编制好后交给相关领域的专家，请他们根据经验和认识对问卷进行修改，指出不妥之处；其次，将初始问卷打印若干份，采取非随机抽样的方法选取一个小样本，进行问卷的预试，通过项目分析和初步的信效度检验发现问卷存在的问题。第四，修改问卷并正式发放。小样本发放后对回收的问卷存在的问题进行修改，再次请专家进行分析，定稿后进行大规模发放。

本研究严格根据上述问卷编制的步骤进行编制，具体过程如下。首先，笔者根据文献收集相关领域的工作压力的测量工具，根据教练员的实际情况对条目进行修改；对不同人口统计学变量体育教练员进行深度访谈，并对访谈内容进行录音；教练员进行小组专题座谈，广泛收集教练员在工作中的压力性事件。其次，对教练员访谈录音进行整理和归类，对小组座谈的内容进行归纳整理，初步将条目进行归类，将条目进行归类命名并进行操作化定义形成工作压力的初始问卷。再次，将初始问卷交给心理学专家进行专家效度的检验，并对问卷进行修改和提出建议。最后，对初始问卷进行小样本发放，通过SPSS统计软件进行项目分析，删除不具有分辨力的条目，再通过探索式因素分析和内部一致性的信度分析进行信效度检验，从而形成正式的问卷进行大规模发放。问卷编制的具体流程如图12所示。

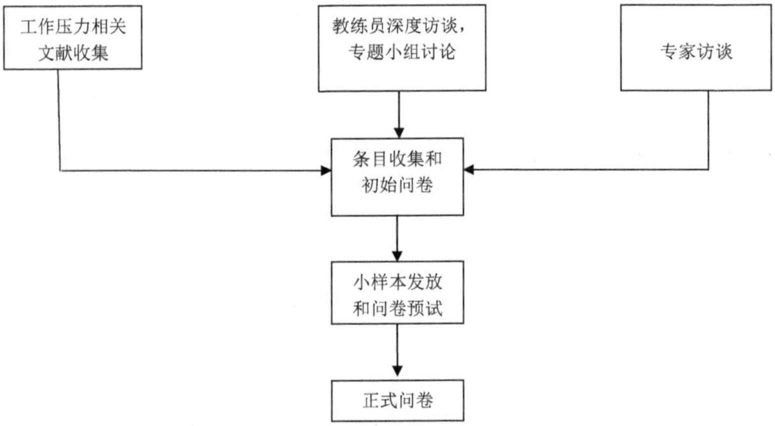

图12　问卷编制流程图

4.1.6.3　问卷的结构

本研究问卷包括以下几个部分。

（1）题目。

本研究的问卷题目为“体育教练员工作压力、工作倦怠、自我效能感、组织支持感和应对策略问卷”。

（2）封面信。

告知被访者调查的目的和大致的内容，恳求合作并感谢支持，最后告知被访者我们的调查不会损害他们的利益。

（3）指导语。

简单地说，就是告诉那些被调查者应该如何正确地填答问卷。它包括对被调查者如何填写问卷、如何回答问题的说明，对问卷中某些问题的含义的进一步解释。

（4）问题及答案。

问题及答案是问卷的主体。本研究问卷的问题主要由两部分组成：第一部分是反映被调查者人口统计学特征的问题，包括年龄、性别、职称、收入、学历等。第二部分是反映被调查者对某一事物的看法、意愿、态度等主观认识的问题，包括教练员工作压力问卷、教练员工作倦怠问卷、自我效能感问卷、组织支持感问卷和应对策略问卷5个部分。答案均采用李克特7点计分方法进行计算。

（5）结束语。

结束语部分主要是提醒被访者填答者不要漏填答案，并对被访者进行感谢。

本研究通过对个人深度访谈和集体访谈收集的资料进行汇编整理得到初始问卷后，向2名心理学专家和2名教练员进行了咨询。将收集的有关教练员工作压力的初始条目进行初级编码，二级编码和三级编码后，提炼出5个维度、32个条目，具体维度和条目整理如下。

维度一：工作特征压力（以下简称JCS）

1	节假日比赛是常有的事情，休息很少
2	除了训练以外，还要求经常写各种计划和总结
3	比赛时，除了要稳定队员的情绪，还要控制自己的情绪，我感到
4	除训练外，运动员吃喝拉撒也要管
5	平时除了训练，还要进行科研工作
6	我经常加班，很少休息

维度二：职业发展压力（以下简称：VDS）

1	本项目发展的速度很快，我需要不断学习
2	为了胜任工作要求，我需要经常学习
3	领导不重视本项目的发展
4	很少出去参加教练员培训
5	运动员后备力量和选材面窄

维度三：工作保障压力（以下简称JSS）

1	工资待遇较低
2	训练条件比较艰苦（设备、器材、场地不太好）
3	有时感觉付出太多而得到太少
4	教练员的福利很差
5	和其他省队的同行相比，待遇偏低
6	和其他项目教练员相比，收入偏低

维度四：人际关系压力（以下简称IRS）

1	要和领导保持良好关系，以便得到他们的支持
2	长期在外比赛训练，需要得到家人的理解和支持
3	要和运动员保持良好的关系
4	需要和同事保持良好关系
5	要和家长保持良好关系
6	要和裁判员保持良好关系
7	要和社会公众保持良好和谐的关系

维度五：绩效考核压力（以下简称PAS）

1	奖金和职称跟运动员的成绩挂钩
2	运动员成绩不好，可能会导致我从此离开现在的工作岗位
3	我和单位签订了比赛任务
4	用运动员的比赛成绩来评价教练员的工作绩效
5	评职称条件
6	岗位竞争激烈
7	一些合理的建议得不到领导的认可
8	目前的一些奖惩制度不合理

4.2 预试问卷的信效度检验

在问卷正式发放之前需要对本次研究的5个问卷进行预试。预试的目的是对问卷的题目进行辨别力的分析，以及初步的信效度检验。对回收的预试问卷进行统计分析，与相关专家商榷后，进行题目的筛选。

4.2.1 小样本调研对象的基本信息

小样本调研对象的描述性统计信息包括性别、年龄、工作时间、学历、职称和婚姻6个变量。详细统计信息见表10。

表10 小样本描述性统计信息汇总表

变量	编码	内容	数量
性别	1	男	118
	2	女	46
年龄	1	20～29岁	40
	2	30～39岁	74
	3	40～49岁	38
	4	50～59岁	12
工作时间	1	5年以下	36
	2	5～14年	64
	3	15年以上	64
学历	1	大专及以下	25
	2	本科	112
	3	研究生	27
职称	1	初级	56
	2	中级	62
	3	高级及以上	46
婚姻	1	已婚	138
	2	未婚	22
	3	其他	4
合计			164

4.2.2 小样本预试的题项分析

题项分析是问卷编制最为基础的一项工作，其主要目的是针对预试题目进行确切性评估。也就是说，确认问卷题目的语句是否通顺、是否有错别字、编排是否适当。从计量的观点来看，题项分析因为涉及多种统计数据或指标的判别，因此在数据分析的运作上，占有相当重要的地位。

根据吴明隆推荐的题项分析方法，本研究采用极端值的检验法。具体步骤为：第一，先将预试问卷维度的所有题目加总平均；第二，找出23及73分位数的值；第三，把数据分成高分组和低分组两组；第四，分别进行问卷维度中每一个题目的高低分两组的独立*t*检验；第五，根据高低分两组得分是否具有显著性差异来判断题目是否进行删除（此时*t*值又称为决断值，用于决定题目是否具有鉴别度），平均数差异显著题目予以保留，否则删除。

本研究将根据以上5个步骤分别对教练员工作压力、教练员工作倦怠、自我效能感、应对策略和组织支持感5个问卷进行题项分析。

4.2.2.1　教练员工作压力问卷题项分析

由于教练员工作压力问卷是自编问卷，本研究采用CR值和同质性检验两种方法进行题项分析。在进行题项分析之前首先要检查数据是否有极端值或错误值。可以通过描述性统计进行检查。由于本研究的问卷采用李克特7级量表的形式进行填答，题项的数据只有7个水平：1、2、3、4、5、6、7。小于1或大于7均为缺失值或错误值。描述性统计和独立样本*t*检验具体结果见表11、表12。

表12表明独立样本*t*检验中的方差方程的Levene检验用于检验高低分两组方差是否同质。第一种情况，如果检验的结果*P*小于0.05，应拒绝虚无假设，表示两组的方差不相等，此时应继续通过“假设方差不相等”行的*t*值进行判断，如果值显著，表明此题项具有鉴别力。以JCS1为例，*F*值检验的结果显示，*F*统计量等于5.040，$P=0.027<0.05$，此时应拒绝虚无假设，表示两组方差不相等，检验的数据要看第二栏的“假设方差不相等”中的*t*值，$t=-7.457$，$P=0.000<0.05$，显著性概率值双尾达到显著水平，表明该题项的临界比值达到显著，题项予以保留。

第二种情况，*F*值如果没有大于4，表示未达显著，也就是说，显著性*P*值会大于0.05，表示该变量的题项高低分两组的方差相等（同质），则看“假设方差相等”行的t值数据。如果t值大于1.96，显著性（双尾）就会小于0.05，表示结果显著，高低分群组有差异，说明该题项有差异，应该予以保留。例如，PAS2的F值为0.026<4，说明方差同质，看第一行的“假设方差相等”，而t值等于−6.812，P=0.000<0.001，代表差异显著，应予以保留。

从独立样本t检验的表中可以看出，JSS5、JSS6、PAS8的F检验显著性都大于0.05，因此看第一行的t检验值，分别为−0.732、0.298和−1.394，均小于1.96，P值都大于0.05，因此该3个题项不具备鉴别力，应予以删除。

同时，从题项的同质性表统计量（表13）可以看出JSS5、JSS6、PAS7和PAS8的校正的项总计相关性分别只有0.099、−0.001、0.169和0.075，说明它们和总分的同质性很低，应予以删除。因此，教练员工作压力问卷删除4个题项后，剩下的28个题项均具有鉴别力。

表11　描述性统计

变量	N	极小值	极大值	均值	标准差
JCS1	164	1	7	4.445 1	1.883 91
JCS2	164	1	7	4.853 7	1.824 32
JCS3	164	1	7	4.500 0	1.770 58
JCS4	164	1	7	4.780 5	1.816 92
JCS5	164	1	7	4.634 1	1.883 17
JCS6	164	1	7	4.896 3	1.894 84
VDS1	164	1	7	4.268 3	1.827 19
VDS2	164	1	7	4.170 7	1.812 06
VDS3	164	1	7	5.091 5	1.888 99
VDS4	164	1	7	4.786 6	1.911 43
VDS5	164	1	7	5.731 7	1.632 11
JSS1	164	1	7	5.920 7	1.405 44
JSS2	164	1	7	5.475 6	1.622 13
JSS3	164	1	7	5.128 0	1.632 32
JSS4	164	1	7	5.719 5	1.622 50
JSS5	164	1	7	4.469 5	1.910 33
JSS6	164	1	7	4.664 6	1.982 37

续表

变量	N	极小值	极大值	均值	标准差
IRS1	164	1	7	4.872 0	1.810 52
IRS2	164	1	7	4.756 1	1.880 22
IRS3	164	1	7	3.201 2	1.790 16
IRS4	164	1	7	3.469 5	1.897 44
IRS5	164	1	7	3.304 9	1.854 78
IRS6	164	1	7	3.591 5	1.924 38
IRS7	164	1	7	3.213 4	1.952 71
PAS1	164	1	7	4.426 8	2.033 65
PAS2	164	1	7	4.323 2	2.124 75
PAS3	164	1	7	4.780 5	1.963 00
PAS4	164	1	7	4.847 6	1.871 96
PAS5	164	1	7	5.176 8	1.950 10
PAS6	164	1	7	4.365 9	2.006 20
PAS7	164	1	7	5.768 3	1.294 62
PAS8	164	1	7	5.609 8	1.652 34

表12　独立样本 t 检验

题项		方差方程的Levene检验		均值方程的 t 检验		
		F	Sig.	t	df	Sig.（双侧）
JCS1	假设方差相等	5.040	0.027	−7.385	95	0.000
	假设方差不相等			−7.457	94.323	0.000
JCS2	假设方差相等	4.464	0.037	−8.188	95	0.000
	假设方差不相等			−8.295	92.935	0.000
JCS3	假设方差相等	8.903	0.004	−8.557	95	0.000
	假设方差不相等			−8.721	88.676	0.000
JCS4	假设方差相等	0.000	0.983	−5.845	95	0.000
	假设方差不相等			−5.878	95.000	0.000
JCS5	假设方差相等	0.722	0.398	−5.680	95	0.000
	假设方差不相等			−5.714	94.990	0.000
JCS6	假设方差相等	10.984	0.001	−6.403	95	0.000
	假设方差不相等			−6.536	87.323	0.000

续表

题项		方差方程的Levene检验		均值方程的 *t* 检验		
		F	Sig.	*t*	df	Sig.（双侧）
VDS1	假设方差相等	0.180	0.672	–6.070	95	0.000
	假设方差不相等			–6.085	94.700	0.000
VDS2	假设方差相等	0.316	0.575	–7.006	95	0.000
	假设方差不相等			–7.049	94.982	0.000
VDS3	假设方差相等	4.693	0.033	–5.624	95	0.000
	假设方差不相等			–5.705	92.160	0.000
VDS4	假设方差相等	1.901	0.171	–7.533	95	0.000
	假设方差不相等			–7.640	92.346	0.000
VDS5	假设方差相等	23.227	0.000	–6.052	95	0.000
	假设方差不相等			–6.238	76.208	0.000
JSS1	假设方差相等	12.910	0.001	–4.747	95	0.000
	假设方差不相等			–4.883	78.839	0.000
JSS2	假设方差相等	20.404	0.000	–4.347	95	0.000
	假设方差不相等			–4.477	77.346	0.000
JSS3	假设方差相等	10.380	0.002	–4.769	95	0.000
	假设方差不相等			–4.881	84.460	0.000
JSS4	假设方差相等	14.240	0.000	–4.376	95	0.000
	假设方差不相等			–4.478	84.707	0.000
JSS5	假设方差相等	0.144	0.706	–.732	95	0.466
	假设方差不相等			–.733	94.590	0.465
JSS6	假设方差相等	0.739	0.392	0.298	95	0.767
	假设方差不相等			0.296	91.196	0.768
IRS1	假设方差相等	0.284	0.595	–6.555	95	0.000
	假设方差不相等			–6.566	94.491	0.000
IRS2	假设方差相等	0.874	0.352	–6.837	95	0.000
	假设方差不相等			–6.868	94.972	0.000
IRS3	假设方差相等	2.138	0.147	–7.959	95	0.000
	假设方差不相等			–7.864	85.478	0.000
IRS4	假设方差相等	0.938	0.335	–5.706	95	0.000
	假设方差不相等			–5.725	94.845	0.000

续表

题项		方差方程的Levene检验		均值方程的 t 检验		
		F	Sig.	t	df	Sig.（双侧）
IRS5	假设方差相等	0.661	0.418	−5.953	95	0.000
	假设方差不相等			−5.900	88.361	0.000
IRS6	假设方差相等	1.578	0.212	−5.654	95	0.000
	假设方差不相等			−5.693	94.924	0.000
IRS7	假设方差相等	6.100	0.015	−2.360	95	0.020
	假设方差不相等			−2.327	83.778	0.022
PAS1	假设方差相等	0.019	0.892	−8.307	95	0.000
	假设方差不相等			−8.268	91.542	0.000
PAS2	假设方差相等	0.026	0.871	−6.812	95	0.000
	假设方差不相等			−6.819	94.331	0.000
PAS3	假设方差相等	5.227	0.024	−8.076	95	0.000
	假设方差不相等			−8.195	92.007	0.000
PAS4	假设方差相等	5.036	0.027	−6.918	95	0.000
	假设方差不相等			−7.028	91.269	0.000
PAS5	假设方差相等	10.109	0.002	−6.565	95	0.000
	假设方差不相等			−6.709	86.131	0.000
PAS6	假设方差相等	0.000	0.998	−7.535	95	0.000
	假设方差不相等			−7.519	92.997	0.000
PAS7	假设方差相等	1.377	0.244	−2.446	95	0.016
	假设方差不相等			−2.447	94.194	0.016
PAS8	假设方差相等	0.298	0.586	−1.394	95	0.166
	假设方差不相等			−1.389	92.210	0.168

表13　题项的同质性表统计量

题项	项已删除的刻度均值	项已删除的刻度方差	校正的项总计相关性	项已删除的Cronbach's Alpha值
JCS1	144.799	594.665	0.443	0.853
JCS2	144.390	591.515	0.497	0.852
JCS3	144.744	590.413	0.527	0.851
JCS4	144.463	605.980	0.331	0.856
JCS5	144.610	602.325	0.357	0.855

续表

题项	项已删除的刻度均值	项已删除的刻度方差	校正的项总计相关性	项已删除的Cronbach's Alpha值
JCS6	144.348	597.148	0.412	0.854
VDS1	144.976	595.288	0.452	0.853
VDS2	145.073	594.964	0.460	0.853
VDS3	144.152	597.099	0.414	0.854
VDS4	144.457	593.796	0.445	0.853
VDS5	143.512	599.196	0.464	0.853
JSS1	143.323	616.723	0.290	0.857
JSS2	143.768	615.308	0.261	0.858
JSS3	144.116	611.907	0.301	0.857
JSS4	143.524	614.975	0.265	0.858
JSS5	144.774	625.808	0.099	0.862
JSS6	144.579	635.067	−0.001	0.865
IRS1	144.372	597.572	0.430	0.854
IRS2	144.488	595.589	0.434	0.853
IRS3	146.043	589.906	0.527	0.851
IRS4	145.774	602.667	0.350	0.856
IRS5	145.939	597.542	0.418	0.854
IRS6	145.652	601.455	0.358	0.855
IRS7	146.030	615.109	0.206	0.860
PAS1	144.817	585.880	0.497	0.851
PAS2	144.921	586.932	0.461	0.852
PAS3	144.463	587.404	0.501	0.851
PAS4	144.396	593.725	0.457	0.853
PAS5	144.067	596.038	0.410	0.854
PAS6	144.878	586.353	0.500	0.851
PAS7	143.476	626.251	0.169	0.859
PAS8	143.634	629.939	0.075	0.862

4.2.2.2 教练员工作倦怠问卷的题项分析

教练员工作倦怠问卷同样通过描述性统计和独立样本t检验来进行项目分析，详见表14、表15。

表14　描述性统计

变量	N	极小值	极大值	均值	标准差
EE1	164	1	7	4.811	1.795
EE2	164	1	7	4.866	1.849
EE3	164	1	7	4.768	2.002
EE4	164	1	7	3.555	2.055
EE5	164	1	7	3.232	2.041
IE1	164	1	7	5.665	1.663
IE2	164	1	7	6.055	1.500
IE3	164	1	7	5.896	1.565
IE4	164	1	7	5.732	1.432
IE5	164	1	7	5.299	1.563
IE6	164	1	7	6.146	1.225
AL1	164	1	7	4.043	2.114
AL2	164	1	7	3.579	2.139
AL3	164	1	7	3.848	2.186
AL4	164	1	7	3.159	2.218
有效的N	164				

表15　独立样本 t 检验

题项		方差方程的Levene检验		均值方程的 t 检验			均值差值	标准误差值
		F	Sig.	t	df	Sig.（双侧）		
EE1	假设方差相等	1.162	0.283	−8.620	123.000	0.000	−2.237	0.260
	假设方差不相等			−8.672	117.988	0.000	−2.237	0.258
EE2	假设方差相等	4.766	0.031	−8.087	123.000	0.000	−2.284	0.282
	假设方差不相等			−8.118	121.439	0.000	−2.284	0.281
EE3	假设方差相等	6.431	0.012	−7.738	123.000	0.000	−2.295	0.297
	假设方差不相等			−7.793	116.008	0.000	−2.295	0.295
EE4	假设方差相等	1.135	0.289	−8.209	123.000	0.000	−2.574	0.313
	假设方差不相等			−8.221	122.991	0.000	−2.574	0.313
EE5	假设方差相等	5.727	0.018	−9.780	123.000	0.000	−2.803	0.287
	假设方差不相等			−9.718	112.268	0.000	−2.803	0.288

续表

题项		方差方程的Levene检验		均值方程的 *t* 检验			均值差值	标准误差值
		F	Sig.	*t*	df	Sig.（双侧）		
IE1	假设方差相等	14.478	0.000	−7.636	123.000	0.000	−1.991	0.261
	假设方差不相等			−7.719	105.505	0.000	−1.991	0.258
IE2	假设方差相等	74.033	0.000	−8.154	123.000	0.000	−1.917	0.235
	假设方差不相等			−8.339	68.004	0.000	−1.917	0.230
IE3	假设方差相等	27.688	0.000	−6.815	123.000	0.000	−1.746	0.256
	假设方差不相等			−6.909	96.597	0.000	−1.746	0.253
IE4	假设方差相等	22.465	0.000	−10.251	123.000	0.000	−2.031	0.198
	假设方差不相等			−10.391	96.723	0.000	−2.031	0.195
IE5	假设方差相等	10.957	0.001	−7.754	123.000	0.000	−1.765	0.228
	假设方差不相等			−7.842	104.228	0.000	−1.765	0.225
IE6	假设方差相等	37.569	0.000	−7.368	123.000	0.000	−1.442	0.196
	假设方差不相等			−7.493	85.588	0.000	−1.442	0.192
AL1	假设方差相等	0.357	0.551	−11.606	123.000	0.000	−3.175	0.274
	假设方差不相等			−11.630	122.816	0.000	−3.175	0.273
AL2	假设方差相等	1.536	0.218	−10.408	123.000	0.000	−2.992	0.287
	假设方差不相等			−10.384	120.446	0.000	−2.992	0.288
AL3	假设方差相等	0.366	0.546	−11.136	123.000	0.000	−3.243	0.291
	假设方差不相等			−11.115	121.137	0.000	−3.243	0.292
AL4	假设方差相等	13.595	0.000	−8.457	123.000	0.000	−2.735	0.323
	假设方差不相等			−8.405	112.891	0.000	−2.735	0.325

从表15可以看出，工作倦怠问卷的15个题项均通过独立样本*t*检验且*P*值都小于0.05，说明教练员工作倦怠问卷的各个题项均能鉴别不同教练员的反应程度，因此均予以保留。

4.2.2.3 应对策略问卷的题项分析

同样，应对策略的描述性统计和独立样本*t*检验分析详见表16、表17。

表16　描述性统计

变量	N	极小值	极大值	均值	标准差
PR1	164	2	7	6.042 7	1.035 27
PR2	164	3	7	6.231 7	1.006 71
PR3	164	3	7	5.768 3	1.149 01
PR4	164	1	7	5.670 7	1.461 61
PR5	164	3	7	5.975 6	1.156 21
PR6	164	1	7	5.987 8	1.238 38
NC1	164	1	7	3.000 0	1.813 38
NC2	164	1	7	3.414 6	1.999 70
NC3	164	1	7	3.353 7	2.011 45
NC4	164	1	7	3.146 3	1.985 36
NC5	164	1	7	3.329 3	1.922 13
有效的N	164				

表17　独立样本 t 检验

题项		方差方程的Levene检验		均值方程的 t 检验			均值差值	标准误差值
		F	Sig.	t	df	Sig.（双侧）		
PR1	假设方差相等	23.341	0.000	−7.467	149	0.000	−1.113	0.149
	假设方差不相等			−7.491	121.945	0.000	−1.113	0.149
PR2	假设方差相等	79.973	0.000	−7.237	149	0.000	−1.049	0.145
	假设方差不相等			−7.272	98.771	0.000	−1.049	0.144
PR3	假设方差相等	0.190	0.664	−6.996	149	0.000	−1.163	0.166
	假设方差不相等			−7.001	147.855	0.000	−1.163	0.166
PR4	假设方差相等	18.262	0.000	−9.058	149	0.000	−1.758	0.194
	假设方差不相等			−9.094	111.032	0.000	−1.758	0.193
PR5	假设方差相等	22.048	0.000	−6.977	149	0.000	−1.179	0.169
	假设方差不相等			−6.994	132.374	0.000	−1.179	0.169
PR6	假设方差相等	14.831	0.000	−6.255	149	0.000	−1.152	0.184
	假设方差不相等			−6.265	141.963	0.000	−1.152	0.184
NC1	假设方差相等	19.984	0.000	−10.114	149	0.000	−2.360	0.233
	假设方差不相等			−9.979	122.451	0.000	−2.360	0.237
NC2	假设方差相等	0.477	0.491	−10.335	149	0.000	−2.601	0.252
	假设方差不相等			−10.303	145.337	0.000	−2.601	0.252

续表

题项		方差方程的Levene检验		均值方程的 *t* 检验			均值差值	标准误差值
		F	Sig.	*t*	df	Sig.（双侧）		
NC3	假设方差相等	2.144	0.145	–12.396	149	0.000	–2.927	0.236
	假设方差不相等			–12.309	138.453	0.000	–2.927	0.238
NC4	假设方差相等	6.516	0.012	–10.355	149	0.000	–2.613	0.252
	假设方差不相等			–10.269	135.569	0.000	–2.613	0.254
NC5	假设方差相等	0.063	0.802	–6.992	149	0.000	–1.943	0.278
	假设方差不相等			–6.984	147.414	0.000	–1.943	0.278

从表17可以看出，应对策略问卷11个题项均通过0.05水平的独立样本*t*检验，说明教练员应对策略问卷的各个题项均能鉴别不同教练员的反应程度，因此均予以保留。

4.2.2.4　自我效能感问卷的题项分析

自我效能感问卷的描述性统计和独立样本*t*检验见表18、表19。

表18　描述性统计

变量	*N*	极小值	极大值	均值	标准差
SE1	164	1	7	5.865 9	1.336 25
SE2	164	1	7	5.707 3	1.319 86
SE3	164	1	7	5.115 9	1.738 77
SE4	164	1	7	5.524 4	1.512 53
SE5	164	1	7	5.981 7	1.429 20
SE6	164	1	7	4.786 6	2.056 76
SE7	164	2	7	5.957 3	1.230 25
有效的*N*	164				

从表19可以看出，自我效能感问卷的7个题项均通过0.05水平的显著性*t*检验，说明教练员自我效能感问卷的各个题项均能鉴别不同教练员的反应程度，因此均予以保留。

表19 独立样本 *t* 检验

题项		方差方程的Levene检验		均值方程的 *t* 检验			均值差值	标准误差值
		F	Sig.	*t*	df	Sig.（双侧）		
SE1	假设方差相等	15.207	0.000	−6.241	154	0.000	−1.226	0.196
	假设方差不相等			−6.503	153.260	0.000	−1.226	0.189
SE2	假设方差相等	12.322	0.001	−6.830	154	0.000	−1.293	0.189
	假设方差不相等			−7.271	144.849	0.000	−1.293	0.178
SE3	假设方差相等	3.333	0.070	−6.816	154	0.000	−1.702	0.250
	假设方差不相等			−7.055	153.968	0.000	−1.702	0.241
SE4	假设方差相等	9.710	0.002	−5.926	154	0.000	−1.333	0.225
	假设方差不相等			−6.222	151.342	0.000	−1.333	0.214
SE5	假设方差相等	38.857	0.000	−6.504	154	0.000	−1.349	0.207
	假设方差不相等			−7.148	119.336	0.000	−1.349	0.189
SE6	假设方差相等	13.382	0.000	−7.984	154	0.000	−2.278	0.285
	假设方差不相等			−8.330	153.008	0.000	−2.278	0.273
SE7	假设方差相等	26.279	0.000	−5.493	154	0.000	−1.018	0.185
	假设方差不相等			−5.796	149.407	0.000	−1.018	0.176

4.2.2.5 组织支持感问卷的题项分析

组织支持感问卷的描述性统计和独立样本*t*检验见表20、表21。

表20 描述性统计

变量	*N*	极小值	极大值	均值	标准差
OS1	164	1	7	3.561	2.082
OS2	164	1	7	3.860	2.042
OS3	164	1	7	4.183	2.177
OS4	164	1	7	3.756	2.049
OS5	164	1	7	4.348	2.062
OS6	164	1	7	4.402	2.051
有效的*N*	164				

表21 独立样本 t 检验

题项		方差方程的Levene检验		均值方程的 t 检验			均值差值	标准误差值
		F	Sig.	t	df	Sig.		
OS1	假设方差相等	2.003	0.159	−10.614	157	0.000	−2.745	0.259
	假设方差不相等			−10.275	122.764	0.000	−2.745	0.267
OS2	假设方差相等	2.204	0.140	−8.051	157	0.000	−2.257	0.280
	假设方差不相等			−7.954	133.821	0.000	−2.257	0.284
OS3	假设方差相等	4.295	0.040	−9.259	157	0.000	−2.630	0.284
	假设方差不相等			−9.652	155.546	0.000	−2.630	0.273
OS4	假设方差相等	0.333	0.565	−9.103	157	0.000	−2.466	0.271
	假设方差不相等			−9.159	143.119	0.000	−2.466	0.269
OS5	假设方差相等	7.617	0.006	−8.209	157	0.000	−2.301	0.280
	假设方差不相等			−8.480	153.387	0.000	−2.301	0.271
OS6	假设方差相等	5.790	0.017	−11.013	157	0.000	−2.779	0.252
	假设方差不相等			−11.380	153.471	0.000	−2.779	0.244

从表21可以看出，组织支持感问卷6个题项均通过0.05水平的显著性检验，说明教练员组织支持感问卷的各个题项均能鉴别不同教练员的反应程度，因此均予以保留。

4.2.3 小样本的效度检验

小样本的效度检验采用探索式因素分析方法。探索式因素分析经常用来进行问卷编制的构想效度检验，也就是能够验证研究者所设计的测量工具确实能测量某一概念，并且能够厘清其内部的结构，能够从数据众多条目的测量分数中抽取背后潜在的概念或现象的一种统计分析技术。

进行探索式因素分析需要满足以下几个条件：第一，进行共变关系的检测。常用来进行共变关系检测的方法是净相关矩阵。它用来判断各变量之间是否高度相关。也就是说，在控制其他变量时，观察变量的两两相关的净相关矩阵，说明观察变量背后有相同的因素存在。观察变量之间所有的相关系数与净相关系数的比值称为MSA（取样确切性量数）。

KMO是指MSA系数的平均值，在执行因素分析前必须进行KMO检验，Kaiser的判别标准见表22。

表22　KMO统计量的判断原理

KMO统计量	因素分析适合性
0.90以上	非常好
0.80以上	良好
0.70以上	中等
0.60以上	一般
0.50以上	较差
0.50以下	无法接受

第二，样本量的大小和规模。早期学者认为因素分析的绝对样本规模一般不低于200，近年来学者们发现样本规模并没有一个最小值，而是取决于负荷量、共同性、因素个数等几个参数条件。也就是说如果因素负荷量高，因素少，并且因素题目多，50个样本也一样能获得比较稳定的因素结构。根据陈顺宇的建议样本量和因素负荷量选取标准见表23。

表23　样本量和因素负荷量的选取标准

样本量	因素负荷量
50	0.750
60	0.700
70	0.650
85	0.600
100	0.550
120	0.500
150	0.450
200	0.400
250	0.350
350	0.300

第三，因素负荷量与共同性。因素负荷量的性质类似于回归系数，它反映了潜变量对观察变量的影响力。至于因素负荷量多少合适，Tabachnick和Fidell认为因素负荷量大于0.71，也就是该因素可以解释观

察变量的50%的变异时，是非常理想的情况；因素负荷量小于0.32，也就是说如果该因素不能解释观察变量的10%的变异量，就是非常不理想的状况，通常可以考虑删除。因素负荷量的选取标准见表24。

表24　因素负荷量及选取标准

γ	γ^2	判定状况
0.71	50%	非常好
0.63	40%	很好
0.55	30%	好
0.45	20%	一般
0.32	10%	不好
小于0.32	小于10%	删除

4.2.3.1　教练员工作压力问卷的探索式因素分析

教练员工作压力问卷题项分析结束后，为了进一步检验问卷的效度，进行探索式因素分析（EFA）。进行EFA之前首先根据上述的检验步骤进行KMO值的检验，如表25所示，KMO值为0.850大于0.8（良好），Bartlett的球形度检验的卡方为2380.171，df=378，*P*值等于0.000小于0.001，达到显著性水平，表明有共同的因子存在，非常适合做因子分析。

表25　KMO和Bartlett的检验

取样足够的Kaiser-Meyer-Olkin度量		0.850
Bartlett的球形度检验	近似卡方	2380.171
	df	378
	Sig.	0.000

首先，教练员工作压力问卷转轴前五个共同因素的特征值分别为6.552、4.033、3.143、2.294和1.932，采用旋转平方和载入的最大方差法后，五个共同因素的特征值分别为4.235、4.091、3.865、3.865、2.991和2.772，五个共同因素可以解释测量题项64.120%的总方差，见表26。

表26 解释的总方差

成分	初始特征值			提取平方和载入			旋转平方和载入		
	合计	方差%	累积%	合计	方差%	累积%	合计	方差%	累积%
1	6.552	23.400	23.400	6.552	23.400	23.400	4.235	15.125	15.125
2	4.033	14.403	37.802	4.033	14.403	37.802	4.091	14.610	29.735
3	3.143	11.225	49.027	3.143	11.225	49.027	3.865	13.802	43.538
4	2.294	8.193	57.220	2.294	8.193	57.220	2.991	10.681	54.219
5	1.932	6.900	64.120	1.932	6.900	64.120	2.772	9.901	64.120

其次，教练员工作压力问卷经过第一次旋转后的成分矩阵（表27）工作压力各个维度上的因素负荷量均大于0.7（良好），根据之前所述要求，题项不能横跨到别的维度和因素负荷量小于0.4，由于IRS7横跨至工作保障压力维度，因此予以删除。（表28）

表27 第一次旋转成分矩阵

题项	成分				
	1	2	3	4	5
IRS6	0.869				
IRS5	0.846				
IRS2	0.834				
IRS3	0.790				
IRS4	0.781				
IRS1	0.760				
PAS4		0.867			
PAS1		0.831			
PAS6		0.812			
PAS2		0.788			
PAS3		0.777			
PAS5		0.748			
JCS2			0.845		
JCS5			0.801		
JCS6			0.800		
JCS4			0.773		
JCS1			0.745		

续表

题项	成分				
	1	2	3	4	5
JCS3			0.732		
VDS4				0.787	
VDS1				0.775	
VDS2				0.768	
VDS5				0.670	
VDS3				0.669	
JSS4					0.843
JSS3					0.797
JSS1					0.759
JSS2					0.756
IRS7					

表28　最后旋转成分矩阵

题项	成分				
	1	2	3	4	5
IRS6	0.869				
IRS5	0.846				
IRS2	0.835				
IRS3	0.790				
IRS4	0.780				
IRS1	0.759				
PAS4		0.868			
PAS1		0.832			
PAS6		0.815			
PAS2		0.791			
PAS3		0.779			
PAS5		0.747			
JCS2			0.847		
JCS5			0.800		
JCS6			0.800		
JCS4			0.773		
JCS1			0.746		

续表

题项	成分				
	1	2	3	4	5
JCS3			0.734		
VDS4				0.787	
VDS1				0.779	
VDS2				0.774	
VDS5				0.670	
VDS3				0.666	
JSS4					0.845
JSS3					0.801
JSS1					0.760
JSS2					0.755

最后，各个条目的因子载荷在所属因子上均高于0.6，同时在其他因子上均低于0.4，将IRS7删除后，5个因子总共解释66.201%的总变异。因此，我们可以初步判断教练员工作压力问卷具有较好的结构效度。

4.2.3.2　教练员工作倦怠问卷的探索式因素分析

教练员工作倦怠问卷项目分析结束后，为了进一步检验问卷的效度，需要进行探索式因素分析。进行EFA之前首先根据上述的检验步骤进行KMO值的检验，如表29所示，KMO值为0.905大于0.8（良好），Bartlett的球形度检验的卡方为1 405.419，df=105，*P*值等于0.000小于0.001，达到显著性水平，表明有共同的因子存在，非常适合做因子分析。

表29　KMO和Bartlett的检验

取样足够的Kaiser-Meyer-Olkin度量		0.905
Bartlett的球形度检验	近似卡方	1 405.419
	df	105
	Sig.	0.000

首先，教练员工作倦怠问卷转轴前3个共同因素的特征值分别为6.944、1.973和1.243，采用旋转平方和载入的最大方差法后，3个共同因

素的特征值分别为3.791、3.501和2.869，3个共同因素可以解释测量题项67.739%的总方差（表30），最后采用主成分分析和方差最大斜交旋转的方法，共抽取3个特征值大于1的公因子，分别为1“低效能”、2“情感衰竭”和3“疏离”。

表30　解释的总方差

成分	初始特征值			提取平方和载入			旋转平方和载入		
	合计	方差%	累积%	合计	方差%	累积%	合计	方差%	累积%
1	6.944	46.296	46.296	6.944	46.296	46.296	3.791	25.273	25.273
2	1.973	13.153	59.449	1.973	13.153	59.449	3.501	23.338	48.611
3	1.243	8.290	67.739	1.243	8.290	67.739	2.869	19.127	67.739

其次，表31表明各个条目的因子载荷在所属因子上大多数高于0.6（只有IE5大于0.5，可接受），同时在其他因子上均低于0.4。因此，我们可以初步判断教练员工作倦怠问卷具有良好的结构效度。

表31　旋转成分矩阵a

题项	成分		
	1	2	3
IE6	0.815		
IE2	0.792		
IE3	0.780		
IE1	0.779		
IE4	0.744		
IE5	0.503		
EE4		0.848	
EE2		0.814	
EE5		0.751	
EE1		0.744	
EE3		0.739	
AL1			0.815
AL2			0.761
AL4			0.761
AL3			0.750

4.2.3.3 应对策略问卷的探索式因素分析

教练员应对策略问卷项目分析结束后，为了进一步检验问卷的效度，进行探索式因素分析。进行EFA之前首先根据上述的检验步骤进行KMO值的检验，KMO值为0.842大于0.8（良好），Bartlett的球形度检验的卡方为875.339，df=55，*P*值等于0.000小于0.001，达到显著性水平，表明有共同的因子存在，非常适合做因子分析。（表32）

表32 KMO和Bartlett的检验

取样足够的Kaiser-Meyer-Olkin度量		0.842
Bartlett的球形度检验	近似卡方	875.339
	df	55
	Sig.	0.000

首先，教练员应对策略问卷转轴前两个共同因素的特征值分别为3.912和3.114，采用旋转平方和载入的最大方差法后，两个共同因素的特征值分别为3.900和3.125，两个共同因素可以解释测量题项63.870%的总方差。最后采用主成分分析和方差最大斜交旋转的方法，共抽取2个特征值大于1的公因子，分别为1“积极应对策略”和2“消极应对策略”。（表33）

表33 解释的总方差

成分	初始特征值			提取平方和载入			旋转平方和载入		
	合计	方差%	累积%	合计	方差%	累积%	合计	方差%	累积%
1	3.912	35.564	35.564	3.912	35.564	35.564	3.900	35.457	35.457
2	3.114	28.306	63.870	3.114	28.306	63.870	3.125	28.413	63.870

其次，表34表明问卷各个条目的因子载荷在所属因子上高于0.6（可接受），同时在其他因子上均低于0.4。因此，我们可以初步判断教练员应对策略问卷具有较好的结构效度。

表34　旋转成分矩阵a

题项	成分	
	1	2
PR2	0.857	
PR5	0.853	
PR3	0.845	
PR1	0.812	
PR6	0.765	
PR4	0.652	
NC3		0.840
NC4		0.812
NC2		0.802
NC1		0.789
NC5		0.685

4.2.3.4　自我效能感问卷的探索式因素分析

教练员自我效能问卷项目分析结束后，为了进一步检验问卷的效度，进行探索式因素分析。进行EFA之前首先根据上述的检验步骤进行KMO值的检验，KMO值为0.896大于0.8（良好），Bartlett的球形度检验的卡方为497.301，df=21，*P*值等于0.000小于0.001，达到显著性水平，表明有共同的因子存在，非常适合做因子分析。（表35）

表35　KMO和Bartlett的检验

取样足够的Kaiser-Meyer-Olkin度量		0.896
Bartlett的球形度检验	近似卡方	497.301
	df	21
	Sig.	0.000

从表36可以看出，教练员自我效能感主成分分析的特征值大于1的因子只有一个，且共同因素可以解释测量题项57.947%的总方差，说明自我效能感问卷的结构效度良好。表37表明自我效能感变量的成分矩阵中的负荷值均大于0.6，因而考虑保留所有7个题项。

表36　解释的总方差

成分	初始特征值			提取平方和载入		
	合计	方差%	累积%	合计	方差%	累积%
1	4.056	57.947	57.947	4.056	57.947	57.947

表37　成分矩阵a

题项	成分
	1
SE2	0.841
SE6	0.790
SE7	0.786
SE3	0.762
SE1	0.762
SE5	0.705
SE4	0.670

4.2.3.5　组织支持感问卷的探索式因素分析

教练员组织支持感问卷项目分析结束后，为了进一步检验问卷的效度，进行探索式因素分析。进行EFA之前首先根据上述的检验步骤进行KMO值的检验，KMO值为0.914大于0.8（良好），Bartlett的球形度检验的卡方为671.504，df=15，*P*值等于0.000小于0.001，达到显著性水平，表明有共同的因子存在，非常适合做因子分析。（表38）

表38　KMO和Bartlett的检验

取样足够的Kaiser-Meyer-Olkin度量		0.914
Bartlett的球形度检验	近似卡方	671.504
	df	15
	Sig.	0.000

从表39可以看出，教练员组织支持感主成分分析的特征值大于1的因子只有一个，且共同因素可以解释测量题项71.449%的总方差，说明组织支持感问卷的结构效度良好。表40表明组织支持感变量的成分矩阵

中的负荷值均大于0.6，因而考虑保留所有6个题项。

表39　解释的总方差

成分	初始特征值			提取平方和载入		
	合计	方差%	累积%	合计	方差%	累积%
1	4.287	71.449	71.449	4.287	71.449	71.449

表40　成分矩阵a

题项	成分
	1
OS6	0.913
OS1	0.880
OS3	0.860
OS4	0.842
OS5	0.822
OS2	0.747

4.2.4　小样本的信度检验

探索式因素分析结束后要进行信度检验。信度反映测量工具测量结果的一致性或稳定性。常用的信度检验方法有重测信度和内部一致性检验。由于本研究是一次性大量横截面收集数据，不宜采用重测信度。因此采用常用的克隆巴赫α系数来进行内部一致性检验。公式为：α=k/k−1（1−Ssi2/S2），k是指量表所包括的总题数；Ssi2是指量表题目的方差总和；S2为量表题目加总后方差。

内部一致性系数的大小与研究者的目的和测验分数运用相关。Henson认为如果研究的目的是编制初始问卷，内部一致性系数0.5～0.6足够。学者Nunnally认为探索式研究和验证式研究信度系数应该有所不同，探索式研究0.5～0.6足够，而验证式研究要达到0.8以上。各位学者根据研究出发点的不同都给出了自己的观点。总之，根据各个学者的意见内部一致性系数的判别原则，见表41。

表41　内部一致性系数判断原则表

内部一致性系数	维度	整个量表
α系数小于0.50	不理想，删除	非常不理想，删除
α系数大于等于0.50，小于0.60	可接受，增加题目或修改语句	不理想，重新编制
α系数大于等于0.60，小于0.70	尚佳	勉强接受，最好增加题目或者修改语句
α系数大于等于0.70，小于0.80	信度高	可以接受
α系数大于等于0.80，小于0.90	理想	好
a系数大于0.90	非常理想	非常好

资料来源：吴明隆，2010。

经过项目分析和探索式因子分析后，要进一步对问卷进行信度分析。本研究采用内部一致性的克隆巴赫α系数进行信度分析。

本研究的5个问卷（工作压力、工作倦怠、应对策略、自我效能感和组织支持感问卷）的信度分析见表42，结果如下。

表42　5个问卷的克隆巴赫α系数表

问卷	克隆巴赫α系数	题数
工作压力	0.876	27
工作特征压力	0.866	6
人际关系压力	0.909	6
工作保障压力	0.820	4
绩效考核压力	0.902	6
职业发展压力	0.826	5
工作倦怠	0.913	15
情感衰竭	0.880	5
低效能	0.871	6
疏离	0.876	4
积极应对策略	0.876	6
消极应对策略	0.846	5
自我效能感	0.870	7
组织支持感	0.919	6

首先，教练员工作压力的5个分问卷的克隆巴赫α系数分别为工作特征压力0.866、人际关系压力0.909、工作保障压力0.820、绩效考核压

力0.902和职业发展压力0.826，均大于0.8，根据上述要求达到理想的标准；同时教练员工作压力问卷的整体克隆巴赫α系数为0.876，也大于0.8，也达到理想的标准，说明分问卷和整体问卷都具有良好的信度。

其次，教练员工作倦怠的3个分问卷的克隆巴赫α系数分别为情感衰竭0.88、低效能0.871、疏离0.876均大于0.8，根据上述要求达到良好的标准。同时教练员工作倦怠问卷的整体克隆巴赫α系数为0.913，也大于0.8，达到非常好的标准，说明分问卷和整体问卷都具有良好的信度。

再次，应对策略问卷的积极应对策略问卷和消极应对策略问卷的克隆巴赫α系数分别为0.876和0.846，均大于0.8，说明问卷具有良好的信度。

最后，自我效能感和组织支持感问卷的克隆巴赫α系数分别为0.87和0.919，均大于0.8，说明问卷具有良好的信度。

4.2.5 共同方法变异检验

共同方法变异（以下都指CMV）的问题主要来自测量工具系统误差，测量误差影响了衡量维度之间关系结论的效度。测量工具的误差一般分为系统误差和随机误差。系统误差来自两个方面：第一，多余的测量造成效度的污染，也就是测量到原本没想测量的部分。第二，不足的测量使测量效度不够。而CMV则属于第一种多余测量的部分。

Schwarz认为共同方法偏差的来源主要有以下6种。

（1）语意不清或复杂的题项。

有些题目语意不清，比如一个条目包含两个不同的概念，导致较低的内部一致性，从而导致量表的信度降低。

（2）负向的语意或反向题。

有正向语意的题目加入负向语意或改为反向题容易导致CMV的产生，因为反向题填答者未必看得出来，当与其他的正向语意对照时，就会产生系统偏差，致使该题目的因素负荷量降低，导致量表的信度降低。

（3）问卷的诱导性效果。

被访者在填答问卷时，问卷会提示所要测量的概念说明，因此被访者还没填答时心中已有主观概念从而会增加问卷的表面效度，这个效度会产生系统性误差，进而降低问卷的信度。

（4）问卷的题目不中立。

如果问卷的题目加入了正面或负面的引导文字，会使得填答者产生偏离实际情况的作答，会降低题目的信度。

（5）一致性的动机产生的效果。

被访者为了维持他们的态度和认知的一致性容易产生相关的误差，这个CMV会导致回归系数的高估。

（6）社会期许。

有些被访者会对某些问题予以正面的回答，尤其对于比较敏感的人。这样会造成有这些问题的问卷产生社会期许上的偏误。

为了减少CMV的来源，可以通过事前预防和事后检验的方式来减轻影响。本研究在问卷设计之初就采用了事前防范（包括问卷编排的方式等）措施来杜绝或减轻CMV带来的影响；并在问卷回收的有效样本中，执行事后的CMV检验。

由于本研究收集的资料和信息均来自自陈式问卷，并在一段时间内收集而来，是属于横断面的研究设计，测量工具所产生的共同方法变异可能会影响系统性误差并导致维度之间的相关高估或低估，产生I型错误或II型错误。哈门氏单因子分析及单因子验证式因素分析是研究者常用来检测CMV的统计方法。由于哈门氏检验方法简单易用，因此本研究将采用哈门氏单因素分析来检测CMV，具体操作如下。

本研究将5个问卷的所有题目（教练员工作压力问卷27个题目、工作倦怠问卷15个题目、自我效能感问卷7个题目、应对策略问卷11个题目和组织支持感问卷6个题目）全部选入SPSS的因子分析中，选用主成分分析。主成分分析使用最大变异转轴来决定所抽取因子数目，以判断CMV是否严重。只要没有得到一个因子或几个因子中由一个因子掌握了大部分方差的解释能力（建议不超过50%，Dobbins），就说明至少没有严重的共同方法变异存在（Andersson，Bateman，Aulakh Gencturk观点）。

从表43可以看出因素分析的结果得到13个因子，总解释能力达到

70.139%（并没有发生只有一个因子的情况）；13个因子的方差也从最大的7.197%到最小的1.610%（其中第一主成分解释了7.197%，并没有超过50%），并没有发生一个因子解释大部分方差情况。因此，可以认为本研究不存在严重的共同方法变异。

表43　解释的总方差

成分	初始特征值			提取平方和载入			旋转平方和载入		
	合计	方差%	累积%	合计	方差%	累积%	合计	方差%	累积%
1	16.014	24.264	24.264	16.014	24.264	24.264	4.750	7.197	7.197
2	4.595	6.962	31.226	4.595	6.962	31.226	4.662	7.064	14.261
3	4.115	6.235	37.461	4.115	6.235	37.461	4.603	6.975	21.236
4	3.571	5.410	42.871	3.571	5.410	42.871	4.337	6.572	27.807
5	3.274	4.960	47.831	3.274	4.960	47.831	4.166	6.313	34.120
6	2.783	4.217	52.048	2.783	4.217	52.048	4.059	6.150	40.270
7	2.453	3.716	55.764	2.453	3.716	55.764	3.837	5.814	46.083
8	2.120	3.212	58.976	2.120	3.212	58.976	3.670	5.560	51.643
9	1.993	3.020	61.995	1.993	3.020	61.995	3.447	5.223	56.866
10	1.819	2.756	64.751	1.819	2.756	64.751	3.242	4.913	61.778
11	1.456	2.206	66.958	1.456	2.206	66.958	2.801	4.245	66.023
12	1.085	1.645	68.602	1.085	1.645	68.602	1.654	2.506	68.528
13	1.014	1.536	70.139	1.014	1.536	70.139	1.063	1.610	70.139

4.3　正式问卷的验证式因素分析及信效度检验

4.3.1　正式调研对象的基本信息

从表44来看，本研究回收的有效样本数为605个，其中男女教练员的比例分别为71%和29%，男性多于女性；从样本的年龄结构来看，处于30～39岁年龄段的较多，占46%，50～59岁最少，只有9%，两个年龄段的样本数差异比较大，这可能与数据回收有关系，20～29岁和40～49岁年龄段的教练员样本数差异不大，分别占19%和26%；从工作年限来看，工作5年以下的有122个样本，占20%，5～14年的有220个样本，占36%，15年以上的有263个样本，占44%，工作年限的样本数差异不大；从受教育程度来看，大专及以下的最少，只有82个样本，占14%，本科和研究生分别占70%和16%，也基本与事实情况相吻合；从教练员的职称情况来看，初级和中级的样本分别为216和233，分别占36%和39%，而高级职称的教练员只有156个，占25%（高级职称比较难），这也与实际情况相符合；从婚姻状况来看，已婚和未婚分别占78%和19%，其他占3%，也基本符合实际情况。

表44　正式样本数据描述性统计汇总表

变量	编码	内容	数量	百分比/%
性别	1	男	429	71
	2	女	176	29
年龄	1	20～29岁	114	19
	2	30～39岁	275	46
	3	40～49岁	159	26
	4	50～59岁	57	9
工作时间	1	5年以下	122	20
	2	5～14年	220	36
	3	15年以上	263	44
学历	1	大专及以下	82	14
	2	本科	423	70
	3	研究生	100	16
职称	1	初级	216	36
	2	中级	233	39
	3	高级及以上	156	25
婚姻	1	已婚	471	78
	2	未婚	114	19
	3	其他	20	3
合计			605	100

4.3.2 验证式因素分析的原理和步骤

4.3.2.1 验证式因素分析的原理

结构方程模型（Structural Equation Model，SEM）作为多变量统计分析中的一个主要应用方法，目前已普遍应用于社会学、心理学、教育、经济和管理多个研究领域。它是一门结合因素分析与回归分析或路径分析的统计方法，研究目的与回归分析相似，但由于SEM同时考虑了模型的交互作用、非线性关系、自变量相关、测量误差等，它比传统的多变量统计方法更加精确和强大。一些学者针对SEM的用途给出了解释，见表45。

表45 结构方程模型的用途

用途	作者
SEM是全方位的统计分析技巧，可以检验观察变量和潜在变量间关系的假设	Hoyle
SEM是一个陈述、估计以及检验变量之间线性关系的方法	Rigdon
SEM可以同步检验一组观察变量或潜在变量之间的直接效果和间接效果	Maccallum and Austin

资料来源：作者整理。

CFA是结构方程模型的次模型，也称测量模型，一般来说CFA是结构方程模型的前置步骤。CFA检验的是观察变量和潜在变量之间的假设关系，可以说CFA是结构方程模型的基础部分，不但是结构方程模型后续统计过程中的检验基础，还可以单独进行信效度的检验和理论检验。

Brown认为，进行验证式因素分析有以下几个目的。首先，进行心理测量的评估，也就是说对于无法观测的潜变量（如态度、满意度等）可以由几个观察变量来进行推测；其次，进行问卷结构效度的检验（区别效度、收敛效度和组合信度），本研究将采用CFA进行结构效度的检验；再次，进行共同方法变异（CMV）的检测；最后，进行交叉效度的检验。

探索式因素分析与验证式因素分析的主要区别在于验证式因素分析是理论驱动，即验证一组观察变量是否真的属于某一潜在变量；而探索式因素分析是数据驱动，是探讨一组观察变量间有几个潜在变量。二者的具体区别见表46。

表46　EFA与CFA的差异比较

EFA	CFA
探索式（Data-Driven）	验证式（Theory-Driven）
因素个数由资料决定	因素个数由研究者决定
问卷设计初始	问卷应用后
主成分分析法 （不需要资料正态的假设）	最大似然法（假设多元正态分布）
提取的因子需要重新命名	因子的名称在文献综述时就已确定
不考虑共线性问题	考虑共线性问题
没有模型配适度	提供模型配适度
残差假设是独立的	残差之间可以有相关性（Fornell，1983）
只提供标准化结果	提供标准和非标准化结果
执行完就有收敛和区别效度	收敛效度和区别效度需要另外检验
没有因素负荷量的显著性报告	有因素负荷量的显著性报告
可以有交叉负荷量的存在	交叉负荷量假设为0
因子通常以特征值大于1或陡坡图选	以因素负荷量大于0.7为标准（Hair，1998）
无法检验残差是否独立	可以验证残差独立
无法进行跨群组比较	可以进行跨群组（时间）比较
无法做额外的设定	模型有弹性

资料来源：张伟豪，2012。

4.3.2.2　验证式因素分析的步骤

验证式因素分析的目的是确定假设模型的期望共变异数矩阵和样本共变异数矩阵的拟合程度。可分为以下5个步骤（Schumacker和Lomax观点）：

第一，模型设定。根据前期的理论基础和假设，针对一个具有潜在结构关系，提出有待检验的因素结构模型。

第二，模型辨识。研究者需要将检验的模型转换成统计模型。

第三，模型估计。即参数估计。

第四，模型检验。进行模型配适度的检验和估计参数的显著性。

第五，模型修正。可以在理论上和数据上进行模型修正。

4.3.2.3 验证性因素分析的配适度指标

配适度是研究者的模型所估计出来的期望共变异数矩阵和样本共变异数矩阵一致性程度，配适度越好代表模型与样本越接近。配适度常用指标见表47。

表47 配适度常用指标

配适指标	说明	理想要求标准
χ^2（Chi-square）	卡方值越大，表示模型越不适合	越小越好
$\chi^2/_d$	为了解决卡方值受样本数的影响，建议采用卡方/自由度作为整体检验的标准	小于3，小于5可接受
配适度指标（GFI）	用来衡量预测值和实际样本资料比较的误差值平方，其值介于0到1之间，越接近1表示预测模型与样本资料越配合	大于0.9，可放宽到0.8
调整后的配适度指标（AGFI）	AGFI主要是把GFI根据自由度加以调整，越接近1表示适配度越好	大于0.9，可放宽到0.8
平均近似误差均方根（RMSEA）	值越大表示模型与资料越不匹配。0.05～0.08表示有不错的配适度	小于0.08
非规范配适度指标（NNFI）	NNFI接近1代表配适度良好	大于0.9
增值配适指标（IFI）	一般来说IFI要大于0.9，IFI不受样本数影响	大于0.9
标准化均方根值（SRMR）	SRMR是模型中预测矩阵和样本矩阵差异的平均值，SRMR越小，模型配适度越好	小于0.05，小于0.08可接受
比较性配适度指标（CFI）	CFI可以反映出假设模型和独立模型的差异程度，同时也考虑到被检验模型与中央卡方分配的离散型。CFI越接近1越好	大于0.9

资料来源：作者搜集。

4.3.3 教练员工作压力问卷的验证式因素分析及信效度检验

（1）模型假设。

教练员工作压力模型一共有5个潜变量，分别是工作特征压力、人际关系压力、绩效考核压力、工作保障压力和职业发展压力。其中，工作特征压力有6个题目，人际关系压力有6个题目，绩效考核压力有6个

题目，工作保障压力有4个题目，职业发展压力有5个题目。（图13）

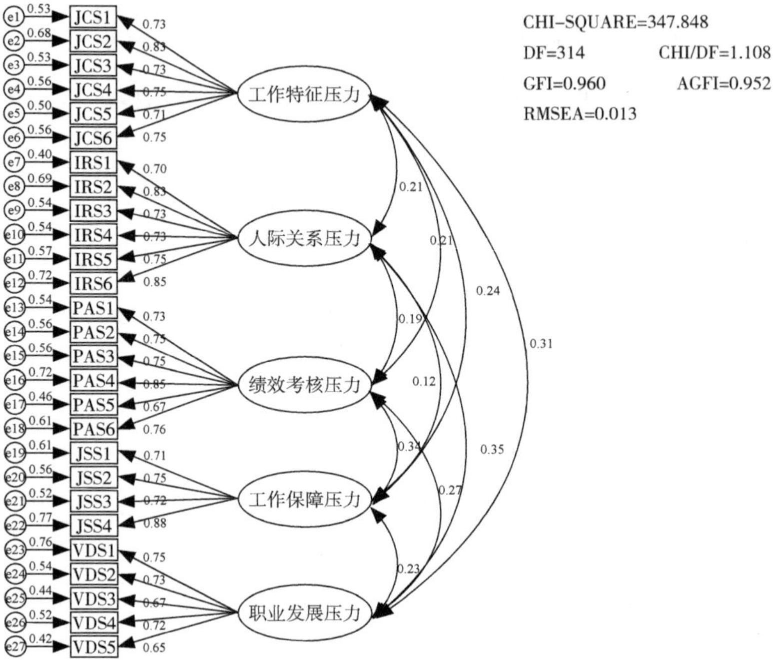

图13　教练员工作压力CFA模型

（2）模型辨识。

为了评估假设模型与样本资料的匹配程度，模型必须要能辨识（Bollen）。模型辨识的条件在于分析中的变量提供的自由度必须大于或等于模型估计的参数。教练员工作压力一共有5个潜变量、27个观测变量，提供了（27×28）/2=378自由度。根据Raykov和Marcoulides的估计准则，假设模型估计的参数分别为：①5个潜变量的方差加上27个观测变量的残差，一共32个估计参数。②5个潜变量之间的相关系数（5×4）/2=10，有10个参数估计。③因素负荷量有27个，因为潜在变量对观测变量设定已经为1，所以要减去5个，一共有22个参数估计。④假设模型是CFA，因此并没有因果关系的路径设定，回归系数估计为0。所以模型的全部估计参数为32+10+22=64，小于378，估计后的自由度为378-64=314。假设模型为过度辨识，模型理论上可以估计。

（3）模型估计。

表48为教练员工作压力的参数估计（因素负荷量）表。标准化估计值的平方表示题目的信度，标准化估计值大部分都大于0.7，满足Hair的要求；通过检查误差方差，所有的误差都是正数而且显著，所以教练员工作压力的CFA模型并没有违反估计。

表48 教练员工作压力的参数估计表

			Estimate	S.E.	C.R.	*P*	标准化估计值
JCS6	<---	工作特征压力	1				0.75
JCS5	<---	工作特征压力	0.946	0.055	17.135	***	0.709
JCS4	<---	工作特征压力	1.06	0.059	18.057	***	0.751
JCS3	<---	工作特征压力	0.963	0.055	17.544	***	0.725
JCS2	<---	工作特征压力	1.129	0.056	19.997	***	0.826
JCS1	<---	工作特征压力	1.001	0.057	17.618	***	0.73
IRS6	<---	人际关系压力	1				0.851
IRS5	<---	人际关系压力	0.832	0.039	21.304	***	0.753
IRS4	<---	人际关系压力	0.859	0.042	20.462	***	0.735
IRS3	<---	人际关系压力	0.825	0.04	20.408	***	0.733
IRS2	<---	人际关系压力	0.948	0.038	24.664	***	0.832
IRS1	<---	人际关系压力	0.769	0.04	19.147	***	0.7
PAS6	<---	绩效考核压力	1				0.779
PAS5	<---	绩效考核压力	0.825	0.049	16.931	***	0.675
PAS4	<---	绩效考核压力	1.036	0.048	21.672	***	0.85
PAS3	<---	绩效考核压力	0.946	0.05	18.841	***	0.747
PAS2	<---	绩效考核压力	1.011	0.053	19.039	***	0.746
PAS1	<---	绩效考核压力	0.931	0.05	18.563	***	0.732
JSS4	<---	工作保障压力	1				0.877
JSS3	<---	工作保障压力	0.892	0.046	19.354	***	0.721
JSS2	<---	工作保障压力	0.893	0.046	19.485	***	0.747
JSS1	<---	工作保障压力	0.799	0.043	18.633	***	0.713
VDS5	<---	职业发展压力	0.692	0.048	14.362	***	0.652
VDS4	<---	职业发展压力	1				0.72
VDS3	<---	职业发展压力	0.883	0.061	14.565	***	0.666
VDS2	<---	职业发展压力	0.934	0.059	15.853	***	0.734

续表

			Estimate	S.E.	C.R.	*P*	标准化估计值
VDS1	<---	职业发展压力	0.991	0.061	16.303	***	0.746
误差方差							
人际关系压力			2.705	0.214	12.618	***	
绩效考核压力			2.406	0.219	10.975	***	
工作保障压力			2.09	0.165	12.631	***	
职业发展压力			1.962	0.207	9.461	***	
e6			1.481	0.102	14.556	***	
e5			1.683	0.111	15.178	***	
e4			1.659	0.114	14.563	***	
e3			1.594	0.107	14.966	***	
e2			1.131	0.089	12.666	***	
e1			1.675	0.113	14.869	***	
e12			1.03	0.082	12.505	***	
e11			1.434	0.096	14.974	***	
e10			1.705	0.112	15.192	***	
e9			1.589	0.104	15.239	***	
e8			1.08	0.082	13.201	***	
e7			1.664	0.107	15.586	***	
e18			1.557	0.11	14.152	***	
e17			1.958	0.125	15.673	***	
e16			0.992	0.083	11.984	***	
e15			1.712	0.116	14.808	***	
e14			1.961	0.132	14.821	***	
e13			1.806	0.12	15.035	***	
e22			0.629	0.074	8.466	***	
e21			1.537	0.106	14.533	***	
e20			1.323	0.097	13.681	***	
e19			1.287	0.089	14.499	***	
e26			1.821	0.133	13.733	***	

续表

	Estimate	S.E.	C.R.	*P*	标准化估计值
e25	1.919	0.131	14.691	***	
e24	1.464	0.109	13.412	***	
e23	1.536	0.117	13.136	***	
e27	1.273	0.086	14.881	***	

注：***表示异性显著。下同。

（4）模型检验。

从表49的整体拟合指标可以看出，卡方/自由度为1.108，小于3；GFI、AGFI分别为0.96、0.952，均大于0.8；RMSEA为0.013，小于0.08；RMR为0.098，小于0.5；TLI、IFI、NFI分别为0.995、0.996、0.996，均大于0.9，说明模型拟合良好。

表49　教练员工作压力模型的拟合指标汇总

拟合指标	理想要求标准	模型
卡方最小差异值（自由度）	越小越好	347.848（314）
卡方/自由度	1～3	1.108
GFI	大于0.8	0.96
AGFI	大于0.8	0.952
RMSEA	小于0.08	0.013
RMR	小于0.5	0.098
TLI	大于0.9	0.995
IFI	大于0.9	0.996
NFI	大于0.9	0.957

4.3.3.1　教练员工作压力问卷的收敛效度检验

由于在小样本中已经初步对工作压力问卷进行了信效度检验，接下来将进行大样本的信效度检验。大样本效度检验主要是进行结构效度检验（前期小样本已经进行了内容效度检验和初步的结构效度检验），而结构效度又包括收敛效度和区别效度，只有当两个效度都满足要求时才能说明问卷具有良好的结构效度（荣泰生）。收敛效度是指属于同一潜在变量的观察变量的相关程度的大小，又称为内部一致性效度，主要是确保同一个潜变量内部的观察变量之间至少有中度的相关性。CFA模型的收敛效度主要包括4个部分（吴明隆）。

（1）因素负荷量。

因素负荷量是收敛效度的重要指标，较高的收敛效度一定具有较高的因素负荷量，代表观察变量可以收敛到一个维度下。一般来说，因素负荷量至少要显著，标准化的因素负荷量至少大于等于0.5，理想状况是大于等于0.7。

从表50可以看出，教练员工作特征压力潜在变量的6个观察变量的因素负荷量在0.709到0.826之间；人际关系压力的6个观察变量的因素负荷量在0.7到0.851之间；绩效考核压力的6个观察变量的因素负荷量在0.675到0.85之间；工作保障压力的4个观察变量的因素负荷量在0.713到0.877之间；职业发展压力的5个观察变量的因素负荷量在0.666到0.746之间。因此，教练员工作压力的27个观察变量都符合因素负荷量大于0.5的要求。

表50　教练员工作压力收敛效度表

			UNSTD	S.E.	C.R. T-value	*P*	Estimate	SMC	1-SMC	CR	AVE
JCS6	<---	工作特征压力	1				0.75	0.563	0.438	0.885	0.562
JCS5	<---	工作特征压力	0.946	0.055	17.135	***	0.709	0.503	0.497		
JCS4	<---	工作特征压力	1.06	0.059	18.057	***	0.751	0.564	0.436		
JCS3	<---	工作特征压力	0.963	0.055	17.544	***	0.725	0.526	0.474		
JCS2	<---	工作特征压力	1.129	0.056	19.997	***	0.826	0.682	0.318		
JCS1	<---	工作特征压力	1.001	0.057	17.618	***	0.73	0.533	0.467		
IRS6	<---	人际关系压力	1				0.851	0.724	0.276	0.896	0.592
IRS5	<---	人际关系压力	0.832	0.039	21.304	***	0.753	0.567	0.433		
IRS4	<---	人际关系压力	0.859	0.042	20.462	***	0.735	0.540	0.460		
IRS3	<---	人际关系压力	0.825	0.04	20.408	***	0.733	0.537	0.463		
IRS2	<---	人际关系压力	0.948	0.038	24.664	***	0.832	0.692	0.308		
IRS1	<---	人际关系压力	0.769	0.04	19.147	***	0.7	0.490	0.510		
PAS6	<---	绩效考核压力	1				0.779	0.607	0.393	0.889	0.573
PAS5	<---	绩效考核压力	0.825	0.049	16.931	***	0.675	0.456	0.544		
PAS4	<---	绩效考核压力	1.036	0.048	21.672	***	0.85	0.723	0.278		
PAS3	<---	绩效考核压力	0.946	0.05	18.841	***	0.747	0.558	0.442		
PAS2	<---	绩效考核压力	1.011	0.053	19.039	***	0.746	0.557	0.443		

续表

			UNSTD	S.E.	C.R. T-value	*P*	Estimate	SMC	1-SMC	CR	AVE
PAS1	<---	绩效考核压力	0.931	0.05	18.563	***	0.732	0.536	0.464		
JSS4	<---	工作保障压力	1				0.877	0.769	0.231	0.850	0.589
JSS3	<---	工作保障压力	0.892	0.046	19.354	***	0.721	0.520	0.480		
JSS2	<---	工作保障压力	0.893	0.046	19.485	***	0.747	0.558	0.442		
JSS1	<---	工作保障压力	0.799	0.043	18.633	***	0.713	0.508	0.492		
VDS5	<---	职业发展压力	0.692	0.048	14.362	***	0.652	0.425	0.575	0.831	0.497
VDS4	<---	职业发展压力	1				0.72	0.518	0.482		
VDS3	<---	职业发展压力	0.883	0.061	14.565	***	0.666	0.444	0.556		
VDS2	<---	职业发展压力	0.934	0.059	15.853	***	0.734	0.539	0.461		
VDS1	<---	职业发展压力	0.991	0.061	16.303	***	0.746	0.557	0.443		

（2）组合信度（CR）。

潜在变量的组合信度是由观察变量的信度组成，表示潜在变量内部的一致性，信度越高，显示这些指标的一致性越高，0.6～0.7是可接受的，0.7以上良好（Fornell和Larcker）。

计算公式：

组合信度=（S标准化负荷量）^{2}/（S标准化负荷量）^{2}+S测量误差

标准化的测量误差=1-（观察变量标准化负荷量）^{2}

从表53中可以看出，教练员工作压力问卷的5个维度的组合信度分别为0.885、0.896、0.889、0.850和0.831，都大于0.7，达到了要求。

（3）多元相关系数的平方（SMC）。

多元相关系数的平方就是指标准化因素负荷量的平方，即潜在变量对观察变量的解释能力，又称为题目信度，要求大于等于0.5。

从表50中可以看出，教练员工作压力问卷的5个维度27个题目的SMC大都大于0.5，也满足了要求。

（4）平均变异数萃取量（AVE）。

潜在变量的平均变异数萃取量是指潜在变量各个测量题目对潜在变量的解释能力。AVE越高表示潜在变量内部测量题目的相关性越高，一致性也越高，潜在变量的信度和收敛效度越高。Fornell和Lacker建议其标准值应大于0.5。公式：

AVE=（S标准化负荷量^2）/（S标准化负荷量^2）+S测量误差

通过以上公式的计算，教练员工作压力问卷5个维度的AVE值分别为0.562、0.592、0.573、0.589和0.497，也大多满足要求。

综上所述，教练员工作压力的5个维度（工作特征压力、人际关系压力、绩效考核压力、工作保障压力和职业发展压力）的因素负荷量、组合信度、多元相关系数的平方和平均变异数萃取量（AVE）都达到了相关的标准，所以教练员工作压力问卷的5个维度全部具有收敛效度。

4.3.3.2　教练员工作压力问卷的区别效度检验

区别效度检验是指验证两个不同潜在变量之间的相关系数在统计上是否有差异。本研究采用信赖区间和平均变异数萃取量（AVE）两种方法进行区别效度的检验。当变量之间的皮尔逊相关系数大于0.7时采用信赖区间的方法（Ping），具体来说，就是建立不同潜在变量之间的相关系数的置信区间，在95%的置信水平下，利用bootstraping的估计方法进行计算，如果置信区间不包含1，则拒绝虚无假设，表示变量之间具有区别效度。Fornell和Lacker认为当皮尔逊相关系数小于0.7时，将AVE的值与变量相关系数的平方做比较，如果AVE的值大于相关系数的平方，则证明区别效度存在。

从表51可以看出，模型中每个潜变量的AVE值大部分大于变量之间的相关系数的平方值，只有积极应对策略和消极应对策略的相关系数为-0.777，大于0.7，并且它的平方值大于AVE值。因此，要进行信赖区间的进一步检验。

Hancock建议在估计路径系数时，bootstraping至少要执行250次。本研究在执行bootstraping程序时进行重复抽样1000次，在95%的置信水平下，估计标准化相关系数的置信区间。AMOS bootstrap提供两种置信区间的估计方式：一种为Bias-corrected Percentile Method，另一种是Percentile Method（Torkzadel）。

表51 模型中所有变量的相关系数表（AVE法）

	VDS	NC	JCS	JSS	IRS	PAS	EE	IE	AL	SE	PR	OS
VDS	*0.497*											
NC	0.335	*0.565*										
JCS	0.262	0.257	*0.562*									
JSS	0.191	0.271	0.218	*0.589*								
IRS	0.308	0.259	0.193	0.122	*0.592*							
PAS	0.227	0.307	0.203	0.305	0.184	*0.573*						
EE	0.436	0.351	0.301	0.256	0.392	0.290	*0.575*					
IE	0.311	0.227	0.254	0.256	0.240	0.283	0.396	*0.574*				
AL	0.273	0.232	0.251	0.301	0.337	0.367	0.444	0.449	*0.595*			
SE	−0.205	−0.207	−0.199	−0.226	−0.204	−0.287	−0.377	−0.303	−0.384	*0.538*		
PR	−0.332	−0.777	−0.283	−0.235	−0.269	−0.266	−0.344	−0.215	−0.179	0.162	0.618	
OS	−0.237	−0.284	−0.285	−0.228	−0.211	−0.315	−0.325	−0.339	−0.342	0.238	0.240	0.591

注：VDS 职业发展压力；NC 消极应对策略；JSS 工作保障压力；IRS 人际关系压力；PAS 绩效考核压力；EE 情感衰竭；IE 低效能；AL 疏离；SE 自我效能感；PR 积极应对策略；OS 组织支持感；对角线斜体数字代表各个变量的AVE值。下三角是各个变量之间的相关系数。

两种方式检验结果如表52所示。工作压力问卷5个维度之间所有标准化相关系数的置信区间均不包含1，因此，教练员工作压力问卷的测量模型具有区别效度。

表52 教练员工作压力的区别效度表

Parameter			Bias-corrected			Perc entile	
			Estimate	Lower	Upper	Lower	Upper
工作特征压力	<-->	人际关系压力	0.213	0.129	0.299	0.127	0.294
工作特征压力	<-->	绩效考核压力	0.213	0.126	0.303	0.125	0.302
工作特征压力	<-->	工作保障压力	0.239	0.152	0.319	0.160	0.322
工作特征压力	<-->	职业发展压力	0.306	0.220	0.385	0.218	0.385
人际关系压力	<-->	绩效考核压力	0.195	0.102	0.277	0.104	0.280
人际关系压力	<-->	工作保障压力	0.124	0.034	0.210	0.034	0.211
人际关系压力	<-->	职业发展压力	0.353	0.269	0.431	0.269	0.431
绩效考核压力	<-->	工作保障压力	0.342	0.257	0.414	0.262	0.416
绩效考核压力	<-->	职业发展压力	0.266	0.177	0.347	0.181	0.349
工作保障压力	<-->	职业发展压力	0.229	0.137	0.322	0.137	0.322

4.3.3.3 教练员工作压力问卷的信度检验

本研究采用组合信度（CR）和内部一致性（克隆巴赫α）系数进行信度检验，如表53所示：教练员工作压力问卷5个维度的克隆巴赫α系数分别为0.884、0.896、0.887、0.846和0.829，都大于0.8；问卷的组合信度分别为0.885、0.896、0.889、0.850和0.831，都大于0.7，因此，教练员工作压力问卷具有较高的信度。

表53 教练员工作压力问卷的内部一致性系数（克隆巴赫α系数）和组合信度表

问卷维度	克隆巴赫α系数	组合信度（CR）
工作特征压力	0.884	0.885
人际关系压力	0.896	0.896
绩效考核压力	0.887	0.889
工作保障压力	0.846	0.850
职业发展压力	0.829	0.831

4.3.4 教练员工作倦怠问卷的验证式因素分析及信效度检验

（1）模型假设。

教练员工作倦怠模型一共有3个潜变量，分别是情感衰竭、疏离和低效能。其中，情感衰竭有5个题目，疏离有4个题目，低效能有6个题目，如图14所示。

（2）模型辨识。

工作倦怠一共有3个潜变量，15个观测变量，提供了（15×16）/2=120自由度。根据Raykov和Marcoulides的估计准则，假设模型估计的参数分别为：①3个潜变量的方差加上15个观测变量的残差，一共18个估计参数。②3个潜变量之间的相关系数（3×2）/2=3，有3个参数估计。③因素负荷量有15个，因为潜在变量对观测变量设定已经为1，所以要减去3个，一共有12个参数估计。④假设模型是CFA，因此并没有因果关系的路径设定，回归系数估计为0。所以，模型的全部估计参数为18+3+12=33，小于120，估计后的自由度为120–33=87。假设模型为过度辨识，模型理论上可以估计。

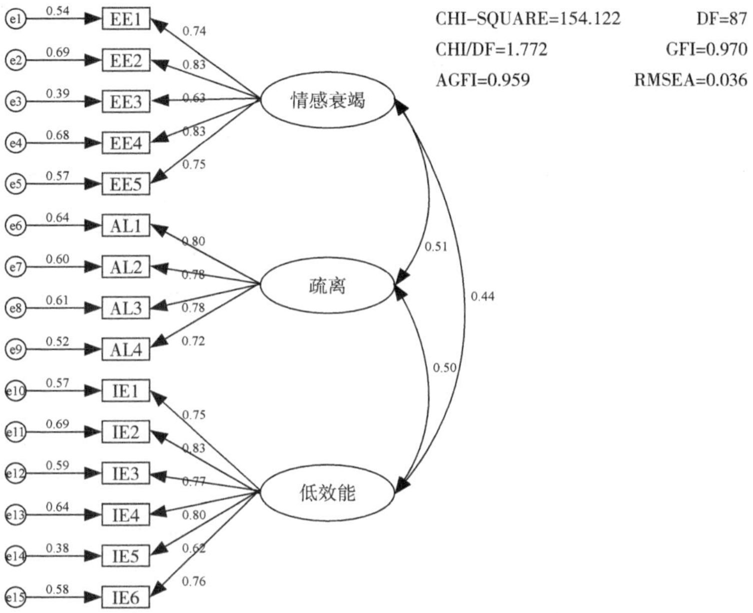

图14 教练员工作倦怠CFA模型

（3）模型估计。

表54是教练员工作倦怠的参数估计（因素负荷量）结果。标准化估计值的平方表示题目的信度，标准化估计值大部分都大于0.7，满足Hair的要求；通过检查误差方差，所有的误差都是正数而且显著，所以工作倦怠的CFA模型并没有违反估计。

表54 工作倦怠的参数估计表

			Estimate	S.E.	C.R.	*P*	标准化估计值
EE5	<---	情感衰竭	1				0.754
EE4	<---	情感衰竭	1.085	0.054	19.946	***	0.827
EE3	<---	情感衰竭	0.794	0.053	14.931	***	0.626
EE2	<---	情感衰竭	0.964	0.048	20.076	***	0.828
EE1	<---	情感衰竭	0.842	0.047	18.009	***	0.738
AL4	<---	疏离	1				0.724
AL3	<---	疏离	1.09	0.062	17.699	***	0.783
AL2	<---	疏离	1.046	0.06	17.329	***	0.776
AL1	<---	疏离	1.064	0.059	17.953	***	0.801

续表

			Estimate	S.E.	C.R.	*P*	标准化估计值
IE6	<---	低效能	1				0.763
IE5	<---	低效能	0.943	0.062	15.198	***	0.62
IE4	<---	低效能	1.16	0.059	19.609	***	0.797
IE3	<---	低效能	1.181	0.062	19.157	***	0.766
IE2	<---	低效能	1.195	0.057	20.841	***	0.828
IE1	<---	低效能	1.214	0.064	18.849	***	0.753
误差方差							
情感衰竭			2.342	0.225	10.399	***	
疏离			2.289	0.236	9.702	***	
低效能			0.981	0.092	10.661	***	
e5			1.783	0.124	14.352	***	
e4			1.272	0.102	12.438	***	
e3			2.291	0.144	15.932	***	
e2			0.996	0.08	12.386	***	
e1			1.39	0.095	14.629	***	
e9			2.078	0.145	14.301	***	
e8			1.713	0.132	12.935	***	
e7			1.656	0.126	13.179	***	
e6			1.444	0.117	12.357	***	
e15			0.705	0.048	14.558	***	
e14			1.395	0.086	16.13	***	
e13			0.757	0.055	13.816	***	
e12			0.964	0.066	14.54	***	
e11			0.641	0.049	13.046	***	
e10			1.101	0.075	14.772	***	

（4）模型检验。

从表55中的整体拟合指标可以看出，卡方/自由度为1.772，小于3；GFI、AGFI分别为0.97、0.959，均大于0.8；RMSEA为0.036，小于0.08，SRMR为0.085，小于0.5；TLI、IFI、NFI分别为0.982、0.985、0.967，均大于0.9，说明模型拟合良好。

表55 教练员工作倦怠模型的拟合指标汇总

拟合指标	理想要求标准	模型
卡方最小差异值（自由度）	越小越好	154.122（87）
卡方/自由度	1 ~ 3	1.772
GFI	大于0.8	0.97
AGFI	大于0.8	0.959
RMSEA	小于0.08	0.036
SRMR	小于0.5	0.085
TLI	大于0.9	0.982
IFI	大于0.9	0.985
NFI	大于0.9	0.967

4.3.4.1 教练员工作倦怠问卷的收敛效度检验

教练员工作倦怠问卷收敛效度检验和教练员工作压力上面的问卷一样从因素负荷量、组合信度、平均变异数萃取量和多元相关系数的平方4个方面来考虑。从表56可以看出，工作倦怠的15个题项的标准的因素负荷量都大于0.6（可接受），满足前面的标准；情感衰竭、疏离和低效能的组合信度（CR）分别为0.87、0.855和0.889，均大于0.7的标准，满足要求；AVE值分别为0.575、0.595和0.574，均大于0.5的标准；SMC（多元相关系数的平方）除IE5没有达到要求（但接近0.5可接受）外，其余全部大于0.5，满足Hair的要求。因此，教练员工作倦怠的测量模型具有良好的收敛效度。

表56 教练员工作倦怠问卷收敛效度表

			UNSTD	S.E.	C.R.	*P*	std	SMC	1-SMC	CR	AVE
EE5	<---	情感衰竭	1				0.754	0.569	0.431		
EE4	<---	情感衰竭	1.085	0.054	19.946	***	0.827	0.684	0.316		
EE3	<---	情感衰竭	0.794	0.053	14.931	***	0.626	0.392	0.608	0.87	0.575
EE2	<---	情感衰竭	0.964	0.048	20.076	***	0.828	0.686	0.314		
EE1	<---	情感衰竭	0.842	0.047	18.009	***	0.738	0.545	0.455		
AL4	<---	疏离	1				0.724	0.524	0.476		
AL3	<---	疏离	1.09	0.062	17.699	***	0.783	0.613	0.387		
AL2	<---	疏离	1.046	0.06	17.329	***	0.776	0.602	0.398	0.855	0.595

续表

			UNSTD	S.E.	C.R.	*P*	std	SMC	1-SMC	CR	AVE
AL1	<---	疏离	1.064	0.059	17.953	***	0.801	0.642	0.358		
IE6	<---	低效能	1				0.763	0.582	0.418		
IE5	<---	低效能	0.943	0.062	15.198	***	0.62	0.384	0.616		
IE4	<---	低效能	1.16	0.059	19.609	***	0.797	0.635	0.365		
IE3	<---	低效能	1.181	0.062	19.157	***	0.766	0.587	0.413	0.889	0.574
IE2	<---	低效能	1.195	0.057	20.841	***	0.828	0.686	0.314		
IE1	<---	低效能	1.214	0.064	18.849	***	0.753	0.567	0.433		

4.3.4.2 教练员工作倦怠问卷的区别效度检验

从表57可以看出，工作倦怠3个维度的标准化相关系数的置信区间均不包含1，因此，教练员工作倦怠的测量模型具有区别效度。

表57 教练员工作倦怠问卷区别效度表

Parameter			Estimate	Bias-corrected		Percentile	
				Lower	Upper	Lower	Upper
情感衰竭	<-->	疏离	0.507	0.428	0.579	0.429	0.58
疏离	<-->	低效能	0.502	0.422	0.574	0.424	0.574
情感衰竭	<-->	低效能	0.439	0.364	0.517	0.362	0.515

4.3.4.3 教练员工作倦怠问卷的信度检验

本研究采用组合信度（CR）和内部一致性（克隆巴赫α）系数进行信度检验，如表58所示：教练员工作倦怠3个维度的克隆巴赫α系数分别是0.866、0.854和0.885，都大于0.8；问卷的组合信度分别为0.87、0.855和0.889，都大于0.7。从以上2个指标来看，问卷具有较高的信度。

表58 教练员工作倦怠问卷信度表

问卷维度	克隆巴赫α系数	组合信度（CR）
情感衰竭	0.866	0.87
疏离	0.854	0.855
低效能	0.885	0.889

4.3.5 应对策略问卷的验证式因素分析及信效度检验

（1）模型假设。

应对策略模型一共有2个潜变量，分别是积极应对策略和消极应对策略。其中，积极应对策略有6个题目，消极应对策略有5个题目，如图15所示。

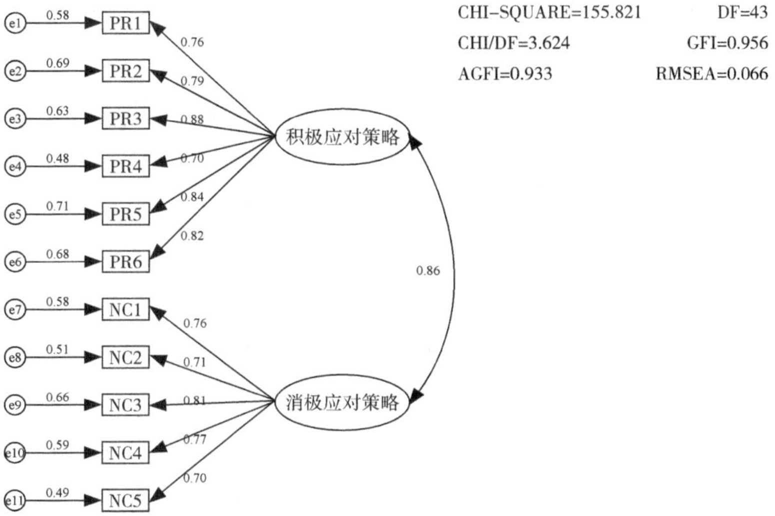

图15　应对策略CFA模型

（2）模型辨识。

应对策略一共有2个潜变量、11个观测变量，因此提供了（11×12）/2=66自由度。根据Raykov和Marcoulides的估计准则，假设模型估计的参数分别为：①2个潜变量的方差加上11个观测变量的残差，一共13个估计参数。②2个潜变量之间的相关系数（2×1）/2=1，有1个参数估计。③因素负荷量有11个，因为潜在变量对观测变量设定已经为1，所以要减去2个，一共有9个参数估计。④假设模型是CFA，因此并没有因果关系的路径设定，回归系数估计为0。所以模型的全部估计参数为13+1+9=23，小于66，估计后的自由度为66-23=43。假设模型为过度辨识，模型理论上可以估计。

（3）模型估计。

表59是教练员应对策略的参数估计（因素负荷量）结果。标准化估计值的平方表示题目的信度，标准化估计值大部分都大于0.7，满足Hair的要求；通过检查误差方差，所有的误差都是正数而且显著，所以教练员应对策略的CFA模型并没有违反估计。

表59　教练员应对策略的参数估计表

			Estimate	S.E.	C.R.	*P*	标准化估计值
PR6	<---	积极应对策略	1				0.824
PR5	<---	积极应对策略	1.008	0.041	24.855	***	0.84
PR4	<---	积极应对策略	0.993	0.053	18.654	***	0.696
PR3	<---	积极应对策略	1.038	0.046	22.444	***	0.795
PR2	<---	积极应对策略	0.851	0.038	22.367	***	0.791
PR1	<---	积极应对策略	0.927	0.044	20.938	***	0.76
NC5	<---	消极应对策略	1				0.698
NC4	<---	消极应对策略	1.09	0.064	17.162	***	0.766
NC3	<---	消极应对策略	1.201	0.066	18.205	***	0.811
NC2	<---	消极应对策略	1.055	0.065	16.196	***	0.713
NC1	<---	消极应对策略	1.11	0.065	17.166	***	0.764
误差方差							
积极应对策略			1.083	0.089	12.105	***	
消极应对策略			1.75	0.186	9.431	***	
e6			0.513	0.036	14.162	***	
e5			0.46	0.034	13.658	***	
e4			1.138	0.071	15.965	***	
e3			0.678	0.046	14.731	***	
e2			0.47	0.032	14.876	***	
e1			0.68	0.045	15.248	***	
e11			1.844	0.119	15.48	***	
e10			1.469	0.101	14.53	***	
e9			1.313	0.097	13.485	***	
e8			1.881	0.123	15.305	***	
e7			1.54	0.106	14.558	***	

（4）模型检验。

从表60中的整体拟合指标可以看出，卡方/自由度为3.624，稍大于3（但小于5可接受）；GFI、AGFI分别为0.956、0.933均大于0.8；RMSEA为0.066，小于0.08；SRMR为0.068，小于0.5；TLI、IFI、NFI分别为0.964、0.972和0.962，均大于0.9，虽然卡方/自由度大于3，但其他指标均达到标准，总体来说模型拟合良好。

表60　教练员应对策略模型的拟合指标汇总

拟合指标	理想要求标准	模型
卡方最小差异值（自由度）	越小越好	155.821（43）
卡方/自由度	1～3	3.624
GFI	大于0.8	0.956
AGFI	大于0.8	0.933
RMSEA	小于0.08	0.066
SRMR	小于0.5	0.068
TLI	大于0.9	0.964
IFI	大于0.9	0.972
NFI	大于0.9	0.962

4.3.5.1　应对策略问卷的收敛效度检验

应对策略问卷收敛效度和上述问卷一样主要从因素负荷量、组合信度、平均变异数萃取量和多元相关系数的平方4个方面来考虑。从表61可以看出，除NC5和PR4没有达到0.7（但大于0.6可接受）的标准以外，其余4题项的因素负荷量都大于0.7，满足前面的标准；积极应对策略的组合信度（CR）为0.906，消极应对策略的CR为0.866，大于0.7的标准，满足要求；AVE分别为0.618和0.565，大于0.5的标准；SMC（多元相关系数的平方）除PR4和NC5没有达到要求（但接近0.5可接受）外其余全部大于0.5，满足Hair的要求。因此，应对策略的测量模型收敛效度良好。

表61　教练员应对策略问卷收敛效度表

	UNSTD	S.E.	C.R.	*P*	std	SMC	1-SMC	CR	AVE
PR6 <--- 积极应对策略	1				0.824	0.679	0.321		

续表

	UNSTD	S.E.	C.R.	*P*	std	SMC	1-SMC	CR	AVE
PR5 <--- 积极应对策略	1.008	0.041	24.855	***	0.84	0.706	0.294		
PR4 <--- 积极应对策略	0.993	0.053	18.654	***	0.696	0.484	0.516	0.906	0.618
PR3 <--- 积极应对策略	1.038	0.046	22.444	***	0.795	0.632	0.368		
PR2 <--- 积极应对策略	0.851	0.038	22.367	***	0.791	0.626	0.374		
PR1 <--- 积极应对策略	0.927	0.044	20.938	***	0.76	0.578	0.422		
NC5 <--- 消极应对策略	1				0.698	0.487	0.513		
NC4 <--- 消极应对策略	1.09	0.064	17.162	***	0.766	0.587	0.413		
NC3 <--- 消极应对策略	1.201	0.066	18.205	***	0.811	0.658	0.342	0.866	0.565
NC2 <--- 消极应对策略	1.055	0.065	16.196	***	0.713	0.508	0.492		
NC1 <--- 消极应对策略	1.11	0.065	17.166	***	0.764	0.584	0.416		

4.3.5.2 应对策略问卷的区别效度检验

从表62中可以看出，积极应对策略和消极应对策略之间的皮尔逊相关系数的置信区间不包含1，因此应对策略的测量模型具有区别效度。

表62 应对策略问卷的区别效度

Parameter	Estimate	Bias-corrected		Percentile	
		Lower	Upper	Lower	Upper
积极应对策略 <--> 消极应对策略	–0.863	–0.904	–0.817	–0.903	–0.816

4.3.5.3 应对策略的信度检验

同样采用组合信度（CR）和内部一致性（克隆巴赫α）系数对应策略问卷进行信度检验，如表63所示：教练员应对策略2个维度的克隆巴赫α系数分别为0.901和0.865，都大于0.8；问卷的组合信度分别为0.906和0.866，大于0.5，表明应对策略问卷的内部一致性程度良好，具有较高的信度。

表63 应对策略问卷的信度表

问卷维度	克隆巴赫α系数	组合信度（CR）
积极应对策略	0.901	0.906
消极应对策略	0.865	0.866

4.3.6 自我效能感问卷验证式因素分析及信效度检验

（1）模型设定。

自我效能感假设模型如图16所示。自我效能感有7个观察变量，分别是SE1、SE2、SE3、SE4、SE5、SE6和SE7。自我效能感是外生潜在变量，影响7个测量指标。

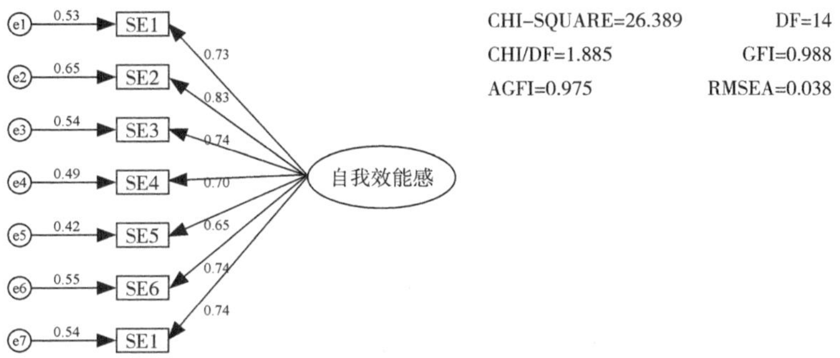

图16 教练员自我效能感CFA模型

（2）模型辨识。

自我效能感提供了7×8/2=28自由度，根据Raykov和Marcoulides的估计准则，7个观察变量的7个残差项，加上6个因素负荷量（其中一条被设定为1，因此不估计），再加上自我效能感本身的方差得出，估计参数一共为7+6+1=14个。因此，自我效能感CFA模型估计后的自由度为28–14=14，所以模型为过度辨识，理论上可以进行下一步估计。

（3）模型估计。

从表64可知，7个题目中只有SE5的标准化估计值低于0.7的标准，但仍然大于0.6（可接受），其余6个题目的标准化估计值都大于0.7，都满足要求；同时误差的方差都为正而且显著，代表自我效能感模型并没有违反估计，可以进行下一步模型检验。

表64 自我效能感的参数估计表

			Estimate	S.E.	C.R.	*P*	标准化估计值
SE7	<---	自我效能感	1				0.736

续表

			Estimate	S.E.	C.R.	*P*	标准化估计值
SE6	<---	自我效能感	1.631	0.092	17.662	***	0.743
SE5	<---	自我效能感	0.932	0.061	15.281	***	0.645
SE4	<---	自我效能感	1.071	0.064	16.646	***	0.7
SE3	<---	自我效能感	1.389	0.079	17.62	***	0.737
SE2	<---	自我效能感	1.255	0.062	20.135	***	0.833
SE1	<---	自我效能感	1.042	0.061	17.16	***	0.727
误差方差							
自我效能感			0.891	0.088	10.14	***	
e7			0.752	0.05	14.956	***	
e6			1.921	0.129	14.865	***	
e5			1.085	0.068	15.932	***	
e4			1.064	0.069	15.41	***	
e3			1.442	0.097	14.932	***	
e2			0.618	0.049	12.682	***	
e1			0.861	0.057	15.02	***	

（4）模型检验。

从表65中的整体拟合指标可以看出，卡方/自由度为1.885，小于3；GFI、AGFI分别为0.988、0.975，均大于0.8；RMSEA为0.038小于0.08；SRMR为0.04，小于0.5；TLI、IFI、NFI分别为0.991、0.994、0.987，均大于0.9，说明模型拟合良好。

表65　教练员自我效能感模型的拟合指标汇总

拟合指标	理想要求标准	模型
卡方最小差异值（自由度）	越小越好	26.389（14）
卡方/自由度	1～3	1.885
GFI	大于0.8	0.988
AGFI	大于0.8	0.975
RMSEA	小于0.08	0.038
SRMR	小于0.5	0.04
TLI	大于0.9	0.991
IFI	大于0.9	0.994
NFI	大于0.9	0.987

4.3.6.1 自我效能感问卷的收敛效度检验

自我效能感问卷收敛效度和上面的问卷一样从因素负荷量、组合信度、平均变异数萃取量和多元相关系数的平方4个方面来考虑。从表66可以看出除SE5没有达到0.7（但大于0.6可接受）的标准以外，其余6个题项的因素负荷量都大于0.7，满足前面的标准；组合信度（CR）为0.89，大于0.7的标准，满足要求；AVE为0.583，大于0.5的标准；SMC（多元相关系数的平方）除SE4和SE5没有达到要求（但接近0.5可接受）外其余全部大于0.5，满足Hair的要求。因此，自我效能感的测量模型收敛效度良好。

表66 自我效能感问卷收敛效度表

	UNSTD	S.E.	C.R.	*P*	STD	SMC	1-SMC	CR	AVE
SE7 <--- 自我效能感	1				0.736	0.542	0.458	0.89	0.538
SE6 <--- 自我效能感	1.631	0.092	17.662	***	0.743	0.552	0.448		
SE5 <--- 自我效能感	0.932	0.061	15.281	***	0.645	0.416	0.584		
SE4 <--- 自我效能感	1.071	0.064	16.646	***	0.7	0.490	0.510		
SE3 <--- 自我效能感	1.389	0.079	17.62	***	0.737	0.543	0.457		
SE2 <--- 自我效能感	1.255	0.062	20.135	***	0.833	0.694	0.306		
SE1 <--- 自我效能感	1.042	0.061	17.16	***	0.727	0.529	0.471		

4.3.6.2 自我效能感问卷的信度检验

同样采用组合信度（CR）和内部一致性（克隆巴赫α）系数自我效能感问卷进行信度检验，如表67所示：教练员自我效能感的组合信度和内部一致性系数都达到了标准，分别为0.538和0.887，表明问卷的内部一致性程度良好，具有较高的信度。

表67 教练员自我效能感问卷的信度表

问卷维度	克隆巴赫α系数	组合信度（CR）
自我效能感	0.887	0.538

4.3.7 组织支持感问卷的验证式因素分析及信效度检验

（1）模型设定。

组织支持感假设模型如图17所示。组织支持感有6个观察变量，分别是OS1、OS2、OS3、OS4、OS5和OSE6。组织支持感是外生潜在变量，影响6个测量指标。

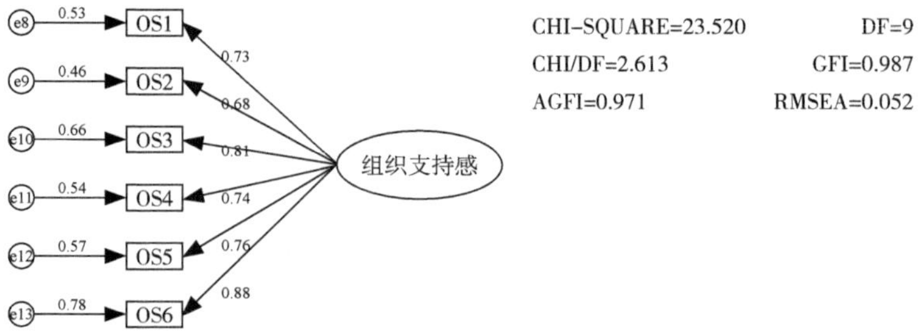

图17 教练员组织支持感CFA模型

（2）模型辨识。

组织支持感提供了7×6/2=21自由度，根据Raykov和Marcoulides（2006）的估计准则，6个观察变量的6个残差项，加上5个因素负荷量（其中一条被设定为1，因此不估计），再加上组织支持感本身的方差得出，估计参数一共为6+5+1=12个。因此，组织支持感CFA模型估计后的自由度为21-12=9，所以模型为过度辨识，理论上可以进行下一步估计。

（3）模型估计。

从表68可知，6个题目中只有OS2的标准化估计值低于0.7的标准，但仍然大于0.6（可接受），其余5个题目的标准化估计值都大于0.7，都满足要求；同时误差的方差都为正而且显著，代表组织支持感模型并没有违反估计，可以进行下一步模型检验。

表68 组织支持感的参数估计表

			Estimate	S.E.	C.R.	*P*	标准化估计值
OS6	<---	组织支持感	1				0.882
OS5	<---	组织支持感	0.832	0.038	21.875	***	0.755
OS4	<---	组织支持感	0.795	0.037	21.257	***	0.737

续表

			Estimate	S.E.	C.R.	*P*	标准化估计值
OS3	<---	组织支持感	0.92	0.037	25.037	***	0.814
OS2	<---	组织支持感	0.768	0.04	19.071	***	0.678
OS1	<---	组织支持感	0.802	0.038	21.094	***	0.729
		误差方差					
		组织支持感	3.207	0.24	13.345	***	
e13			0.92	0.083	11.031	***	
e12			1.673	0.112	14.891	***	
e11			1.704	0.112	15.219	***	
e10			1.383	0.1	13.808	***	
e9			2.221	0.14	15.867	***	
e8			1.817	0.118	15.331	***	

（4）模型检验。

从表69中的整体拟合指标可以看出，卡方/自由度为2.613，小于3；GFI、AGFI分别为0.987、0.971，均大于0.8；RMSEA为0.052小于0.08；SRMR为0.068，小于0.5；TLI、IFI、NFI分别为0.988、0.993、0.988，均大于0.9，说明组织支持感CFA模型拟合良好。

表69　教练员组织支持感模型的拟合指标汇总

拟合指标	理想要求标准	模型
卡方最小差异值（自由度）	越小越好	23.520（9）
卡方/自由度	1～3	2.613
GFI	大于0.8	0.987
AGFI	大于0.8	0.971
RMSEA	小于0.08	0.052
SRMR	小于0.5	0.068
TLI	大于0.9	0.988
IFI	大于0.9	0.993
NFI	大于0.9	0.988

4.3.7.1　组织支持感问卷的收敛效度检验

组织支持感问卷收敛效度和上述问卷一样主要从因素负荷量、组合信度、平均变异数萃取量和多元相关系数的平方4个方面来考虑。从表70可以看出，除OS2没有达到0.7（但大于0.6可接受）的标准以外，其余5个题项的因素负荷量都大于0.7，满足前面的标准；组合信度（CR）为0.896大于0.7的标准，满足要求；AVE为0.591，大于0.5的标准；SMC（多元相关系数的平方）除OS2没有达到要求（但接近0.5可接受）外其余全部大于0.5，满足Hair的要求。因此，表明组织支持感测量模型的收敛效度良好。

表70　教练员组织支持感问卷收敛效度表

	UNSTD	S.E.	C.R.	*P*	STD	SMC	1-SMC	CR	AVE
OS6 <--- 组织支持感	1				0.882	0.778	0.222		
OS5 <--- 组织支持感	0.832	0.038	21.875	***	0.755	0.570	0.430		
OS4 <--- 组织支持感	0.795	0.037	21.257	***	0.737	0.543	0.457	0.896	0.591
OS3 <--- 组织支持感	0.92	0.037	25.037	***	0.814	0.663	0.337		
OS2 <--- 组织支持感	0.768	0.04	19.071	***	0.678	0.460	0.540		
OS1 <--- 组织支持感	0.802	0.038	21.094	***	0.729	0.531	0.469		

4.3.7.2　组织支持感问卷信度检验

同样，采用组合信度（CR）和内部一致性（克隆巴赫α）系数对组织支持感问卷进行信度检验，如表71所示：教练员组织支持感的组合信度和内部一致性系数都达到了标准，分别为0.591和0.895，表明组织支持感问卷的内部一致性程度良好，具有较高的信度。

表71　教练员组织支持感问卷的信度表

问卷维度	克隆巴赫α系数	组合信度（CR）
组织支持感	0.895	0.591

4.4　正式调查的5个变量总体状况

本次调研的5个问卷的分别为教练员工作压力（工作特征压力、人际关系压力、工作保障压力和职业发展压力5个维度）、工作倦怠（情感衰竭、疏离和低效能3个维度）、自我效能感、应对策略（积极应对策略和消极应对策略2个维度）和组织支持感问卷。

4.4.1 教练员工作压力的总体情况

从表72可以看出，教练员工作压力的总体均值为4.694，标准差为0.906，说明教练员的总体工作压力程度处于中等偏上的水平。工作压力5个维度的均值从大到小依次是工作保障压力（5.374）、职业发展压力（4.924）、绩效考核压力（4.697）、工作特征压力（4.536）和人际关系压力（3.942）。由此可见，教练员感觉来自工作保障方面的压力最大，这可能和大多数样本来自30～39岁和40～49岁2个年龄段有关系。这两个年龄段的教练员都是处于事业和家庭需要兼顾容易产生矛盾的阶段，而教练员收入和福利又普遍偏低，所以他们的工作保障压力最大。这在前期访谈期间已得到证实，许多教练员都谈到收入福利问题，需要用钱的地方很多，房价又高，常常入不敷出，给他们的生活造成很大困扰。

表72 教练员工作压力的描述性统计表

变量	*N*	极小值	极大值	均值	标准差
工作特征压力	605	1	7	4.536	1.493
职业发展压力	605	1	7	4.924	1.383
工作保障压力	605	1	7	5.374	1.406
人际关系压力	605	1	7	3.942	1.516
绩效考核压力	605	1	7	4.697	1.577
工作压力	605	2	6	4.694	0.906
有效的*N*（列表状态）	605				

4.4.2 教练员工作倦怠的总体情况

从表73可以看出，教练员工作倦怠的程度处于中等偏上水平，工作倦怠的总体均值为4.582，标准差为1.226；工作倦怠3个维度的均值从大到小依次是低效能（5.836）、情感衰竭（4.221）和疏离（3.687），这3个维度中教练员的低效能感是最强烈的，其次是情感衰竭，疏离感接近中等水平。

表73 教练员工作倦怠的描述性统计表

变量	N	极小值	极大值	均值	标准差
情感衰竭	605	1	7	4.221	1.539
低效能	605	1	7	5.836	1.172
疏离	605	1	7	3.687	1.72
工作倦怠	605	2	6	4.582	1.226
有效的N（列表状态）	605				

4.4.3 教练员应对策略的总体情况

从表74可以看出，教练员遇到压力时采用积极应对策略的均值为5.860，标准差为1.060，处于中等偏上水平；而消极应对策略的均值为3.205，标准差为1.552，处于中等偏下平。这说明大多数教练员在工作中遇到压力时多采取积极的应对方式而较少回避和逃避问题。

表74 教练员应对策略描述性统计表

变量	N	极小值	极大值	均值	标准差
消极应对策略	605	1	6	3.205	1.552
积极应对策略	605	1	7	5.860	1.060
有效的N（列表状态）	605				

4.4.4 教练员自我效能感的总体情况

从表75的描述性统计分析可以看出，教练员自我效能感均值为5.489，标准差为1.191，处于中等偏上水平，说明教练员的自我效能感程度较高。

表75 教练员自我效能感描述性统计表

变量	N	极小值	极大值	均值	标准差
自我效能感	605	2	7	5.489	1.191

4.4.5 教练员组织支持感的总体情况

从表76的描述性统计分析可以看出，教练员组织支持感均值为3.972，标准差为1.614，处于中等偏下水平，说明教练员感受到的来自组织的支持偏低。

表76 教练员组织支持感描述性统计表

变量	N	极小值	极大值	均值	标准差
组织支持感	605	1	7	3.972	1.614
有效的N（列表状态）	605				

4.5 教练员工作压力的人口学统计特征的差异

4.5.1 教练员工作压力在性别上的差异比较

由于性别是二分类变量，工作压力是连续型变量，所以本研究采用独立样本t检验的方法进行差异性检验。表77为教练员工作压力在性别上的描述性统计结果。就总体工作压力而言，男性有效样本为429个，均值为4.684、标准差为0.901、均值的标准误为0.043；女性有效样本为176个，均值为4.719、标准差为0.920、均值的标准误为0.069。就总体工作压力来说，女教练员的工作压力均值（4.719）大于男教练员均值（4.684）。具体到每一个维度来说，工作特征压力，女教练员均值（4.811）大于男教练员均值（4.423）；职业发展压力，男教练员均值（5.011）大于女教练员均值（4.711）；工作保障压力，女教练员均值（5.425）大于男教练员均值（5.353）；人际关系压力，男教练员均值（3.949）大于女教练员均值（3.925）；绩效考核压力，女教练员均值（4.724）大于男教练员均值（4.685）。

表77 教练员工作压力及各个维度在性别上的组统计表

变量	性别	N	均值	标准差	均值的标准误
工作压力	男	429	4.684	0.901	0.043
	女	176	4.719	0.920	0.069
工作特征压力	男	429	4.423	1.524	0.074
	女	176	4.811	1.380	0.104
职业发展压力	男	429	5.011	1.362	0.066
	女	176	4.711	1.414	0.107
工作保障压力	男	429	5.353	1.415	0.068
	女	176	5.425	1.387	0.105

续表

变量	性别	N	均值	标准差	均值的标准误
人际关系压力	男	429	3.949	1.492	0.072
	女	176	3.925	1.576	0.119
绩效考核压力	男	429	4.685	1.559	0.075
	女	176	4.724	1.625	0.122

教练员工作压力及各个维度均值的差异必须经过检验才能确定。独立样本t检验的结果如表78所示：就工作压力而言，方差相等的Levene检验的F值未达显著（F=0.024，P=0.877>0.05）表示两组方差同质，看“假设方差相等”的t值，t=-0.431，df=603，P=0.666>0.05，表明男女教练员在工作压力的感受上没有显著性差异。

就工作特征压力而言，P=0.012<0.05，Levene检验达到显著，表示两组方差不同质，应看“假设方差不相等”的t值，t=-3.042，df=357.271，P=0.003<0.05，表明男女教练员在工作特征压力上有显著性差异，女教练员的工作特征压力感受显著高于男教练员。

经Levene检验，职业发展压力的F值大于0.05，t=2.428，P=0.015<0.05，表明男女教练员的职业发展压力存在显著性差异，男教练员感受到的职业发展压力显著高于女教练员。

工作保障压力的F值大于0.05，t=-0.568，P=0.570>0.05，表明男女教练员的工作保障压力没有显著性差异。

人际关系压力和绩效考核压力的F值都大于0.05，t值分别为0.176和-0.277，P值均大于0.05，表明男女教练员在人际关系压力和绩效考核压力上没有显著性差异。

表78　教练员工作压力及各个维度在性别上的差异性检验

变量		方差方程的Levene检验		均值方程的 t 检验		
		F	Sig.	t	df	Sig.（双侧）
工作压力	假设方差相等	0.024	0.877	-0.431	603	0.666
	假设方差不相等			-0.428	319.593	0.669

续表

变量		方差方程的Levene检验		均值方程的 *t* 检验		
		F	Sig.	*t*	df	Sig.（双侧）
工作特征压力	假设方差相等	6.425	0.012	–2.918	603	0.004
	假设方差不相等			–3.042	357.271	0.003
职业发展压力	假设方差相等	1.323	0.250	2.428	603	0.015
	假设方差不相等			2.390	314.982	0.017
工作保障压力	假设方差相等	0.005	0.946	–0.568	603	0.570
	假设方差不相等			–0.573	331.456	0.567
人际关系压力	假设方差相等	3.134	0.077	0.176	603	0.860
	假设方差不相等			0.172	310.214	0.863
绩效考核压力	假设方差相等	0.719	0.397	–0.277	603	0.782
	假设方差不相等			–0.272	313.821	0.786

4.5.2 教练员工作压力在年龄上的差异比较

由于本研究教练员的年龄段分为4个，工作压力是连续型变量，因此采用单因素方差分析的方法进行差异性检验。

从表79可以看出，首先，4个年龄段工作压力的均值分别为20～29岁的4.57、30～39岁的4.831、40～49岁的4.632、50～59岁的4.459，整体检验F值为4.418，$P=0.004<0.05$，表明不同年龄的教练员工作压力之间有显著性差异。

其次，具体就5个维度的工作压力而言，工作特征压力、职业发展压力、工作保障压力、人际关系压力和绩效考核压力的整体检验的F值分别0.834（$P=0.475>0.05$）、7.865（$P=0.000<0.05$）、16.945（$P=0.000<0.05$）、3.603（$P=0.013<0.05$）、2.173（$P=0.090>0.05$），表明除了工作特征压力和绩效考核压力在年龄上没有差异外，其余3个维度都达到显著性水平，表明这3个维度在四个年龄段之间有显著性差异，但具体是哪些年龄段之间有差异，需要进行事后比较。

表79　工作压力及各个维度在年龄上的单因素方差分析结果

变量	年龄	*N*	均值	标准差	标准误	*F*	显著性
工作压力	20～29岁	114	4.570	0.926	0.087		
	30～39岁	275	4.831	0.868	0.052		
	40～49岁	159	4.632	0.896	0.071		
	50～59岁	57	4.459	0.988	0.131		
	总数	605	4.694	0.906	0.037	4.418	0.004
工作特征压力	20～29岁	114	4.371	1.463	0.137		
	30～39岁	275	4.627	1.511	0.091		
	40～49岁	159	4.516	1.453	0.115		
	50～59岁	57	4.482	1.576	0.209		
	总数	605	4.536	1.493	0.061	0.834	0.475
职业发展压力	20～29岁	114	4.732	1.472	0.138		
	30～39岁	275	5.213	1.318	0.079		
	40～49岁	159	4.697	1.348	0.107		
	50～59岁	57	4.544	1.362	0.180		
	总数	605	4.924	1.383	0.056	7.865	0.000
工作保障压力	20～29岁	114	5.360	1.349	0.126		
	30～39岁	275	5.760	1.263	0.076		
	40～49岁	159	4.940	1.482	0.118		
	50～59岁	57	4.750	1.408	0.186		
	总数	605	5.374	1.406	0.057	16.945	0.000
人际关系压力	20～29岁	114	3.982	1.518	0.142		
	30～39岁	275	3.745	1.527	0.092		
	40～49岁	159	4.233	1.465	0.116		
	50～59岁	57	4.003	1.496	0.198		
	总数	605	3.942	1.516	0.062	3.603	0.013
绩效考核压力	20～29岁	114	4.405	1.611	0.151		
	30～39岁	275	4.811	1.537	0.093		
	40～49岁	159	4.774	1.594	0.126		
	50～59岁	57	4.515	1.606	0.213		
	总数	605	4.697	1.577	0.064	2.173	0.090

从表80事后比较发现，首先，就总体工作压力来说，30～39岁的教练员的工作压力显著高于其他3个年龄段的教练员，平均差异值分别为0.26110、0.19928和0.37233；而20～29岁、40～49岁和50～59岁的教练员的工作压力之间则无显著性差异。

其次，就职业发展压力来看，30～39岁的教练员的职业发展压力显著高于其他3个年龄段的教练员，平均差异值分别为0.48151、0.51624和0.66923；而20～29岁、40～49岁和50～59岁的教练员的职业发展压力之间则无显著性差异。

工作保障压力方面，30～39岁的教练员的工作保障压力显著高于其他3个年龄段的教练员，平均差异值分别为0.40035、0.81975和1.01000；20～29岁的教练员工作保障压力显著高于40～49岁和50～59岁的教练员；40～49岁和50～59岁的教练员的工作保障压力之间则没有显著性差异。

人际关系压力方面，40～49岁的教练员的人际关系压力显著高于30～39岁的教练员，平均差异值为0.487；而20～29岁、30～39岁和50～59岁的教练员的人际关系压力之间则无显著性差异；40～49岁和20～29岁、50～59岁的教练员工作保障压力之间无显著性差异。

表80　不同年龄段的工作压力事后多重比较

变量			均值差（I–J）	标准误	显著性
工作压力	20～29岁	30～39岁	–0.261 10*	0.100 05	0.009
		40～49岁	–0.061 82	0.110 23	0.575
		50～59岁	0.111 23	0.145 70	0.446
	30～39岁	20～29岁	0.261 10*	0.100 05	0.009
		40～49岁	0.199 28*	0.089 48	0.026
		50～59岁	0.372 33*	0.130 71	0.005
	40～49岁	20～29岁	0.061 82	0.110 23	0.575
		30～39岁	–0.199 28*	0.089 48	0.026
		50～59岁	0.173 05	0.138 66	0.212
	50～59岁	20～29岁	–0.111 23	0.145 70	0.446
		30～39岁	–0.372 33*	0.130 71	0.005
		40～49岁	–0.173 05	0.138 66	0.212

续表

变量			均值差（I–J）	标准误	显著性
工作特征压力	20～29岁	30～39岁	–0.255 32	0.166 34	0.125
		40～49岁	–0.144 38	0.183 26	0.431
		50～59岁	–0.111 11	0.242 24	0.647
	30～39岁	20～29岁	0.255 32	0.166 34	0.125
		40～49岁	0.110 94	0.148 77	0.456
		50～59岁	0.144 21	0.217 32	0.507
	40～49岁	20～29岁	0.144 38	0.183 26	0.431
		30～39岁	–0.110 94	0.148 77	0.456
		50～59岁	0.033 27	0.230 53	0.885
	50～59岁	20～29岁	0.111 11	0.242 24	0.647
		30～39岁	–0.144 21	0.217 32	0.507
		40～49岁	–0.033 27	0.230 53	0.885
职业发展压力	20～29岁	30～39岁	–0.481 51*	0.151 50	0.002
		40～49岁	0.034 72	0.166 92	0.835
		50～59岁	0.187 72	0.220 63	0.395
	30～39岁	20～29岁	0.481 51*	0.151 50	0.002
		40～49岁	0.516 24*	0.135 50	0.000
		50～59岁	0.669 23*	0.197 94	0.001
	40～49岁	20～29岁	–0.034 72	0.166 92	0.835
		30～39岁	–0.516 24*	0.135 50	0.000
		50～59岁	0.153 00	0.209 97	0.466
	50～59岁	20～29岁	–0.187 72	0.220 63	0.395
		30～39岁	–0.669 23*	0.197 94	0.001
		40～49岁	–0.153 00	0.209 97	0.466
工作保障压力	20～29岁	30～39岁	–0.400 35*	0.150 75	0.008
		40～49岁	0.419 40*	0.166 09	0.012
		50～59岁	0.609 65*	0.219 54	0.006
	30～39岁	20～29岁	0.400 35*	0.150 75	0.008
		40～49岁	0.819 75*	0.134 83	0.000
		50～59岁	10.010 00*	0.196 95	0.000
	40～49岁	20～29岁	–0.419 40*	0.166 09	0.012

续表

变量			均值差（I–J）	标准误	显著性
工作保障压力		30 ~ 39岁	–0.819 75*	0.134 83	0.000
		50 ~ 59岁	0.190 25	0.208 93	0.363
	50 ~ 59岁	20 ~ 29岁	–0.609 65*	0.219 54	0.006
		30 ~ 39岁	–10.010 00*	0.196 95	0.000
		40 ~ 49岁	–0.190 25	0.208 93	0.363
人际关系压力	20 ~ 29岁	30 ~ 39岁	0.237 61	0.167 80	0.157
		40 ~ 49岁	–0.250 25	0.184 87	0.176
		50 ~ 59岁	–0.020 47	0.244 36	0.933
	30 ~ 39岁	20 ~ 29岁	–0.237 61	0.167 80	0.157
		40 ~ 49岁	–0.487 86*	0.150 07	0.001
		50 ~ 59岁	–0.258 08	0.219 23	0.240
	40 ~ 49岁	20 ~ 29岁	0.250 25	0.184 87	0.176
		30 ~ 39岁	0.487 86*	0.150 07	0.001
		50 ~ 59岁	0.229 78	0.232 55	0.324
	50 ~ 59岁	20 ~ 29岁	0.020 47	0.244 36	0.933
		30 ~ 39岁	0.258 08	0.219 23	0.240
		40 ~ 49岁	–0.229 78	0.232 55	0.324
绩效考核压力	20 ~ 29岁	30 ~ 39岁	–0.405 94*	0.175 17	0.021
		40 ~ 49岁	–0.368 61	0.192 99	0.057
		50 ~ 59岁	–0.109 65	0.255 10	0.667
	30 ~ 39岁	20 ~ 29岁	0.405 94*	0.175 17	0.021
		40 ~ 49岁	0.037 32	0.156 67	0.812
		50 ~ 59岁	0.296 29	0.228 86	0.196
	40 ~ 49岁	20 ~ 29岁	0.368 61	0.192 99	0.057
		30 ~ 39岁	–0.037 32	0.156 67	0.812
		50 ~ 59岁	0.258 97	0.242 77	0.287
	50 ~ 59岁	20 ~ 29岁	0.109 65	0.255 10	0.667
		30 ~ 39岁	–0.296 29	0.228 86	0.196
		40 ~ 49岁	–0.258 97	0.242 77	0.287

注：*均值差的显著性水平为0.05。

4.5.3 教练员工作压力在工作时间上的差异比较

由于本研究教练员的工作时间分为3个，工作压力是连续型变量，因此采用单因素方差分析的方法进行差异性检验。

从表81中可以看出，首先，3个时间段工作压力的均值分别为5年以下的4.596、5～14年的4.661、15年以上的4.768，整体检验F值为1.744，P=0.176>0.05，表明不同工作时间的教练员工作压力之间没有显著性差异。

其次，具体就5个维度的工作压力而言，工作特征压力、职业发展压力、工作保障压力、人际关系压力和绩效考核压力的整体检验F值分别为5.966（P=0.003<0.05）、1.601（P=0.202>0.05）、3.146（P=0.044<0.05）、4.672（P=0.010<0.05）、0.533（P=0.587>0.05），表明除了职业发展压力和绩效考核压力在工作时间上没有差异外，其余3个维度都达到显著性水平，表明这3个维度在3个工作时间段之间有显著性差异，但具体是哪些工作时间段之间有差异，需要进行事后比较。

表81　教练员工作压力在工作时间上的方差分析表

变量		*N*	均值	标准差	标准误	*F*	显著性
工作压力	5年以下	122	4.596	0.824	0.075		
	5～14年	220	4.661	0.953	0.064		
	15年以上	263	4.768	0.899	0.055		
	总数	605	4.694	0.906	0.037	1.744	0.176
工作特征压力	5年以下	122	4.231	1.413	0.128		
	5～14年	220	4.441	1.489	0.100		
	15年以上	263	4.757	1.504	0.093		
	总数	605	4.536	1.493	0.061	5.966	0.003
职业发展压力	5年以下	122	4.895	1.449	0.131		
	5～14年	220	4.809	1.428	0.096		
	15年以上	263	5.033	1.309	0.081		
	总数	605	4.924	1.383	0.056	1.601	0.202
工作保障压力	5年以下	122	5.248	1.303	0.118		
	5～14年	220	5.563	1.355	0.091		

续表

变量		N	均值	标准差	标准误	F	显著性
	15年以上	263	5.275	1.480	0.091		
	总数	605	5.374	1.406	0.057	3.146	0.044
人际关系压力	5年以下	122	3.829	1.438	0.130		
	5～14年	220	3.752	1.615	0.109		
	15年以上	263	4.153	1.443	0.089		
	总数	605	3.942	1.516	0.062	4.672	0.010
绩效考核压力	5年以下	122	4.775	1.608	0.146		
	5～14年	220	4.742	1.625	0.110		
	15年以上	263	4.622	1.523	0.094		
	总数	605				0.533	0.587

从表82的事后比较发现，首先，由于前面已经检验出总体工作压力、职业发展压力和绩效考核压力在3个工作时间段上并没有显著性差异，因此并不需要进行事后多重比较。

其次，就工作特征压力事后比较来看，工作时间在15年以上的教练员显著高于其他两个时间段的教练员，平均差异值分别为0.52578、0.31574；而5年以下和5～14年2个工作时间的教练员的工作特征压力之间则无显著性差异。

工作保障压力方面，工作时间在5～14年的教练员显著高于其他两个时间段的教练员，平均差异值分别为0.31455和0.28779；工作时间在5年以下和15年以上的教练员的工作保障压力之间则没有显著性差异。

人际关系压力方面，15年以上工作时间的教练员显著高于5～14年工作时间的教练员，平均差异值为0.40109；而与5年以下工作时间的教练员之间相无显著性差异；5年以下和5～14年工作时间的教练员的人际关系压力之间也没有显著性差异。

表82　不同工作时间的工作压力事后多重比较

变量			均值差（I–J）	标准误	显著性
工作压力	5年以下	5～14年	–0.065 89	0.102 12	0.519
		15年以上	–0.172 40	0.099 09	0.082

续表

变量			均值差（I–J）	标准误	显著性
	5～14年	5年以下	0.065 89	0.102 12	0.519
		15年以上	–0.106 51	0.082 65	0.198
	15年以上	5年以下	0.172 40	0.099 09	0.082
		5～14年	0.106 51	0.082 65	0.198
工作特征压力	5年以下	5～14年	–0.210 03	0.167 12	0.209
		15年以上	–0.525 78*	0.162 18	0.001
	5～14年	5年以下	0.210 03	0.167 12	0.209
		15年以上	–0.315 74*	0.135 27	0.020
	15年以上	5年以下	0.525 78*	0.162 18	0.001
		5～14年	0.315 74*	0.135 27	0.020
职业发展压力	5年以下	5～14年	0.085 99	0.155 97	0.582
		15年以上	–0.137 62	0.151 35	0.364
	5～14年	5年以下	–0.085 99	0.155 97	0.582
		15年以上	–0.223 61	0.126 24	0.077
	15年以上	5年以下	0.137 62	0.151 35	0.364
		5～14年	0.223 61	0.126 24	0.077
工作保障压力	5年以下	5～14年	–0.314 55*	0.158 14	0.047
		15年以上	–0.026 76	0.153 46	0.862
	5～14年	5年以下	0.314 55*	0.158 14	0.047
		15年以上	0.287 79*	0.128 00	0.025
	15年以上	5年以下	0.026 76	0.153 46	0.862
		5～14年	–0.287 79*	0.128 00	0.025
人际关系压力	5年以下	5～14年	0.076 96	0.170 10	0.651
		15年以上	–0.324 12	0.165 07	0.050
	5～14年	5年以下	–0.076 96	0.170 10	0.651
		15年以上	–0.401 09*	0.137 68	0.004
	15年以上	5年以下	0.324 12	0.165 07	0.050
		5～14年	0.401 09*	0.137 68	0.004
绩效考核压力	5年以下	5～14年	0.032 17	0.178 17	0.857
		15年以上	0.152 28	0.172 89	0.379
	5～14年	5年以下	–0.032 17	0.178 17	0.857
		15年以上	0.120 12	0.144 21	0.405
	15年以上	5年以下	–0.152 28	0.172 89	0.379

续表

变量		均值差（I–J）	标准误	显著性
	5～14年	–0.120 12	0.144 21	0.405

注：*均值差的显著性水平为0.05。

4.5.4　教练员工作压力在学历上的差异比较

由于本研究教练员的学历层次分为3个，工作压力是连续型变量，因此采用单因素方差分析的方法进行差异性检验。

从表83中可以看出，首先，3个学历层次工作压力的均值数分别为大专及以下的4.7936、本科的4.6836、研究生的4.6588，整体检验F值为0.598，P=0.550>0.05，表明不同学历层次的教练员工作压力之间没有显著性差异。

其次，具体就5个维度的工作压力而言，工作特征压力、职业发展压力、工作保障压力、人际关系压力和绩效考核压力的整体检验F值分别0.213（P=0.808>0.05）、4.065（P=0.018<0.05）、0.225（P=0.799>0.05）、0.417（P=0.659>0.05）、1.303（P=0.272>0.05），表明工作压力5个维度中除了职业发展压力以外，其他4个维度在学历上都没有显著性差异。但职业发展压力在哪些学历层次之间有差异，需要进行事后比较。

表83　教练员工作压力在学历上的方差分析表

变量	学历	N	均值	标准差	标准误	F	显著性
工作压力	大专及以下	82	4.793 6	1.033 87	0.114 17		
	本科	423	4.683 6	0.895 34	0.043 53		
	研究生	100	4.658 8	0.838 79	0.083 88		
	总数	605	4.694 5	0.905 74	0.036 82	0.598	0.550
工作特征压力	大专及以下	82	4.593 5	1.607 62	0.177 53		
	本科	423	4.543 7	1.469 50	0.071 45		
	研究生	100	4.455 0	1.504 74	0.150 47		
	总数	605	4.535 8	1.492 66	0.060 69	0.213	0.808

续表

变量	学历	*N*	均值	标准差	标准误	*F*	显著性
职业发展压力	大专及以下	82	5.058 5	1.336 47	0.147 59		
	本科	423	4.981 1	1.386 74	0.067 43		
	研究生	100	4.570 0	1.362 52	0.136 25		
	总数	605	4.923 6	1.383 08	0.056 23	4.065	0.018
工作保障压力	大专及以下	82	5.381 1	1.412 15	0.155 95		
	本科	423	5.352 8	1.418 21	0.068 96		
	研究生	100	5.457 5	1.358 22	0.135 82		
	总数	605	5.374 0	1.405 89	0.057 16	0.225	0.799
人际关系压力	大专及以下	82	4.077 2	1.579 66	0.174 44	0.417	0.659
	本科	423	3.911 7	1.517 18	0.073 77		
	研究生	100	3.960 0	1.466 25	0.146 63		
	总数	605	3.942 1	1.516 06	0.061 64		
绩效考核压力	大专及以下	82	4.857 7	1.550 28	0.171 20		
	本科	423	4.628 8	1.611 33	0.078 35		
	研究生	100	4.851 7	1.440 92	0.144 09		
	总数	605	4.696 7	1.577 14	0.064 12	1.303	0.272

从表84的事后比较发现，首先，由于前面已经检验出总体工作压力、除职业发展压力外其余4个维度的工作压力在学历层次上并没有显著性差异，因此这4个维度并不需要进行事后多重比较。

其次，就职业发展压力事后比较来看，大专及以下和本科学历的教练员显著高于研究生学历的教练员，平均差异值分别为0.48854和0.41109；而大专及以下学历的教练员和本科学历的教练员之间在职业发展压力上则无显著性差异。

表84　不同学历的工作压力事后多重比较

变量	学历		均值差（I–J）	标准误	显著性
工作压力	大专及以下	本科	0.109 97	0.109 36	0.315
		研究生	0.134 78	0.135 03	0.319
	本科	大专及以下	–0.109 97	0.109 36	0.315
		研究生	0.024 82	0.100 78	0.806

续表

变量	学历		均值差（I–J）	标准误	显著性
	研究生	大专及以下	–0.134 78	0.135 03	0.319
		本科	–0.024 82	0.100 78	0.806
工作特征压力	大专及以下	本科	0.049 76	0.180 34	0.783
		研究生	0.138 50	0.222 67	0.534
	本科	大专及以下	–0.049 76	0.180 34	0.783
		研究生	0.088 74	0.166 19	0.594
	研究生	大专及以下	–0.138 50	0.222 67	0.534
		本科	–0.088 74	0.166 19	0.594
职业发展压力	大专及以下	本科	0.077 45	0.166 04	0.641
		研究生	0.488 54*	0.205 01	0.017
	本科	大专及以下	–0.077 45	0.166 04	0.641
		研究生	0.411 09*	0.153 02	0.007
	研究生	大专及以下	–0.488 54*	0.205 01	0.017
		本科	–0.411 09*	0.153 02	0.007
工作保障压力	大专及以下	本科	0.028 26	0.169 86	0.868
		研究生	–0.076 40	0.209 72	0.716
	本科	大专及以下	–0.028 26	0.169 86	0.868
		研究生	–0.104 66	0.156 53	0.504
	研究生	大专及以下	0.076 40	0.209 72	0.716
		本科	0.104 66	0.156 53	0.504
人际关系压力	大专及以下	本科	0.165 49	0.183 11	0.366
		研究生	0.117 24	0.226 08	0.604
	本科	大专及以下	–0.165 49	0.183 11	0.366
		研究生	–0.048 26	0.168 74	0.775
	研究生	大专及以下	–0.117 24	0.226 08	0.604
		本科	0.048 26	0.168 74	0.775
绩效考核压力	大专及以下	本科	0.228 88	0.190 20	0.229
		研究生	0.006 06	0.234 84	0.979
	本科	大专及以下	–0.228 88	0.190 20	0.229
		研究生	–0.222 83	0.175 28	0.204
	研究生	大专及以下	–0.006 06	0.234 84	0.979
		本科	0.222 83	0.175 28	0.204

注：*均值差的显著性水平0.05。

4.5.5 教练员工作压力在职称上的差异比较

由于本研究教练员的职称层次分为3个，工作压力是连续型变量，因此采用单因素方差分析的方法进行差异性检验。

从表85中可以看出，首先，3个职称层次工作压力的均值分别为初级4.7710、中级4.6680、高级及以上4.6280，整体检验F值为1.292，P=0.275>0.05，表明不同职称的教练员工作压力之间没有显著性差异。

其次，具体就5个维度的工作压力而言，工作特征压力、职业发展压力、工作保障压力、人际关系压力和绩效考核压力的整体检验F值分别4.054（P=0.018<0.05）、8.989（P=0.000<0.05）、3.205（P=0.041<0.05）、0.090（P=0.914>0.05）、0.331（P=0.718>0.05），表明工作压力5个维度中的人际关系压力和绩效考核压力在职称上没有显著性差异，其余3个维度在职称之间有显著性差异，但具体在哪些职称之间有差异，需要进行事后比较。

表85 教练员工作压力在职称上的方差分析表

变量	职称	N	均值	标准差	标准误	F	显著性
工作压力	初级	216	4.7710	0.862 98	0.058 72		
	中级	233	4.6680	0.935 64	0.061 30		
	高级及以上	156	4.6280	0.916 42	0.073 37		
	总数	605	4.6945	0.905 74	0.036 82	1.292	0.275
工作特征压力	初级	216	4.7454	1.474 93	0.100 36		
	中级	233	4.4928	1.499 50	0.098 24		
	高级及以上	156	4.3098	1.477 73	0.118 31		
	总数	605	4.5358	1.492 66	0.060 69	4.054	0.018
职业发展压力	初级	216	5.1787	1.294 18	0.088 06		
	中级	233	4.9236	1.386 08	0.090 80		
	高级及以上	156	4.5705	1.427 98	0.114 33		
	总数	605	4.9236	1.383 08	0.056 23	8.989	0.000
工作保障压力	初级	216	5.2141	1.408 50	0.095 84		
	中级	233	5.3798	1.424 86	0.093 35		
	高级及以上	156	5.5865	1.352 91	0.108 32		

续表

变量	职称	*N*	均值	标准差	标准误	*F*	显著性
	总数	605	5.3740	1.405 89	0.057 16	3.205	0.041
人际关系压力	初级	216	3.9622	1.502 28	0.102 22		
	中级	233	3.9092	1.557 94	0.102 06		
	高级及以上	156	3.9637	1.480 01	0.118 50		
	总数	605	3.9421	1.516 06	0.061 64	0.090	0.914
绩效考核压力	初级	216	4.7546	1.501 67	0.102 18		
	中级	233	4.6345	1.605 95	0.105 21		
	高级及以上	156	4.7094	1.641 30	0.131 41		
	总数	605	4.6967	1.577 14	0.064 12	0.331	0.718

从表86的事后比较发现，首先，由于前面已经检验出总体工作压力、人际关系压力和绩效考核压力在3个职称层次上并没有显著性差异，因此并不需要进行事后多重比较。

其次，就工作特征压力事后比较来看，初级职称的教练员显著高于高级及以上职称的教练员，平均差异值分别为0.43554；而初级和中级、中级和高级及以上职称的教练员的工作特征压力之间则无显著性差异。

职业发展压力方面，初级职称的教练员要显著高于中级和高级及以上职称的教练员，平均差异值为0.25510和0.60819；而中级职称的教练员要高于高级及以上职称的教练员，平均差异值为0.35303。

工作保障压力方面，高级职称的教练员显著高于初级职称的教练员，平均差异值为0.372，高级及以上和中级、中级和初级职称的教练员的工作保障压力之间则没有显著性差异。

表86　不同职称的工作压力事后多重比较

变量			均值差（I–J）	标准误	显著性
工作压力	初级	中级	0.103 02	0.085 51	0.229
		高级及以上	0.143 01	0.095 12	0.133
	中级	初级	–0.103 02	0.085 51	0.229
		高级及以上	0.039 99	0.093 65	0.670
	高级及以上	初级	–0.143 01	0.095 12	0.133

续表

变量			均值差（I–J）	标准误	显著性
		中级	–0.039 99	0.093 65	0.670
工作特征压力	初级	中级	0.252 52	0.140 28	0.072
		高级及以上	0.435 54*	0.156 05	0.005
	中级	初级	–0.252 52	0.140 28	0.072
		高级及以上	0.183 02	0.153 64	0.234
	高级及以上	初级	–0.435 54*	0.156 05	0.005
		中级	–0.183 02	0.153 64	0.234
职业发展压力	初级	中级	0.255 10*	0.128 94	0.048
		高级及以上	0.608 19*	0.143 44	0.000
	中级	初级	–0.255 10*	0.128 94	0.048
		高级及以上	0.353 09*	0.141 22	0.013
	高级及以上	初级	–0.608 19*	0.143 44	0.000
		中级	–0.353 09*	0.141 22	0.013
工作保障压力	初级	中级	–0.165 71	0.132 31	0.211
		高级及以上	–0.372 42*	0.147 18	0.012
	中级	初级	0.165 71	0.132 31	0.211
		高级及以上	–0.206 71	0.144 91	0.154
	高级及以上	初级	0.372 42*	0.147 18	0.012
		中级	0.206 71	0.144 91	0.154
人际关系压力	初级	中级	0.053 04	0.143 41	0.712
		高级及以上	–0.001 48	0.159 53	0.993
	中级	初级	–0.053 04	0.143 41	0.712
		高级及以上	–0.054 52	0.157 07	0.729
	高级及以上	初级	0.001 48	0.159 53	0.993
		中级	0.054 52	0.157 07	0.729
绩效考核压力	初级	中级	0.120 15	0.149 13	0.421
		高级及以上	0.045 23	0.165 90	0.785
	中级	初级	–0.120 15	0.149 13	0.421
		高级及以上	–0.074 92	0.163 34	0.647
	高级及以上	初级	–0.045 23	0.165 90	0.785
		中级	0.074 92	0.163 34	0.647

注：*均值差的显著性水平为0.05。

4.5.6 教练员工作压力在婚姻状况上的差异比较

由于本研究婚姻状况分为3个类型，工作压力是连续型变量，因此采用单因素方差分析的方法进行差异性检验。

从表87中可以看出，首先，3个婚姻工作压力的均值分别为已婚4.7178、未婚4.6281、其他4.5237，整体检验*F*值为0.817，*P*=0.442>0.05，表明不同婚姻状况的教练员工作压力之间没有显著性差异。

其次，具体就5个维度的工作压力而言，工作特征压力、职业发展压力、工作保障压力、人际关系压力和绩效考核压力的整体检验*F*值分别6.151（*P*=0.002<0.05）、3.026（*P*=0.049<0.05）、4.207（*P*=0.015<0.05）、8.681（*P*=0.000<0.05）、0.128（*P*=0.880>0.05），表明工作压力5个维度中除绩效考核压力没有显著性差异外，其余4个维度在婚姻状况之间有显著性差异，但具体在哪些婚姻状况之间有差异，需要进行事后比较。

表87 教练员工作压力在婚姻状况上的方差分析表

变量	婚姻状况	*N*	均值	标准差	标准误	*F*	显著性
工作压力	已婚	471	4.7178	0.873 14	0.040 23		
	未婚	114	4.6281	1.038 65	0.097 28		
	其他	20	4.5237	0.856 73	0.191 57		
	总数	605	4.6945	0.905 74	0.036 82	0.817	0.442
工作特征压力	已婚	471	4.6352	1.466 25	0.067 56		
	未婚	114	4.2749	1.569 12	0.146 96		
	其他	20	3.6833	1.258 77	0.281 47		
	总数	605	4.5358	1.492 66	0.060 69	6.151	0.002
职业发展压力	已婚	471	4.9970	1.372 65	0.063 25		
	未婚	114	4.6579	1.401 07	0.131 22		
	其他	20	4.7100	1.386 36	0.310 00		
	总数	605	4.9236	1.383 08	0.056 23	3.026	0.049
工作保障压力	已婚	471	5.4528	1.384 00	0.063 77		

续表

变量	婚姻状况	*N*	均值	标准差	标准误	*F*	显著性
	未婚	114	5.1623	1.448 60	0.135 67		
	其他	20	4.7250	1.450 73	0.324 39		
	总数	605	5.3740	1.405 89	0.057 16	4.207	0.015
人际关系压力	已婚	471	3.8089	1.518 54	0.069 97		
	未婚	114	4.3713	1.438 86	0.134 76		
	其他	20	4.6333	1.289 41	0.288 32		
	总数	605	3.9421	1.516 06	0.061 64	8.681	0.000
绩效考核压力	已婚	471	4.6950	1.567 63	0.072 23		
	未婚	114	4.6740	1.641 91	0.153 78		
	其他	20	4.8667	1.488 36	0.332 81		
	总数	605	4.6967	1.577 14	0.064 12	0.128	0.880

从表88的事后比较发现，首先，由于前面已经检验出总体工作压力和绩效考核压力在3个婚姻状况上并没有显著性差异，因此并不需要进行事后多重比较。

其次，就工作特征压力事后比较来看，已婚的教练员显著高于未婚和其他婚姻状况的教练员，平均差异值分别为0.36032和0.95184，而未婚和其他婚姻状况的教练员工作特征压力之间则无显著性差异。

职业发展压力方面，已婚的教练员显著高于未婚和其他婚姻状况的教练员，平均差异值分别为0.33913和0.28703，而未婚和其他婚姻状况的教练员职业发展压力之间则无显著性差异。

工作保障压力方面，已婚的教练员显著高于未婚和其他婚姻状况的教练员，平均差异值分别为0.29048和0.72776，而未婚和其他婚姻状况的教练员工作保障压力之间无显著性差异。

人际关系压力方面，未婚的教练员显著高于已婚的教练员，其他婚姻状况的教练员显著高于已婚的教练员，平均差异值分别为0.56243和0.82442，而未婚和其他婚姻状况的教练员人际关系压力之间则无显著性差异。

表88 不同婚姻状况上的工作压力事后多重比较

变量			均值差（I–J）	标准误	显著性
工作压力	已婚	未婚	0.089 70	0.094 57	0.343
		其他	0.194 10	0.206 85	0.348
	未婚	已婚	–0.089 70	0.094 57	0.343
		其他	0.104 40	0.219 65	0.635
	其他	已婚	–0.194 10	0.206 85	0.348
		未婚	–0.104 40	0.219 65	0.635
工作特征压力	已婚	未婚	0.360 32*	0.154 49	0.020
		其他	0.951 84*	0.337 91	0.005
	未婚	已婚	–0.360 32*	0.154 49	0.020
		其他	0.591 52	0.358 82	0.100
	其他	已婚	–0.951 84*	0.337 91	0.005
		未婚	–0.591 52	0.358 82	0.100
职业发展压力	已婚	未婚	0.339 13*	0.143 88	0.019
		其他	0.287 03	0.314 71	0.362
	未婚	已婚	–0.339 13*	0.143 88	0.019
		其他	–0.052 11	0.334 18	0.876
	其他	已婚	–0.287 03	0.314 71	0.362
		未婚	0.052 11	0.334 18	0.876
工作保障压力	已婚	未婚	0.290 48*	0.145 97	0.047
		其他	0.727 76*	0.319 28	0.023
	未婚	已婚	–0.290 48*	0.145 97	0.047
		其他	0.437 28	0.339 03	0.198
	其他	已婚	–0.727 76*	0.319 28	0.023
		未婚	–0.437 28	0.339 03	0.198
人际关系压力	已婚	未婚	–0.562 43*	0.156 27	0.000
		其他	–0.824 42*	0.341 80	0.016
	未婚	已婚	0.562 43*	0.156 27	0.000
		其他	–0.261 99	0.362 95	0.471
	其他	已婚	0.824 42*	0.341 80	0.016
		未婚	0.261 99	0.362 95	0.471
绩效考核压力	已婚	未婚	0.021 00	0.164 86	0.899
		其他	–0.171 69	0.360 59	0.634
	未婚	已婚	–0.021 00	0.164 86	0.899

续表

变量		均值差（I–J）	标准误	显著性
	其他	–0.192 69	0.382 90	0.615
其他	已婚	0.171 69	0.360 59	0.634
	未婚	0.192 69	0.382 90	0.615

注：*均值差的显著性水平为0.05。

4.5.7 讨论与分析

从教练员工作压力的总体情况来看，教练员感受的工作压力处于中等偏上的水平，所感受到的各个维度的工作压力由大到小依次是工作保障压力、职业发展压力、绩效考核压力、工作特征压力和人际关系压力。感受最强烈的是工作保障压力，原因可能是教练员所属行业与其他职业相比，工资待遇和福利保障偏低，这与前期调研中大多数教练员反馈的情况相一致。教练员不仅要负责运动员的训练，还要对其日常生活进行管理，大部分时间都扑在运动员身上，对家庭的照顾偏少。因此，教练员希望通过物质补偿家庭，而当物质上的回报与预想的差距较大时，就会产生巨大的心理落差，导致压力。

从性别层面来看，教练员总体工作压力、工作保障压力、人际关系压力和绩效考核压力不存在显著性差异；而就工作特征压力来看，女教练员所感受的压力显著高于男教练员，原因可能是面对繁重复杂的工作，女性与男性相比更显柔弱，以至于她们在训练管理中处于弱势；同时由于女教练员与男教练员相比不仅要承担平时的训练工作，还要担负照顾家庭、哺育子女的任务，因此她们比男教练员要付出更多的艰辛和努力，从而感受到更大的压力。从职业发展压力这个维度来看，男教练员比女教练员感受的压力要大，原因可能与中国的传统观念有关，男性更渴望在职业上有所发展，能够实现自己的人生价值，因此他们感受到的压力普遍比女教练员大。

从工作年龄层面看，30～39岁的教练员所感受的工作压力比其他3个年龄段的教练员大。具体来看，30～39岁的教练员的职业发展压力和工作保障压力显著高于其他3个年龄段的教练员，原因可能是30～39岁的教练员一方面正处于事业的发展期，在单位所承担的任务和责任比较多，希望能够得到更多的学习机会和晋升空间；另一方面处于这一年龄段的教练员大都成家立业，正好是“上有老下有小”的时期，需要养育子女和赡养老人。因此，他们对单位的福利期望和收入要求比较高，而当他们的要求和期望没有得到有效的满足时，就会产生巨大的压力。

从工作时间的层面来看，教练员总体工作压力并没有差异。但就具体维度来说，在工作特征压力上，工作时间在15年以上的教练员要显著高于其他两个工作时间的教练员。原因可能是这个工作时间的教练员大都是各个单位的主力军和骨干力量，他们需要同时担负训练比赛和照顾家庭的责任，当他们无法兼顾时，就会感受到很大的压力；工作时间在5～14年的教练员感受的工作保障压力显著高于其他两个工作时间的教练员，原因可能是这个时期正是教练员在工作中大展拳脚的时期，同时又需要在照顾子女方面投入大量精力和财力，物质方面的压力远远超过其他两个工作时间的教练员，因此感受到的压力较大。而就人际关系压力而言，15年以上工作时间的教练员显著高于其他两个工作时间的教练员，可能是由于随着工作时间的增长，教练员面对的各方面的压力增多，他们需要付出更多的时间和精力协调和维护与同事、领导、队员等方面的关系，长此以往感受到的压力会越来越大。

从职称方面看，初级职称的教练员感受的工作特征压力显著高于高级及以上职称的教练员。原因可能是初级职称的教练员刚刚踏上工作岗位，对于教练员这个岗位还没有适应，繁重的工作和复杂的工作关系使他们感受到巨大的压力；同时初级职称的教练员希望能在自己的工作中有所成绩，他们想要获得晋升和不断学习的机会，想要进一步提高自己的职称和积累经验，所以压力较大。高级及以上职称的教练员在工作保障方面感受的压力要大于初级和中级教练员，因为这个级别的教练员的社会交往压力和家庭负担往往较大，因此他们感受的工作保障压力较大。

从教练员学历方面看，大专及以下和本科学历的教练员所感受的职业发展压力比研究生学历的教练员高。原因可能是随着各个项目运动水平的快速发展，在职业发展上对自己有所要求的教练员需要学习各个与运动相关的交叉学科的理论知识充实自己，需要掌握先进的训练方法和手段，学历较低的教练员自然就会比高学历的教练员感受的压力大。

从婚姻状况方面来看，已婚的教练员普遍感受到更大的工作压力。具体来说，已婚的教练员在工作特征压力、职业发展压力和工作保障压力方面与其他两种婚姻状况的教练员有差异。原因可能是已婚教练员需要更多地担负家庭责任，所承担的角色也比较多，需要在工作的同时兼顾教育子女和赡养老人等，还需要不断学习充实自己。所以，相对其他两类婚姻状况的教练员来说他们所感受的压力较大。而在人际关系压力方面，未婚的教练员则高于已婚和其他婚姻状况的教练员。原因可能是未婚的教练员刚踏入工作岗位，还不大会协调与各方面的关系，经验不足，导致他们所感受的压力相对较大。

4.6 教练员工作压力和工作倦怠的假设关系检验

4.6.1 教练员工作压力和工作倦怠的相关分析

由于本研究模型的自变量是教练员工作压力，因变量是工作倦怠，所以进行多元回归分析之前首先要对工作压力和工作倦怠各个维度进行皮尔逊相关系数的检验，才能为下一步的因果关系的推断打好基础。表89表明：教练员工作压力总分和工作倦怠总分在0.01水平上显著正相关，相关系数为0.700。

情感衰竭维度与教练员工作特征压力维度、职业发展压力维度、工作保障压力维度、人际关系压力维度和绩效考核压力维度在0.01水平上呈显著正相关，相关系数分别为0.301、0.436、0.256、0.392和0.290。

低效能维度与教练员工作特征压力维度、职业发展压力维度、工作保障压力维度、人际关系压力维度和绩效考核压力维度在0.01水平上也呈显著正相关，相关系数分别为0.315、0.427、0.334、0.323和0.389。

疏离感维度与教练员工作特征压力维度、职业发展压力维度、工作保障压力维度、人际关系压力维度和绩效考核压力维度在0.01水平上也呈显著正相关，相关系数分别为0.334、0.355、0.370、0.431和0.390。

表89　教练员工作压力和工作倦怠相关矩阵表

变量	JCS	VDS	JSS	IRS	PAS	EE	IE	AL	WS	WB
JCS	1									
VDS	0.262**	1								
JSS	0.218**	0.191**	1							
IRS	0.193**	0.308**	0.122**	1						
PAS	0.203**	0.227**	0.305**	0.184**	1					
EE	0.301**	0.436**	0.256**	0.392**	0.290**	1				
IE	0.315**	0.427**	0.334**	0.323**	0.389**	0.495**	1			
AL	0.334**	0.355**	0.370**	0.431**	0.390**	0.501**	0.593**	1		
WS	0.613**	0.633**	0.588**	0.594**	0.641**	0.544**	0.582**	0.614**	1	
WB	0.383**	0.484**	0.387**	0.469**	0.428**	0.811**	0.803**	0.866**	0.700**	1

注：**在0.01水平（双侧）上显著相关。JCS 工作特征压力；VDS 职业发展压力；JSS 工作保障压力；IRS 人际关系压力；PAS 绩效考核压力；EE 情感衰竭；IE 低效能；AL 疏离感；WS 工作压力；WB 工作倦怠。

4.6.2　教练员工作压力对工作倦怠的回归分析

由于前面进行了教练员工作压力各个维度和工作倦怠各个维度的相关性检验，并且显著相关，在此基础上本研究以教练员工作压力5个维度为自变量，工作倦怠3个维度为因变量进行多元回归分析。

在进行多元回归分析时可能会产生共线性的问题。所谓共线性指的是自变量之间的相关性太高导致被选入模型的预测变量的回归系数无法解释的矛盾现象。检查自变量间的多元共线性问题主要是看容忍度和方差膨胀系数两个指标。一般的判别标准是容忍度小于0.1，自变量间可能存在共线性问题；方差膨胀系数（VIF）是容忍度的倒数，一般而言，VIF大于10，表示自变量间可能有线性重合的问题（吴明隆）。

4.6.2.1 工作压力五个维度对情感衰竭的回归分析

从表90的模型汇总表可以看出，教练员工作压力的5个维度和情感衰竭的多元相关系数为0.566，决定系数R^2为0.320，表示5个预测变量共可解释情感衰竭的32%的变异量，表示模型拟合良好。

表90 模型汇总[b]

模型	R	R^2	调整R^2	标准估计的误差	更改统计量				
					R^2更改	F更改	df1	df2	Sig.F更改
1	0.566a	0.320	0.314	1.27444	0.320	56.335	5	599	0.000

回归模型的方差分析表明变异量显著性检验的F值为56.335，显著性检验的P值为0.000，小于0.05的显著性水平，表示回归模型的整体解释变异量达到显著水平。（表91）

表91 Anova[a]

模型		平方和	df	均方	F	Sig.
1	回归	457.502	5	91.500	56.335	0.000b
	残差	972.899	599	1.624		
	总计	1430.401	604			

从表92的标准化回归系数可以看出，工作压力5个自变量的标准化回归系数均为正数，表示5个自变量对情感衰竭效标变量的影响均为正向，并且5个自变量对情感衰竭有显著影响，P值均小于0.05。从标准化回归系数来看，5个自变量对情感衰竭的解释由大到小依次是职业发展压力（0.277）、人际关系压力（0.245）、工作特征压力（0.133）、绩效考核压力（0.122）和工作保障压力（0.107）；共线性诊断的容忍度（大于0.1）和VIF（小于10）指标均满足要求，说明自变量之间不存在共线性问题。因此，假设H1a～H1e成立。标准化回归模型：情感衰竭=工作特征压力×0.133+职业发展压力×0.277+工作保障压力×0.107+人际关系压力×0.245+绩效考核压力×0.122。

表92　标准化回归模型系数[a]

模型		非标准化系数		标准系数	t	Sig.	共线性统计量	
		B	标准误差	试用版			容差	VIF
1	（常量）	–0.091	0.281		–0.324	0.746		
	工作特征压力	0.137	0.037	0.133	3.705	0.000	0.882	1.134
	职业发展压力	0.308	0.041	0.277	7.521	0.000	0.836	1.196
	工作保障压力	0.117	0.039	0.107	2.973	0.003	0.873	1.146
	人际关系压力	0.249	0.036	0.245	6.834	0.000	0.881	1.135
	绩效考核压力	0.119	0.035	0.122	3.362	0.001	0.858	1.165

4.6.2.2　工作压力五个维度对低效能的回归分析

从表93的模型汇总表可以看出，教练员工作压力的5个维度和低效能的多元相关系数为0.589，决定系数R^2为0.347，表示5个预测变量共可解释低效能的34.7%的变异量，表示模型拟合良好。

表93　模型汇总[b]

模型	R	R^2	调整R^2	标准估计的误差	更改统计量				
					R^2更改	F更改	df1	df2	Sig.F更改
1	0.589a	0.347	0.341	0.95091	0.347	63.607	5	599	0.000

回归模型的方差分析表明变异量显著性检验的F值为63.607，显著性检验的P值为0.000，小于0.05的显著性水平，表示回归模型的整体解释变异量达到显著水平。（表94）

表94　Anova[a]

模型		平方和	df	均方	F	Sig.
1	回归	287.580	5	57.516	63.607	0.000b
	残差	541.637	599	0.904		
	总计	829.217	604			

从表95的标准化回归模型系数可以看出，工作压力的5个自变量的标准化回归系数均为正数，表示5个自变量对低效能效标变量的影响均为正向，并且5个自变量对低效能有显著影响，P值均小于0.05。从标准

化回归系数来看，5个自变量对低效能的解释力由大到小依次是职业发展压力（0.261）、绩效考核压力（0.223）、工作保障压力（0.168）、人际关系压力（0.155）和工作特征压力（0.135）；共线性诊断的容忍度（大于0.1）和VIF（小于10）指标均满足要求，说明自变量之间不存在共线性问题。因此，假设H1f～H1j成立。

标准化回归模型：低效能=工作特征压力×0.135+职业发展压力×0.261+工作保障压力×0.168+人际关系压力×0.155+绩效考核压力×0.223。

表95 标准化回归模型系数[a]

模型		非标准化系数		标准系数	t	Sig.	共线性统计量	
		B	标准误差	试用版			容差	VIF
1	（常量）	2.265	0.209		10.818	0.000		
	工作特征压力	0.106	0.028	0.135	3.835	0.000	0.882	1.134
	职业发展压力	0.221	0.031	0.261	7.226	0.000	0.836	1.196
	工作保障压力	0.140	0.029	0.168	4.751	0.000	0.873	1.146
	人际关系压力	0.120	0.027	0.155	4.408	0.000	0.881	1.135
	绩效考核压力	0.166	0.026	0.223	6.253	0.000	0.858	1.165

4.6.2.3 工作压力五个维度对疏离感的回归分析

从表96的模型汇总表可以看出，教练员工作压力的5个维度和疏离感的多元相关系数为0.622，决定系数R^2为0.387，表示5个预测变量共可解释疏离感的34.7%的变异量，表示模型拟合良好。

表96 模型汇总[b]

模型	R	R^2	调整R^2	标准估计的误差	更改统计量				
					R^2更改	F更改	df1	df2	Sig.F更改
1	0.622a	0.387	0.381	1.35248	0.387	75.489	5	599	0.000

回归模型的方差分析表明变异量显著性检验的F值为75.489，显著性检验的P值为0.000，小于0.05的显著性水平，表示回归模型的整体解释变异量达到显著水平。（表97）

表97　Anova[a]

模型		平方和	df	均方	*F*	Sig.
1	回归	690.421	5	138.084	75.489	0.000b
	残差	1095.693	599	1.829		
	总计	1786.114	604			

从表98的标准化回归模型系数可以看出，工作压力的5个自变量的标准化回归系数均为正数，表示5个自变量对疏离效标变量的影响均为正向，并且5个自变量对疏离有显著影响，*P*值均小于0.05。从标准化回归系数来看，5个自变量对疏离的解释力由大到小依次是人际关系压力（0.296）、绩效考核压力（0.210）、工作保障压力（0.210）、工作特征压力（0.153）和职业发展压力（0.136）；共线性诊断的容忍度（大于0.1）和VIF（小于10）指标均满足要求，说明自变量之间不存在共线性问题。因此，假设H1k～H1o成立。

标准化回归模型：疏离感=工作特征压力×0.153+职业发展压力×0.136+工作保障压力×0.210+人际关系压力×0.296+绩效考核压力×0.210。

表98　标准化回归模型系数[a]

模型		非标准化系数		标准系数	*t*	Sig.	共线性统计量	
		B	标准误差	试用版			容差	VIF
1	（常量）	-1.723	0 .298		-5.785	0.000		
	工作特征压力	0.176	0.039	0.153	4.491	0.000	0.882	1.134
	职业发展压力	0.169	0.044	0.136	3.879	0.000	0.836	1.196
	工作保障压力	0.257	0.042	0.210	6.142	0.000	0.873	1.146
	人际关系压力	0.336	0.039	0.296	8.680	0.000	0.881	1.135
	绩效考核压力	0.229	0.038	0.210	6.068	0.000	0.858	1.165

4.6.3　讨论与分析

本研究将教练员的工作压力分为工作特征压力、职业发展压力、人际关系压力、工作保障压力和绩效考核压力五个方面。而工作倦怠则分为情感衰竭、低效能和疏离3个测量指标。通过相关分析，教练员的工作压力和工作倦怠存在显著的正相关关系；在此基础上通过回归分析进一步验证了工作压力是导致工作倦怠的重要原因，也就是说教练员感受到的工作压力越大，其工作倦怠的感知程度越高。这与以往国内外相关研究的结论是一致的（白玉苓、Chan）。

多元回归分析表明，不仅教练员工作压力总分对工作倦怠有显著的预测作用，而且教练员工作压力的5个维度也分别对工作倦怠的3个维度产生预测作用。具体来说，首先，教练员工作特征压力、职业发展压力、人际关系压力、工作保障压力和绩效考核压力都可以正向预测情感衰竭，这与国内大部分学者（张玉泉、张永虎）的研究结论基本一致。在本研究中，教练员工作压力中的职业发展压力对情绪衰竭的解释力最大，原因可能是随着竞技体育的高速发展，运动成绩的不断提高，教练员需要掌握大量与本项目相关的学科的知识，利用这些交叉学科的知识解决训练问题，而教练员大部分都是从运动员退役而来，文化基础知识比较薄弱，长期的投入和付出会感受到情绪的极度疲劳。其次，教练员工作压力的5个维度均可以正向预测低效能感，这与相关研究的结论也基本一致。王玉苓通过对知识型员工的调查发现，知识型员工的人际关系压力和工作—家庭冲突可以正向预测低效能。童炳珍对教练员的调查发现，工作任务本身、组织结构两个维度和低效能有正向相关关系。而在本研究中发现职业发展压力对低效能的影响力最大，这与前期定性访谈得出的结果也基本一致。当所从事的项目面临人才短缺、经费不足甚至被取消，领导不予以重视本项目的发展，教练员必然会感到对本工作的失望和工作效率的下降。最后，教练员工作压力的5个维度都可以正向预测疏离感，其中人际关系压力对疏离感的预测力最高，这也和相关研究的结果基本一致（赵简、张西超、李志鸿）。教练员在工作生活中所要承担的角色众多，需要处理的关系也比较多，需要和社会大众协调好关系，需要和领导上级保持好关系，同时还要处理好和运动员的关系，长此以往将会导致教练员的情绪耗竭、身心疲惫进而导致对工作的无所适从，给予运动员的指导减少，工作热情下降，对运动员冷漠不关心。

教练员的工作特征压力、职业发展压力、人际关系压力、工作保障压力和绩效考核压力都可以不同程度地正向预测工作倦怠。也就是说，教练员工作压力越大，工作倦怠程度越高。因此，想要减低教练员在工作中的倦怠感，就必须减轻或消除这些工作压力源对教练员的影响。

4.7 自我效能感、组织支持感的调节作用检验

4.7.1 调节效应检验的原理

如果自变量（X）和因变量（Y）之间的关系受到第三个变量（M）的影响，或者说变量（Y）与变量（X）的关系是变量M的函数，此时M就是调节变量（图18）。调节变量可以是类别变量或连续型变量，变量X与Y的关系会受到调节变量M的影响，也就是说调节变量会改变因变量和自变量之间关系的方向或强度。

调节变量函数关系式：$Y=f（X, M）+e$

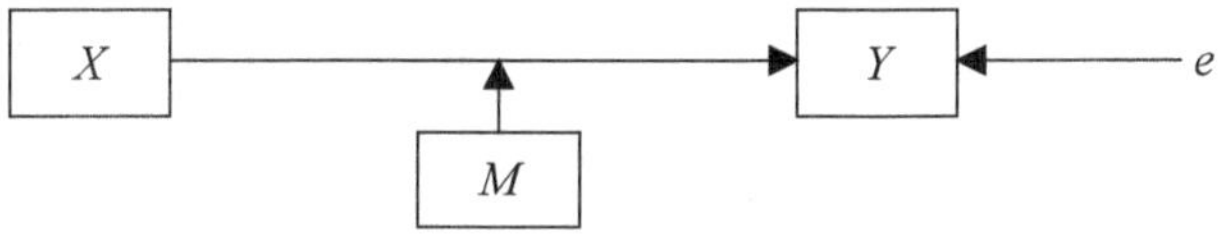

图18　调节变量示意图

4.7.2 调节效应的分析方法

根据自变量和调节的类型，在处理调节效应时应采用不同的分析方法。当自变量和调节变量是类别变量时采用方差分析，当自变量和调节变量都是连续型变量时应采用带有乘积项的回归模型，做层次回归。具体如下：①首先做Y对X和M的回归，得到测定系数R_1^2。②做Y对X和M的回归，得到R_2^2，如果R_2^2显著高于R_1^2，则调节效应显著，或者做X对M的偏回归系数检验，如果显著，则调节效应显著（温忠麟等）。

在分析调节效应时由于自变量和调节变量往往与它们的乘积项有高度的相关性，所以为了避免回归方程中的多元共线性问题，首先应该对自变量和调节变量进行中心化处理。具体来说，就是用变量减去各自的均值，在这个基础上再进行分层回归（温忠麟等）。

根据上述要求本研究调节效应分析的具体步骤如下。

首先，对（X）工作压力的5个维度和调节变量M（自我效能感）进行中心化处理，以减少回归方程中的多元共线性问题。

其次，将（X）教练员工作压力的5个维度放入回归方程，得到决定系数R_x^2的大小，也就是X对Y的解释程度。

再次，将调节变量M（自我效能感）放入回归方程，得到决定系数的变化程度以及自我效能感（M）对工作压力（X）的独特解释力。

最后，将中心化后的工作压力和自我效能感的乘积项放入回归方程中，得到决定系数的变化程度以及M对X的独特解释力。

4.7.3 自我效能感在教练员工作压力和工作倦怠之间的调节检验

4.7.3.1 自我效能、工作压力和工作倦怠的相关分析

从表99的相关矩阵表可以看出，自我效能感和工作压力的5个维度在0.01的水平上呈显著的负相关，相关系数分别为–0.199、–0.205、–0.226、–0.204、–0.287；同时自我效能感和工作倦怠的3个维度也呈显著的负相关，相关系数分别为–0.377、–0.389、–0.422。

表99 自我效能感和工作压力、工作倦怠的相关矩阵表

变量	JCS	VDS	JSS	IRS	PAS	EE	IE	AL	SE
JCS	1								
VDS	0.262**	1							
JSS	0.218**	0.191**	1						
IRS	0.193**	0.308**	0.122**	1					
PAS	0.203**	0.227**	0.305**	0.184**	1				
EE	0.301**	0.436**	0.256**	0.392**	0.290**	1			
IE	0.315**	0.427**	0.334**	0.323**	0.389**	0.495**	1		
AL	0.334**	0.355**	0.370**	0.431**	0.390**	0.501**	0.593**	1	
SE	–0.199**	–0.205**	–0.226**	–0.204**	–0.287**	–0.377**	–0.389**	–0.422**	1

注：**在0.01水平（双侧）上显著相关。JCS作特征压力；VDS职业发展压力；PAS绩效考核压力；JSS工作保障压力；IRS人际关系压力；EE情感衰竭；IE低效能；AL疏离；SE自我效能感。

4.7.3.2 自我效能感对工作压力和情感衰竭之间的调节作用分析

根据上面的调节分析程序，层次回归的结果见表100。从模型拟合表可以看出，3个模型都非常显著。也就是说，教练员工作压力的5个维度对情感衰竭的方差贡献率是32%，自我效能感对情感衰竭的方差贡献率是4%，而教练员工作压力的5个维度和自我效能感的乘积项对情感衰竭的方差贡献率是7.8%。

表100 模型汇总[d]

模型	R	R^2	调整R^2	标准估计的误差	更改统计量				
					R^2更改	F更改	df1	df2	Sig.F更改
1	0.566a	0.320	0.314	1.27444	0.320	56.335	5	599	0.000
2	0.599b	0.359	0.353	1.23786	0.040	36.927	1	598	0.000
3	0.661c	0.437	0.426	1.16541	0.078	16.333	5	593	0.000

方差分析表的3个回归模型的F检验都呈显著，3个回归模型的F值分别为56.335（P=0.000<0.05）、55.916（P=0.000<0.05）、41.834（P=0.000<0.05），表明自我效能感对工作压力的某些维度和情感衰竭之间有调节效果。（表101）

表101 Anova[a]

模型		平方和	df	均方	F	Sig.
1	回归	457.502	5	91.500	56.335	0.000b
	残差	972.899	599	1.624		
	总计	1430.401	604			
2	回归	514.085	6	85.681	55.916	0.000c
	残差	916.316	598	1.532		
	总计	1430.401	604			
3	回归	624.999	11	56.818	41.834	0.000d
	残差	805.402	593	1.358		
	总计	1430.401	604			

从表102可以看出，教练员工作压力的5个维度中只有人际关系压力（t=–5.535，P=0.000<0.05）、工作保障压力（t=2.625，

P=0.009<0.05）、职业发展压力（t=−4.454，P=0.000<0.05）和自我效能的交互作用项的t检验显著，表明自我效能感对这3个工作压力的调节效应存在，假设H2b、H2d、H2e成立；而对工作特征压力和绩效考核压力的调节作用不存在，假设H2a和H2c不成立。

表102　标准化回归模型系数[a]

模型		非标准化系数		标准系数	t	Sig.	共线性统计量	
		B	标准误差	试用版			容差	VIF
1	（常量）	−0.091	0.281		−.324	0.746		
	工作特征压力	0.137	0.037	0.133	3.705	0.000	0.882	1.134
	职业发展压力	0.308	0.041	0.277	7.521	0.000	0.836	1.196
	工作保障压力	0.117	0.039	0.107	2.973	0.003	0.873	1.146
	人际关系压力	0.249	0.036	0.245	6.834	0.000	0.881	1.135
	绩效考核压力	0.119	0.035	0.122	3.362	0.001	0.858	1.165
2	（常量）	2.051	0.446		4.603	0.000		
	工作特征压力	0.117	0.036	0.113	3.238	0.001	0.874	1.144
	职业发展压力	0.289	0.040	0.260	7.243	0.000	0.831	1.203
	工作保障压力	0.090	0.039	0.082	2.318	0.021	0.860	1.162
	人际关系压力	0.225	0.036	0.221	6.307	0.000	0.870	1.149
	绩效考核压力	0.079	0.035	0.081	2.246	0.025	0.827	1.209
	自我效能感	−0.277	0.046	−0.214	−6.077	0.000	0.860	1.162
3	（常量）	1.887	0.430		4.388	0.000		
	工作特征压力	0.122	0.034	0.119	3.599	0.000	0.873	1.145
	职业发展压力	0.308	0.038	0.277	8.176	0.000	0.829	1.207
	工作保障压力	0.069	0.037	0.063	1.862	0.063	0.836	1.195
	人际关系压力	0.228	0.034	0.224	6.775	0.000	0.867	1.153
	绩效考核压力	0.078	0.034	0.080	2.318	0.021	0.805	1.242
	自我效能感	−0.261	0.044	−0.202	−5.964	0.000	0.829	1.206
	JCS × SE	−0.021	0.030	−0.023	−.695	0.487	0.833	1.201
	IRS × SE	−0.156	0.028	−0.185	−5.535	0.000	0.846	1.183
	PAS × SE	0.033	0.029	0.040	1.166	0.244	0.821	1.217
	JSS × SE	0.086	0.033	0.089	2.625	0.009	0.830	1.205
	VDS × SE	−0.146	0.033	−0.153	−4.454	0.000	0.808	1.237

4.7.3.3 自我效能感对工作压力和低效能之间的调节作用分析

根据上面的调节分析程序，层次回归的结果见表103。从模型拟合表可以看出，3个模型都非常显著。也就是说，教练员工作压力的5个维度对低效能的方差贡献率是34.7%，自我效能感对低效能的方差贡献率是3.6%，而教练员工作压力的5个维度和低效能的乘积项对低效能的方差贡献率是3.2%。

表103 模型汇总[d]

模型	R	R^2	调整R^2	标准估计的误差	更改统计量				
					R^2更改	F更改	df1	df2	Sig.F更改
1	0.589a	0.347	0.341	0.95091	0.347	63.607	5	599	0.000
2	0.618b	0.383	0.376	0.92534	0.036	34.567	1	598	0.000
3	0.644c	0.415	0.404	0.90467	0.032	6.528	5	593	0.000

方差分析表的3个回归模型的F检验都呈显著，3个回归模型的F值分别为63.607（P=0.000<0.05）、61.738（P=0.000<0.05）、38.199（P=0.000<0.05），表明自我效能感对工作压力的某些维度和低效能之间具有调节效果。（表104）

表104 Anova[a]

模型		平方和	df	均方	F	Sig.
1	回归	287.580	5	57.516	63.607	0.000b
	残差	541.637	599	0.904		
	总计	829.217	604			
2	回归	317.179	6	52.863	61.738	0.000c
	残差	512.039	598	0.856		
	总计	829.218	604			
3	回归	343.892	11	31.263	38.199	0.000d
	残差	485.325	593	0.818		
	总计	829.217	604			

从表105可以看出，教练员工作压力的5个维度中人际关系压力（t=2.638，P=0.009<0.05）、工作保障压力（t=−3.239，

P=0.001<0.05）、职业发展压力（t=−2.832，P=0.005<0.05）、绩效考核压力（t=−2.172，P=0.030<0.05）和自我效能感的交互作用项的t检验显著，表明自我效能感对这四个工作压力的调节效应存在，假设H2g、H2h、H2i和H2j成立；而对工作特征压力的调节作用不存在，假设H2f不成立。

表105　系数[a]

模型		非标准化系数		标准系数	t	Sig.	共线性统计量	
		B	标准误差	试用版			容差	VIF
1	（常量）	2.265	0.209		10.818	0.000		
	工作特征压力	0.106	0.028	0.135	3.835	0.000	0.882	1.134
	职业发展压力	0.221	0.031	0.261	7.226	0.000	0.836	1.196
	工作保障压力	0.140	0.029	0.168	4.751	0.000	0.873	1.146
	人际关系压力	0.120	0.027	0.155	4.408	0.000	0.881	1.135
	绩效考核压力	0.166	0.026	0.223	6.253	0.000	0.858	1.165
2	（常量）	3.814	0.333		11.452	0.000		
	工作特征压力	0.091	0.027	0.116	3.383	0.001	0.874	1.144
	职业发展压力	0.207	0.030	0.245	6.943	0.000	0.831	1.203
	工作保障压力	0.120	0.029	0.144	4.150	0.000	0.860	1.162
	人际关系压力	0.102	0.027	0.132	3.839	0.000	0.870	1.149
	绩效考核压力	0.136	0.026	0.184	5.194	0.000	0.827	1.209
	自我效能感	−0.200	0.034	−0.204	−5.879	0.000	0.860	1.162
3	（常量）	3.594	0.334		10.767	0.000		
	工作特征压力	0.093	0.026	0.119	3.530	0.000	0.873	1.145
	职业发展压力	0.207	0.029	0.245	7.090	0.000	0.829	1.207
	工作保障压力	0.135	0.029	0.162	4.705	0.000	0.836	1.195
	人际关系压力	0.100	0.026	0.129	3.833	0.000	0.867	1.153
	绩效考核压力	0.144	0.026	0.194	5.537	0.000	0.805	1.242
	自我效能感	−0.190	0.034	−0.194	−5.612	0.000	0.829	1.206
	JCS × SE	0.028	0.023	0.041	1.190	0.234	0.833	1.201
	IRS × SE	0.058	0.022	0.090	2.638	0.009	0.846	1.183
	PAS × SE	−0.048	0.022	−0.075	−2.172	0.030	0.821	1.217
	JSS × SE	−0.082	0.025	−0.112	−3.239	0.001	0.830	1.205
	VDS × SE	−0.072	0.025	−0.099	−2.832	0.005	0.808	1.237

4.7.3.4 自我效能感对工作压力和疏离感之间的调节作用分析

根据上面的调节分析程序，层次回归的结果见表106。从模型拟合表可以看出，3个模型都非常显著，也就是说教练员工作压力的5个维度对疏离感的方差贡献率是38.7%，自我效能感对疏离感的方差贡献率是4.4%，而教练员工作压力的5个维度和自我效能感的乘积项对疏离感的方差贡献率是3.6%。

表106 模型汇总

模型	R	R^2	调整R^2	标准估计的误差	更改统计量				
					R^2更改	F更改	df1	df2	Sig.F更改
1	0.622a	0.387	0.381	1.35248	0.387	75.489	5	599	0.000
2	0.656b	0.431	0.425	1.30380	0.044	46.564	1	598	0.000
3	0.683c	0.467	0.457	1.26760	0.036	7.929	5	593	0.000

方差分析表的3个回归模型的F检验都呈显著，3个回归模型的F值分别为75.489（P=0.000<0.05）、75.453（P=0.000<0.05）、47.145（P=0.000<0.05），表明自我效能感对工作压力的某些维度和低效能之间具有调节效果。（表107）

表107 Anova[a]

模型		平方和	df	均方	F	Sig.
1	回归	690.421	5	138.084	75.489	0.000b
	残差	1095.693	599	1.829		
	总计	1786.114	604			
2	回归	769.575	6	128.262	75.453	0.000c
	残差	1016.539	598	1.700		
	总计	1786.114	604			
3	回归	833.279	11	75.753	47.145	0.000d
	残差	952.834	593	1.607		
	总计	1786.113	604			

从表108可以看出，教练员工作压力的5个维度中工作特征压力（t=2.969，P=0.003<0.05）、工作保障压力（t=−3.533，

P=0.000<0.05）、职业发展压力（t=2.108，P=0.035<0.05）、绩效考核压力（t=–3.408，P=0.001<0.05）和自我效能感的交互作用项的t检验显著，表明自我效能感对这四个工作压力的调节效应存在，假设H2k、H2m、H2n和H2o成立；而对人际关系压力的调节作用不存在，假设H2l不成立。

表108　标准化回归模型系数[a]

模型		非标准化系数		标准系数	t	Sig.	共线性统计量	
		B	标准误差	试用版			容差	VIF
1	（常量）	–1.723	0.298		–5.785	0.000		
	工作特征压力	0.176	0.039	0.153	4.491	0.000	0.882	1.134
	职业发展压力	0.169	0.044	0.136	3.879	0.000	0.836	1.196
	工作保障压力	0.257	0.042	0.210	6.142	0.000	0.873	1.146
	人际关系压力	0.336	0.039	0.296	8.680	0.000	0.881	1.135
	绩效考核压力	0.229	0.038	0.210	6.068	0.000	0.858	1.165
2	（常量）	0.810	0.469		1.727	0.085		
	工作特征压力	0.152	0.038	0.132	4.010	0.000	0.874	1.144
	职业发展压力	0.146	0.042	0.118	3.477	0.001	0.831	1.203
	工作保障压力	0.224	0.041	0.183	5.517	0.000	0.860	1.162
	人际关系压力	0.307	0.038	0.270	8.178	0.000	0.870	1.149
	绩效考核压力	0.181	0.037	0.166	4.887	0.000	0.827	1.209
	自我效能感	–0.328	0.048	–0.227	–6.824	0.000	0.860	1.162
3	（常量）	0.509	0.468		1.088	0.277		
	工作特征压力	0.157	0.037	0.136	4.235	0.000	0.873	1.145
	职业发展压力	0.141	0.041	0.114	3.448	0.001	0.829	1.207
	工作保障压力	0.240	0.040	0.196	5.982	0.000	0.836	1.195
	人际关系压力	0.295	0.037	0.260	8.084	0.000	0.867	1.153
	绩效考核压力	0.199	0.036	0.183	5.461	0.000	0.805	1.242
	自我效能感	–0.304	0.048	–0.211	–6.402	0.000	0.829	1.206
	JCS × SE	0.096	0.032	0.098	2.969	0.003	0.833	1.201
	IRS × SE	–0.026	0.031	–0.028	–.861	0.390	0.846	1.183
	PAS × SE	–0.106	0.031	–0.113	–3.408	0.001	0.821	1.217
	JSS × SE	–0.126	0.036	–0.116	–3.533	0.000	0.830	1.205
	VDS × SE	0.075	0.036	0.070	2.108	0.035	0.808	1.237

4.7.4 组织支持感在教练员工作压力和工作倦怠之间的调节检验

4.7.4.1 组织支持感、工作压力和工作倦怠的相关分析

从表109可以看出，组织支持感和工作压力的5个维度在0.01水平上呈显著负相关，相关系数分别为–0.285、–0.237、–0.228、–0.211和–0.315；同时和工作倦怠的3个维度在0.01水平上也呈显著负相关，相关系数分别为–0.325、–0.386和–0.406。

表109 组织支持感和工作压力、工作倦怠的相关矩阵表

变量	JCS	VDS	JSS	IRS	PAS	EE	IE	AL	OS
JCS	1								
VDS	0.262**	1		0.000					
JSS	0.218**	0.191**	1				0.000		
IRS	0.193**	0.308**	0.122**	1	0.000				
PAS	0.203**	0.227**	0.305**	0.184**	1				
EE	0.301**	0.436**	0.256**	0.392**	0.290**	1			
IE	0.315**	0.427**	0.334**	0.323**	0.389**	0.495**	1		
AL	0.334**	0.355**	0.370**	0.431**	0.390**	0.501**	0.593**	1	
OS	–0.285**	–0.237**	–0.228**	–0.211**	–0.315**	–0.325**	–0.386**	–0.406**	1

注：**在0.01水平（双侧）上显著相关。JCS 作特征压力；VDS 职业发展压力；PAS 绩效考核压力；JSS 工作保障压力；IRS 人际关系压力；EE 情感衰竭；IE 低效能；AL 疏离；OS 组织支持感。

4.7.4.2 组织支持感对工作压力和情感衰竭之间的调节作用分析

根据上面的调节分析程序，层次回归的结果见表110。从模型拟合表可以看出，3个模型都非常显著，也就是说教练员工作压力的5个维度对情感衰竭的方差贡献率是32%，组织支持感对情感衰竭的方差贡献率是1.4%，而教练员工作压力的5个维度和组织支持感的乘积项对情感衰竭的方差贡献率是11.7%。

表110 模型汇总

模型	R	R^2	调整R^2	标准估计的误差	更改统计量				
					R^2更改	F更改	df1	df2	Sig.F更改
1	0.566a	0.320	0.314	1.27444	0.320	56.335	5	599	0.000
2	0.578b	0.334	0.327	1.26238	0.014	12.499	1	598	0.000
3	0.671c	0.450	0.440	1.15151	0.117	25.140	5	593	0.000

方差分析表的3个回归模型的F检验都呈显著，3个回归模型的F值分别为56.335（$P=0.000<0.05$）、49.931（$P=0.000<0.05$）、44.159（$P=0.000<0.05$），表明组织支持感对工作压力的某些维度和情感衰竭之间具有调节效果。（表111）

表111 Anova[a]

模型		平方和	df	均方	F	Sig.
1	回归	457.502	5	91.500	56.335	0.000b
	残差	972.899	599	1.624		
	总计	1 430.401	604			
2	回归	477.420	6	79.570	49.931	0.000c
	残差	952.980	598	1.594		
	总计	1 430.400	604			
3	回归	644.097	11	58.554	44.159	0.000d
	残差	786.304	593	1.326		
	总计	1 430.401	604			

从表112可以看出，教练员工作压力的5个维度中工作特征压力（$t=-4.150$，$P=0.000<0.05$）、人际关系压力（$t=-5.840$，$P=0.000<0.05$）、职业发展压力（$t=-5.647$，$P=0.000<0.05$）和组织支持感的交互作用项的t检验显著，表明组织支持感对这3个工作压力的调节效应存在，假设H3a、H3b和H3e成立；而对工作保障压力和绩效考核压力的调节作用不存在，假设H3c和H3d不成立。

表112 标准化回归模型系数[a]

模型		非标准化系数		标准系数	t	Sig.	共线性统计量	
		B	标准误差	试用版			容差	VIF
1	（常量）	–0.091	0.281		–0.324	0.746		
	工作特征压力	0.137	0.037	0.133	3.705	0.000	0.882	1.134
	职业发展压力	0.308	0.041	0.277	7.521	0.000	0.836	1.196
	工作保障压力	0.117	0.039	0.107	2.973	0.003	0.873	1.146
	人际关系压力	0.249	0.036	0.245	6.834	0.000	0.881	1.135
	绩效考核压力	0.119	0.035	0.122	3.362	0.001	0.858	1.165
2	（常量）	0.828	0.381		2.176	0.030		
	工作特征压力	0.113	0.037	0.110	3.038	0.002	0.853	1.172
	职业发展压力	0.295	0.041	0.265	7.220	0.000	0.829	1.207
	工作保障压力	0.104	0.039	0.095	2.640	0.009	0.864	1.157
	人际关系压力	0.236	0.036	0.233	6.512	0.000	0.872	1.146
	绩效考核压力	0.093	0.036	0.095	2.574	0.010	0.820	1.219
	组织支持感	–0.124	0.035	–0.130	–3.535	0.000	0.819	1.222
3	（常量）	0.768	0.351		2.190	0.029		
	工作特征压力	0.137	0.034	0.133	4.011	0.000	0.844	1.185
	职业发展压力	0.313	0.037	0.281	8.342	0.000	0.816	1.225
	工作保障压力	0.068	0.037	0.062	1.870	0.062	0.832	1.202
	人际关系压力	0.234	0.033	0.231	7.037	0.000	0.864	1.158
	绩效考核压力	0.084	0.033	0.086	2.537	0.011	0.805	1.242
	组织支持感	–0.135	0.032	–0.142	–4.194	0.000	0.811	1.233
	JCS × OS	–0.087	0.021	–0.131	–4.150	0.000	0.930	1.075
	IRS × OS	–0.120	0.020	–0.191	–5.840	0.000	0.868	1.151
	PAS × OS	0.033	0.021	0.051	1.521	0.129	0.818	1.223
	JSS × OS	0.041	0.023	0.060	1.806	0.071	0.835	1.197
	VDS × OS	–0.134	0.024	–0.189	–5.647	0.000	0.824	1.213

4.7.4.3 组织支持感对工作压力和低效能之间的调节作用分析

根据上面的调节分析程序，层次回归的结果见表113。从模型拟合表可以看出，3个模型都非常显著，也就是说教练员工作压力的5个维度对低效能的方差贡献率是34.7%，组织支持感对低效能的方差贡献率是2.6%，而教练员工作压力的5个维度和组织支持感的乘积项对低效能的方差贡献率是4.7%。

表113 模型汇总

模型	R	R^2	调整R^2	标准估计的误差	更改统计量				
					R^2更改	F更改	df1	df2	Sig.F更改
1	0.589a	0.347	0.341	0.950 91	0.347	63.607	5	599	0.000
2	0.610b	0.372	0.366	0.932 85	0.026	24.424	1	598	0.000
3	0.648c	0.420	0.409	0.900 74	0.047	9.680	5	593	0.000

方差分析表的3个回归模型的F检验都呈显著，3个回归模型的F值分别为63.607（$P=0.000<0.05$）、59.150（$P=0.000<0.05$）、39.005（$P=0.000<0.05$），表明组织支持感对工作压力的某些维度和低效能之间具有调节效果。（表114）

表114 Anova[a]

模型		平方和	df	均方	F	Sig.
1	回归	287.580	5	57.516	63.607	0.000b
	残差	541.637	599	0.904		
	总计	829.217	604			
2	回归	308.834	6	51.472	59.150	0.000c
	残差	520.383	598	0.870		
	总计	829.217	604			
3	回归	348.101	11	31.646	39.005	0.000d
	残差	481.117	593	0.811		
	总计	829.218	604			

从表115可以看出，教练员工作压力的5个维度中工作保障压力（$t=-4.065$，$P=0.000<0.05$）、人际关系压力（$t=4.117$，$P=0.000<0.05$）、绩效考核压力（$t=-2.303$，$P=0.022<0.05$）和组织支持感的交互作用项的t检验显著，表明组织支持感对这3个工作压力的调节效应存在，假设H3g、H3h和H3i成立；而对职业发展压力和工作特征压力的调节作用不存在，假设H3f和H3j不成立。

表115 标准化回归模型系数[a]

模型		非标准化系数		标准系数	t	Sig.	共线性统计量	
		B	标准误差	试用版			容差	VIF
1	（常量）	2.265	0.209		10.818	0.000		
	工作特征压力	0.106	0.028	0.135	3.835	0.000	0.882	1.134
	职业发展压力	0.221	0.031	0.261	7.226	0.000	0.836	1.196
	工作保障压力	0.140	0.029	0.168	4.751	0.000	0.873	1.146
	人际关系压力	0.120	0.027	0.155	4.408	0.000	0.881	1.135
	绩效考核压力	0.166	0.026	0.223	6.253	0.000	0.858	1.165
2	（常量）	3.215	0.281		11.430	0.000		
	工作特征压力	0.081	0.028	0.103	2.950	0.003	0.853	1.172
	职业发展压力	0.207	0.030	0.244	6.860	0.000	0.829	1.207
	工作保障压力	0.126	0.029	0.151	4.335	0.000	0.864	1.157
	人际关系压力	0.107	0.027	0.138	3.977	0.000	0.872	1.146
	绩效考核压力	0.138	0.027	0.186	5.191	0.000	0.820	1.219
	组织支持感	−0.128	0.026	−0.177	−4.942	0.000	0.819	1.222
3	（常量）	3.035	0.274		11.067	0.000		
	工作特征压力	0.071	0.027	0.091	2.665	0.008	0.844	1.185
	职业发展压力	0.207	0.029	0.245	7.068	0.000	0.816	1.225
	工作保障压力	0.153	0.029	0.184	5.362	0.000	0.832	1.202
	人际关系压力	0.099	0.026	0.128	3.795	0.000	0.864	1.158
	绩效考核压力	0.151	0.026	0.204	5.841	0.000	0.805	1.242
	组织支持感	−0.129	0.025	−0.177	−5.107	0.000	0.811	1.233
	JCS × OS	0.008	0.016	0.017	0.516	0.606	0.930	1.075
	IRS × OS	0.066	0.016	0.138	4.117	0.000	0.868	1.151
	PAS × OS	−0.039	0.017	−0.080	−2.303	0.022	0.818	1.223
	JSS × OS	−0.072	0.018	−0.139	−4.065	0.000	0.835	1.197
	VDS × OS	−0.033	0.019	−0.061	−1.780	0.076	0.824	1.213

4.7.4.4 组织支持感对工作压力和疏离感之间的调节作用分析

根据上面的调节分析程序，层次回归的结果见表116。从模型拟合表可以看出，3个模型都非常显著，也就是说教练员工作压力的5个维度对疏离感的方差贡献率是38.7%，组织支持感对疏离的方差贡献率是2.9%，而教练员工作压力的5个维度和组织支持感的乘积项对疏离感的方差贡献率是5.1%。

表116 模型汇总

模型	R	R^2	调整R^2	标准估计的误差	更改统计量				
					R^2更改	F更改	df1	df2	Sig.F更改
1	0.622a	0.387	0.381	1.352 48	0.387	75.489	5	599	0.000
2	0.644b	0.415	0.409	1.321 50	0.029	29.415	1	598	0.000
3	0.683c	0.466	0.456	1.267 85	0.051	11.337	5	593	0.000

方差分析表的3个回归模型的F检验都呈显著，3个回归模型的F值分别为75.489（P=0.000<0.05）、70.794（P=0.000<0.05）、47.105（P=0.000<0.05），表明组织支持感对工作压力的某些维度和疏离感之间具有调节效果。（表117）

表117 Anova[a]

模型		平方和	df	均方	F	Sig.
1	回归	690.421	5	138.084	75.489	0.000b
	残差	1095.693	599	1.829		
	总计	1786.114	604			
2	回归	741.790	6	123.632	70.794	0.000c
	残差	1044.323	598	1.746		
	总计	1786.113	604			
3	回归	832.905	11	75.719	47.105	0.000d
	残差	953.208	593	1.607		
	总计	1786.113	604			

从表118可以看出，教练员工作压力的5个维度中工作特征压力（t=3.495，P=0.001<0.05）、职业发展压力（t=2.862，P=0.004<0.05）、工作保障压力（t=−4.613，P=0.000<0.05）、人际关系压力（t=−3.054，P=0.002<0.05）、绩效考核压力（t=−2.528，P=0.012<0.05）和组织支持感的交互作用项的t检验显著，表明组织支持感对工作压力的5个维度的调节效应都存在，因此假设H3k、H3l、H3m、H3n和H3o成立。

表118 标准化回归模型系数[a]

模型		非标准化系数		标准系数	t	Sig.	共线性统计量	
		B	标准误差	试用版			容差	VIF
1	（常量）	–1.723	0.298		–5.785	0.000		
	工作特征压力	0.176	0.039	0.153	4.491	0.000	0.882	1.134
	职业发展压力	0.169	0.044	0.136	3.879	0.000	0.836	1.196
	工作保障压力	0.257	0.042	0.210	6.142	0.000	0.873	1.146
	人际关系压力	0.336	0.039	0.296	8.680	0.000	0.881	1.135
	绩效考核压力	0.229	0.038	0.210	6.068	0.000	0.858	1.165
2	（常量）	–0.246	0.398		–.618	0.537		
	工作特征压力	0.138	0.039	0.120	3.538	0.000	0.853	1.172
	职业发展压力	0.147	0.043	0.118	3.433	0.001	0.829	1.207
	工作保障压力	0.235	0.041	0.193	5.724	0.000	0.864	1.157
	人际关系压力	0.315	0.038	0.278	8.296	0.000	0.872	1.146
	绩效考核压力	0.186	0.038	0.170	4.929	0.000	0.820	1.219
	组织支持感	–0.200	0.037	–0.187	–5.424	0.000	0.819	1.222
3	（常量）	–0.413	0.386		–1.071	0.285		
	工作特征压力	0.138	0.038	0.120	3.679	0.000	0.844	1.185
	职业发展压力	0.133	0.041	0.107	3.224	0.001	0.816	1.225
	工作保障压力	0.270	0.040	0.221	6.714	0.000	0.832	1.202
	人际关系压力	0.291	0.037	0.257	7.960	0.000	0.864	1.158
	绩效考核压力	0.199	0.036	0.183	5.470	0.000	0.805	1.242
	组织支持感	–0.193	0.035	–0.181	–5.447	0.000	0.811	1.233
	JCS × OS	0.081	0.023	0.109	3.495	0.001	0.930	1.075
	IRS × OS	–0.069	0.023	–0.098	–3.054	0.002	0.868	1.151
	PAS × OS	–0.059	0.024	–0.084	–2.528	0.012	0.818	1.223
	JSS × OS	–0.115	0.025	–0.151	–4.613	0.000	0.835	1.197
	VDS × OS	0.075	0.026	0.095	2.862	0.004	0.824	1.213

4.7.5 讨论与分析

虽然通过前面的回归分析可以显著解释教练员工作压力及5个维度，可以分别解释工作倦怠的部分变异，但是在同样压力水平下的教练员工作倦怠的程度并不相同。也就是说教练员工作压力的部分维度和自我效能感产生了交互作用，自我效能感在教练员工作压力的部分维度和工作倦怠的关系中产生了调节效应。这与相关的研究结论是一致的（jex，litt）。结合分层回归的检验结果，自我效能感在工作压力和工作倦怠之间的调节效应具体表现在以下方面。

（1）自我效能感在教练员工作压力的人际关系压力、工作保障压力、职业发展压力和工作倦怠的情感衰竭之间具有调节效应。

（2）自我效能感在教练员工作压力的人际关系压力、工作保障压力、职业发展压力、绩效考核压力和工作倦怠的低效能之间具有调节效应。

（3）自我效能感在教练员工作压力的工作特征压力、工作保障压力、职业发展压力、绩效考核压力和工作倦怠的疏离感之间具有调节效应。

从Lazarus的压力交互作用理论看，压力既来自外界环境的刺激作用同时也强调个体主体特征的差异。当个体认识到自己的能力不足，对环境的过高要求无法满足时，就会产生压力感。也就是说具有高自我效能的个体不会把一些压力源看作对自己的威胁，他们会更倾向于做出积极的应对以避免产生倦怠。自我效能是个体差异的一项重要内容，是因为它会影响个体执行控制的能力和意愿。根据litt的解释，高自我效能的个体对自己执行控制的能力更有信心，因此与低效能的个体相比，往往能带来更加积极的效果，从而避免倦怠的发生。这也提示我们应该从个体特征和环境交互作用的观点来理解、预防教练员工作倦怠的产生。同时从上述分层回归的结果看，组织支持感在教练员的工作压力的部分维度之间产生交互作用，也就是说组织支持感在工作压力和工作倦怠之间产生调节效应。这与国内外的相关研究结论是一致的（曾晓娟、白玉苓、George）。

结合分层回归的检验结果，组织支持感在工作压力和工作倦怠之间的调节效应具体表现在以下方面。

（1）组织支持感在教练员工作压力的工作特征压力、人际关系压力、职业发展压力和工作倦怠的情感衰竭之间具有调节效应。

（2）组织支持感在教练员工作压力的人际关系压力、工作保障压力、绩效考核压力和工作倦怠的低效能之间具有调节效应。

（3）组织支持感在教练员工作压力的工作特征压力、人际关系压力、工作保障压力、绩效考核压力、职业发展压力和工作倦怠的疏离感之间具有调节效应。

同上面一样，虽然工作压力可以显著解释教练员工作倦怠的部分变异，但是相同压力水平下的教练员所产生的倦怠感并不相同。本研究根据资源保存理论探讨组织支持感与工作压力的交互作用对工作倦怠发挥作用的机制，即检验了组织支持感在教练员工作压力和工作倦怠之间是否具有调节效应。研究结果支持了前人的研究结论。资源保存理论认为：当工作的资源不足以应对工作需求时，就会使人身心疲惫、资源枯竭，从而产生倦怠感。也就是说，当教练员长期处于压力状态下时，可以通过外界的支持来缓解，而组织支持就是一种个体应对工作压力和工作倦怠的外界资源。组织可以通过提高福利待遇、医疗卫生条件等一系列措施来降低教练员在工作中的倦怠感，从而缓解情感衰竭、低效能和疏离感。这一研究结果提示我们应该从外界资源的供给角度来预防和干预工作倦怠的产生。

4.8 应对策略的中介检验

4.8.1 中介效果的检验原理

如果在*X*对*Y*的影响是通过*Z*的作用，就把*Z*称为中介，Baron和Kenny从统计方法学的角度，提出中介效果的完整概念和检验程序，普遍为社会科学领域研究者所接受。他们认为中介效果需要利用3条回归方程来检验。

首先，*X*对*Y*的回归系数必须显著。即：

$$Y=b_cX+a_1$$

其次，自变量*X*对中介变量*Z*有影响，也就是*Z*变量的变异可以被自变量*X*所揭示。即：

$$Z=b_aX+a_2$$

最后，同时考虑自变量*X*和中介变量*Z*对因变量的影响时，中介变量

Z必须具有统计显著性，方可证明中介变量Z在排除自变量X后仍对因变量Y有净影响。即：

$$Y=b_cX+b_bZ+a_3$$

如果控制中介变量Z，b_c的估计值没有达到统计显著性，称为完全中介；如果b_c有变化但仍然具有统计显著性，称为部分中介。

4.8.2 教练员工作压力、工作倦怠和应对策略相关分析

由于本研究模型的自变量是教练员工作压力，因变量是应对策略，所以进行多元回归之前首先要对工作压力和应对策略各个维度进行皮尔逊相关系数的检验，才能为下一步因果关系的推断做好基础。

从表119可以看出，积极应对策略与教练员工作特征压力维度、职业发展压力维度、工作保障压力维度、人际关系压力维度和绩效考核压力维度在0.01水平上呈显著负相关，相关系数分别为–0.283、–0.332、–0.235、–0.269和–0.266。

表119 应对策略与工作压力、工作倦怠的相关矩阵表

变量	JCS	VDS	JSS	IRS	PAS	NC	PR	EE	IE	AL
JCS	1									
VDS	0.262**	1								
JSS	0.218**	0.191**	1							
IRS	0.193**	0.308**	0.122**	1						
PAS	0.203**	0.227**	0.305**	0.184**	1					
NC	0.257**	0.335**	0.271**	0.259**	0.307**	1				
PR	–0.283**	–0.332**	–0.235**	–0.269**	–0.266**	–0.777**	1			
EE	0.301**	0.436**	0.256**	0.392**	0.290**	0.351**	–0.344**	1		
IE	0.315**	0.427**	0.334**	0.323**	0.389**	0.458**	–0.440**	0.495**	1	
AL	0.334**	0.355**	0.370**	0.431**	0.390**	0.467**	–0.449**	0.501**	0.593**	1

注：**在0.01水平（双侧）上显著相关。

消极应对策略与教练员工作特征压力维度、职业发展压力维度、工作保障压力维度、人际关系压力维度和绩效考核压力维度在0.01水平上呈显著正相关，相关系数分别为0.257、0.335、0.271、0.259和0.3071。

积极应对策略与教练员情感衰竭、低效能和疏离3个维度都呈显著

负相关，相关系数分别为–0.344、–0.440和–0.449。

消极应对策略与教练员情感衰竭、低效能和疏离3个维度都呈显著正相关，相关系数分别为0.351、0.458和0.467。

从以上分析可以看出，教练员工作压力5个维度与应对策略显著相关，应对策略和工作倦怠也显著相关，因此可以进行下一步的回归分析。

4.8.3 教练员工作压力对应对策略的回归

4.8.3.1教练员工作压力与积极应对策略回归分析

（1）模型拟合情况。

从表120可以看出，教练员工作压力的5个维度和积极应对策略的多元相关系数为0.455，决定系数R^2为0.207，表示5个预测变量共可解释积极应对策略的20.7%的变异量，表示模型拟合一般，模型对数据有一定解释力。

表120 模型汇总[b]

模型	R	R^2	调整R^2	标准估计的误差	更改统计量				
					R^2更改	F更改	df1	df2	Sig.F更改
1	0.455a	0.207	0.200	0.94795	0.207	31.2865		599	0.000

（2）方差分析。

从表121可以看出，回归模型的方差分析表明变异量显著性检验的F值为31.286，显著性检验的P值为0.000，小于0.05的显著性水平，表示回归模型的整体解释变异量达到显著水平。

表121 Anova[a]

	模型	平方和	df	均方	F	Sig.
	回归	140.571	5	28.114	31.286	0.000b
1	残差	538.266	599	0.899		
	总计	678.837	604			

（3）回归方程的系数及系数的检验。

从表122可以看出，工作压力的5个自变量的标准化回归系数均为负数，表示5个自变量对积极应对策略效标变量的影响均为负向，并且5个自变量对积极应对策略有显著影响，*P*值均小于0.05；共线性诊断的容忍度（大于0.1）和VIF（小于10）指标均满足要求，说明自变量之间不存在共线性问题。

标准化回归模型：积极应对策略=工作特征压力×（–0.154）+职业发展压力×（–0.198）+工作保障压力×（–0.106）+人际关系压力×（–0.141）+绩效考核压力×（–0.131）。

表122　标准化回归模型系数[a]

模型		非标准化系数		标准系数	*t*	Sig.	共线性统计量	
		B	标准误差	试用版			容差	VIF
1	（常量）	8.337	0.209		39.942	0.000		
	工作特征压力	–0.110	0.028	–0.154	–3.981	0.000	0.882	1.134
	职业发展压力	–0.151	0.030	–0.198	–4.967	0.000	0.836	1.196
	工作保障压力	–0.080	0.029	–0.106	–2.723	0.007	0.873	1.146
	人际关系压力	–0.099	0.027	–0.141	–3.649	0.000	0.881	1.135
	绩效考核压力	–0.088	0.026	–0.131	–3.344	0.001	0.858	1.165

4.8.3.2　教练员工作压力与消极应对策略回归分析

（1）模型拟合情况。

从表123可以看出，教练员工作压力的5个维度和消极应对策略的多元相关系数为0.469，决定系数R^2为0.220，表示5个预测变量共可解释消极应对策略的20.0%的变异量，表示模型拟合一般，模型对数据有一定解释力。

表123　模型汇总

模型	R	R^2	调整R^2	标准估计的误差	更改统计量				
					R^2更改	F更改	df1	df2	Sig.F更改
1	0.469a	0.220	0.214	1.37620	0.220	33.800	5	599	0.000

（2）方差分析。

从表124可以看出，回归模型的方差分析表明变异量显著性检验的F值为33.800，显著性检验的P值为0.000，小于0.05的显著性水平，表示回归模型的整体解释变异量达到显著水平。

表124 Anova[a]

模型		平方和	df	均方	F	Sig.
1	回归	320.078	5	64.016	33.800	0.000b
	残差	1134.465	599	1.894		
	总计	1454.543	604			

（3）回归方程的系数及系数的检验。（表125）

表125 系数[a]

模型		非标准化系数		标准系数	t	Sig.	共线性统计量	
		B	标准误差	试用版			容差	VIF
1	（常量）	–0.577	0.303		–1.905	0.057		
	工作特征压力	0.120	0.040	0.115	2.994	0.003	0.882	1.134
	职业发展压力	0.225	0.044	0.201	5.087	0.000	0.836	1.196
	工作保障压力	0.154	0.043	0.140	3.617	0.000	0.873	1.146
	人际关系压力	0.129	0.039	0.126	3.279	0.001	0.881	1.135
	绩效考核压力	0.169	0.038	0.172	4.411	0.000	0.858	1.165

4.8.4 教练员应对策略对工作倦怠的回归

4.8.4.1 积极应对策略与情感衰竭回归分析

（1）模型拟合。

从表126可以看出，积极应对策略和情感衰竭的多元相关系数为0.344，决定系数R^2为0.118，表示预测变量共可解释情感衰竭的11.8%的变异量，表示模型拟合一般，模型对数据有一定解释力。

表126 模型汇总[b]

模型	R	R^2	调整R^2	标准估计的误差	更改统计量				
					R^2更改	F更改	df1	df2	Sig.F更改
1	0.344a	0.118	0.117	1.44640	0.118	80.722	1	603	0.000

（2）方差分析。

从表127可以看出，回归模型的方差分析表明变异量显著性检验的*F*值为80.722，显著性检验的*P*值为0.000，小于0.05的显著性水平，表示回归模型的整体解释变异量达到显著水平。

表127　Anova[a]

模型		平方和	df	均方	*F*	Sig.
1	回归	168.876	1	168.876	80.722	0.000b
	残差	1261.525	603	2.092		
	总计	1430.401	604			

（3）回归方程的系数及系数的检验。

从表128可以看出，积极应对策略回归系数均为负数，表示积极应对策略对情感衰竭效标变量的影响均为负向，且显著影响，*P*值小于0.05。

标准化回归模型：情感衰竭=积极应对策略×（–0.344）。

表128　标准化回归模型系数

模型		非标准化系数		标准系数	*t*	Sig.
		B	标准误差	试用版		
1	（常量）	7.144	0.331		21.610	0.000
	PR积极应对策略	–0.499	0.056	–0.344	–8.985	0.000

4.8.4.2　消极应对策略与情感衰竭回归分析

（1）模型拟合。

从表129可以看出，消极应对策略和情感衰竭的多元相关系数为0.351，决定系数R^2为0.123，表示预测变量共可解释情感衰竭的12.3%的变异量，表示模型拟合一般，模型对数据有一定解释力。

表129　模型汇总

模型	*R*	R^2	调整R^2	标准估计的误差	更改统计量				
					R^2更改	*F*更改	df1	df2	Sig.*F*更改
1	0.351a	0.123	0.122	1.44233	0.123	84.592	1	603	0.000

（2）方差分析表。

从表130可以看出，回归模型的方差分析表明变异量显著性检验的*F*值为84.592，显著性检验的*P*值为0.000，小于0.05的显著性水平，表示回归模型的整体解释变异量达到显著水平。

表130　Anova[a]

模型		平方和	df	均方	*F*	Sig.
1	回归	175.977	1	175.977	84.592	0.000b
	残差	1254.423	603	2.080		
	总计	1430.401	604			

（3）回归方程的系数及系数的检验。

从表131可以看出，消极应对策略回归系数均为正数，表示消极应对策略对情感衰竭效标变量的影响均为正向，且显著影响，*P*值小于0.05。

标准化回归模型：情感衰竭=消极应对策略×0.351。

表131　标准化回归模型系数[a]

模型		非标准化系数		标准系数	*t*	Sig.
		B	标准误差	试用版		
1	（常量）	3.107	0.135		23.071	0.000
	NC消极应对策略	0.348	0.038	0.351	9.197	0.000

4.8.4.3　积极应对策略与低效能回归分析

（1）模型拟合。

从表132可以看出，积极应对策略和低效能的多元相关系数为0.440，决定系数R^2为0.194，表示预测变量共可解释低效能的19.4%的变异量，表示模型拟合一般，模型对数据有一定解释力。

表132　模型汇总

模型	*R*	R^2	调整R^2	标准估计的误差	更改统计量				
					R^2更改	*F*更改	df1	df2	Sig.*F*更改
1	0.440a	0.194	0.192	1.05305	0.194	144.779	4	603	0.000

（2）方差分析。

从表133可以看出，回归模型的方差分析表明变异量显著性检验的*F*值为144.779，显著性检验的*P*值为0.000，小于0.05的显著性水平，表示回归模型的整体解释变异量达到显著水平。

表133 Anova[a]

	模型	平方和	df	均方	*F*	Sig.
1	回归	160.546	1	160.546	144.779	0.000b
	残差	668.671	603	1.109		
	总计	829.217	604			

（3）回归方程的系数及系数的检验。

从表134可以看出，积极应对策略回归系数均为负数，表示积极应对策略对低效能效标变量的影响均为负向，且显著影响，*P*值小于0.05。

标准化回归模型：低效能=积极应对策略×（–0.440）。

表134 标准化回归模型系数[a]

模型		非标准化系数		标准系数	*t*	Sig.
		B	标准误差	试用版		
1	（常量）	8.686	0.241		36.087	0.000
	PR积极应对策略	–0.486	0.040	–0.440	–12.032	0.000

4.8.4.4 消极应对策略与低效能回归分析

（1）模型拟合。

从表135可以看出，消极应对策略和低效能的多元相关系数为0.458，决定系数R^2为0.210，表示预测变量共可解释低效能的21%的变异量，表示模型拟合一般，模型对数据有一定解释力。

表135 模型汇总

模型	*R*	R^2	调整R^2	标准估计的误差	更改统计量				
					R^2更改	*F*更改	df1	df2	Sig.*F*更改
1	0.458a	0.210	0.209	1.04241	0.210	160.114	1	603	0.000

（2）方差分析。

从表136可以看出，回归模型的方差分析表明变异量显著性检验的*F*

值为160.114，显著性检验的P值为0.000，小于0.05的显著性水平，表示回归模型的整体解释变异量达到显著水平。

表136　Anova[a]

模型		平方和	df	均方	F	Sig.
1	回归	173.984	1	173.984	160.114	0.000b
	残差	655.234	603	1.087		
	总计	829.218	604			

（3）回归方程的系数及系数的检验。

从表137可以看出，消极应对策略回归系数均为正数，表示消极应对策略对低效能效标变量的影响均为正向，且显著影响，P值小于0.05。

标准化回归模型：低效能=消极应对策略×0.458。

表137　标准化回归模型系数[a]

模型		非标准化系数		标准系数	t	Sig.
		B	标准误差	试用版		
1	（常量）	4.728	0.097		48.577	0.000
	NC消极应对策略	0.346	0.027	0.458	12.654	0.000

4.8.4.5　积极应对策略与疏离感

（1）模型拟合。

从表138可以看出，积极应对策略和疏离感的多元相关系数为0.449，决定系数R^2为0.202，表示预测变量共可解释疏离感的20.2%的变异量，表示模型拟合一般，模型对数据有一定解释力。

表138　模型汇总

模型	R	R^2	调整R^2	标准估计的误差	更改统计量				
					R^2更改	F更改	df1	df2	Sig.F更改
1	0.449a	0.202	0.201	1.53747	0.202	152.604	1	603	0.000

（2）方差分析。

从表139可以看出，回归模型的方差分析表明变异量显著性检验的F值为152.604，显著性检验的P值为0.000，小于0.05的显著性水平，表示回归模型的整体解释变异量达到显著水平。

表139 Anova[a]

模型		平方和	df	均方	F	Sig.
1	回归	360.728	1	360.728	152.604	0.000b
	残差	1 425.385	603	2.364		
	总计	1 786.113	604			

（3）回归方程的系数及系数的检验。

从表140可以看出，积极应对策略回归系数均为负数，表示积极应对策略对疏离感效标变量的影响均为负向，且显著影响，P值小于0.05。

标准化回归模型：疏离感=积极应对策略×（−0.449）。

表140 标准化回归模型系数[a]

模型		非标准化系数		标准系数	t	Sig.
		B	标准误差	试用版		
1	（常量）	7.959	0.351		22.649	0.000
	PR积极应对策略	−0.729	0.059	−0.449	−12.353	0.000

4.8.4.6 消极应对策略与疏离感回归分析

（1）模型拟合。

从表141可以看出，消极应对策略和低效能的多元相关系数为0.467，决定系数R^2为0.218，表示预测变量共可解释疏离感的21.8%的变异量，表示模型拟合一般，模型对数据有一定解释力。

表141 模型汇总

模型	R	R^2	调整R^2	标准估计的误差	更改统计量				
					R^2更改	F更改	df1	df2	Sig.F更改
1	0.467a	0.218	0.217	1.521 96	0.218	168.090	1	603	0.000

（2）方差分析。

从表142可以看出，回归模型的方差分析表明变异量显著性检验的F值为168.090，显著性检验的P值为0.000，小于0.05的显著性水平，表示回归模型的整体解释变异量达到显著水平。

表142 Anova[a]

	模型	平方和	df	均方	F	Sig.
	回归	389.355	1	389.355	168.090	0.000b
1	残差	1 396.759	603	2.316		
	总计	1 786.114	604			

（3）回归方程的系数及系数的检验。

从表143可以看出，消极应对策略回归系数均为正数，表示消极应对策略对疏离感效标变量的影响均为正向，且显著影响，P值小于0.05。

标准化回归模型：疏离感=消极应对策略×0.467。

表143 标准化回归模型系数[a]

模型		非标准化系数		标准系数	t	Sig.
		B	标准误差	试用版		
1	（常量）	2.029	0.142		14.278	0.000
	NC消极应对策略	0.517	0.040	0.467	12.965	0.000

4.8.5 控制应对策略、工作压力对工作倦怠的回归

4.8.5.1 控制积极应对策略的情况下工作压力5个维度和情感衰竭的关系

（1）模型拟合。

从表144可以看出，工作压力的5个维度、积极应对策略和情感衰竭的多元相关系数为0.575，决定系数R^2为0.330，表示预测变量共可解释情感衰竭的33%的变异量，表示模型拟合良好，模型对数据有一定解释力。

表144 模型汇总

模型	R	R^2	调整R^2	标准估计的误差	更改统计量				
					R^2更改	F更改	df1	df2	Sig.F更改
1	0.575a	0.330	0.323	1.266	0.330	49.121	6	598	0.000

（2）方差分析。

从表145可以看出，回归模型的方差分析表明变异量显著性检验的F值为49.121，显著性检验的P值为0.000，小于0.05的显著性水平，表示回

归模型的整体解释变异量达到显著水平。

表145 Anova[a]

模型		平方和	df	均方	F	Sig.
	回归	472.233	6	78.705	49.121	0.000b
1	残差	958.168	598	1.602		
	总计	1 430.401	604			

（3）回归方程的系数及系数的检验。

控制积极应对策略的情况下，以情感衰竭为因变量，工作压力5个维度和积极应对策略为自变量放入回归方程，根据表146回归方程的结果可知5个工作压力维度的系数均显著，即P值均小于0.05，同时积极应对策略的系数也显著。因此，根据中介检验的程序，积极应对策略在教练员的5个工作压力维度和情感衰竭的关系中起到部分中介作用，假设H4a成立。

表146 标准化回归模型系数[a]

模型		非标准化系数		标准系数	t	Sig.
		B	标准误差	试用版		
	（常量）	1.288	0.533		2.415	0.016
	JCS工作特征压力	0.119	0.037	0.115	3.195	0.001
	VDS职业发展压力	0.283	0.042	0.255	6.817	0.000
1	JSS工作保障压力	0.104	0.039	0.095	2.639	0.009
	IRS人际关系压力	0.233	0.037	0.229	6.359	0.000
	PAS绩效考核压力	0.105	0.036	0.107	2.943	0.003
	PR积极应对策略	−0.165	0.055	−0.114	−3.032	0.003

4.8.5.2 控制消极应对策略的情况下工作压力5个维度和情感衰竭的关系

（1）模型拟合。

从表147可以看出，工作压力的5个维度、消极应对策略和情感衰竭的多元相关系数为0.575，决定系数为R^2为0.331，表示预测变量共可解释情感衰竭的33.1%的变异量，表示模型拟合良好，模型对数据有一定解释力。

表147 模型汇总

模型	R	R^2	调整R^2	标准估计的误差	更改统计量				
					R^2更改	F更改	df1	df2	Sig.F更改
1	0.575a	0.331	0.324	1.26493	0.331	49.329	6	598	0.000

（2）方差分析。

从表148可以看出，回归模型的方差分析表明变异量显著性检验的F值为49.121，显著性检验的P值为0.000，小于0.05的显著性水平，表示回归模型的整体解释变异量达到显著水平。

表148 Anova[a]

模型		平方和	df	均方	F	Sig.
1	回归	472.233	6	78.705	49.121	0.000b
	残差	958.168	598	1.602		
	总计	1430.401	604			

（3）回归方程的系数及系数的检验。

控制消极应对策略的情况下，以情感衰竭为因变量，工作压力5个维度和消极应对策略为自变量放入回归方程，根据表149回归方程的结果可知5个工作压力维度的系数均显著，即P值均小于0.05，同时消极应对策略的系数也显著。因此，根据中介检验的程序，消极应对策略在教练员的5个工作压力维度和情感衰竭的关系中起到部分中介作用，假设H4d成立。

表149 标准化回归模型系数[a]

模型		非标准化系数		标准系数	t	Sig.
		B	标准误差	试用版		
1	（常量）	−0.022	0.279		−.080	0.937
	JCS工作特征压力	0.123	0.037	0.119	3.320	0.001
	VDS职业发展压力	0.282	0.042	0.253	6.774	0.000
	JSS工作保障压力	0.099	0.040	0.090	2.500	0.013
	IRS人际关系压力	0.234	0.036	0.230	6.404	0.000
	*P*AS绩效考核压力	0.099	0.036	0.102	2.771	0.006
	NC消极应对策略	0.119	0.038	0.120	3.169	0.002

4.8.5.3 控制积极应对策略的情况下工作压力5个维度和低效能的关系

（1）模型拟合。

从表150可以看出，工作压力的5个维度、积极应对策略和低效能的多元相关系数为0.621，决定系数R^2为0.385，表示预测变量共可解释低效能的38.5%的变异量，表示模型拟合良好，模型对数据有一定解释力。

表150 模型汇总

模型	R	R^2	调整R^2	标准估计的误差	更改统计量				
					R^2更改	F更改	df1	df2	Sig.F更改
1	0.621a	0.385	0.379	0.92319	0.385	62.491	6	598	0.000

（2）方差分析。

从表151可以看出，回归模型的方差分析表明变异量显著性检验的F值为62.491，显著性检验的P值为0.000，小于0.05的显著性水平，表示回归模型的整体解释变异量达到显著水平。

表151 Anova[a]

模型		平方和	df	均方	F	Sig.
1	回归	319.557	6	53.259	62.491	0.000b
	残差	509.661	598	0.852		
	总计	829.218	604			

（3）回归方程的系数及系数的检验。

控制积极应对策略的情况下，以低效能为因变量，工作压力5个维度和积极应对策略为自变量放入回归方程，根据表152回归方程的结果可知5个工作压力维度的系数均显著，即P值均小于0.05，同时积极应对策略的系数也显著。因此，根据中介检验的程序，积极应对策略在教练员的5个工作压力维度和低效能的关系中起到部分中介作用，假设H4b成立。

表152　标准化回归模型系数[a]

模型		非标准化系数		标准系数	*t*	Sig.
		B	标准误差	试用版		
1	（常量）	4.297	0.389		11.045	0.000
	JCS工作特征压力	0.079	0.027	0.101	2.916	0.004
	VDS职业发展压力	0.184	0.030	0.217	6.076	0.000
	JSS工作保障压力	0.120	0.029	0.145	4.186	0.000
	IRS人际关系压力	0.096	0.027	0.124	3.588	0.000
	PAS绩效考核压力	0.144	0.026	0.194	5.552	0.000
	PR积极应对策略	–0.244	0.040	–0.221	–6.125	0.000

4.8.5.4　控制消极应对策略的情况下工作压力5个维度和低效能的关系

（1）模型拟合。

从表153可以看出，工作压力的5个维度、消极应对策略和低效能的多元相关系数为0.440，决定系数R^2为0.194，表示预测变量共可解释低效能的19.4%的变异量，表示模型拟合良好，模型对数据有一定解释力。

表153　模型汇总

模型	*R*	R^2	调整R^2	标准估计的误差	更改统计量				
					R^2更改	*F*更改	df1	df2	Sig.*F*更改
1	0.440a	0.194	0.186	1.05730	0.194	23.961	6	598	0.000

（2）方差分析。

从表154可以看出，回归模型的方差分析表明变异量显著性检验的*F*值为63.514，显著性检验的*P*值为0.000，小于0.05的显著性水平，表示回归模型的整体解释变异量达到显著水平。

表154　Anova[a]

模型		平方和	df	均方	*F*	Sig.
1	回归	322.753	6	53.792	63.514	0.000b
	残差	506.465	598	0.847		
	总计	829.218	604			

（3）回归方程的系数及系数的检验。

控制消极应对策略的情况下，以低效能为因变量，工作压力5个维度和消极应对策略为自变量放入回归方程，根据表155回归方程的结果可知5个工作压力维度的系数均显著，即*P*值均小于0.05，同时消极应对策略的系数*P*值小于0.05。因此，根据中介检验的程序，消极应对策略在教练员的5个工作压力维度和低效能的关系中起到部分中介作用，假设H4e成立。

表155　标准化回归模型系数[a]

模型		非标准化系数		标准系数	*t*	Sig.
		B	标准误差	试用版		
1	（常量）	3.163	0.234		13.544	0.000
	JCS工作特征压力	0.094	0.031	0.120	3.052	0.002
	VDS职业发展压力	0.150	0.035	0.177	4.320	0.000
	JSS工作保障压力	0.108	0.033	0.129	3.247	0.001
	IRS人际关系压力	0.086	0.030	0.112	2.831	0.005
	PAS绩效考核压力	0.111	0.030	0.150	3.722	0.000
	NC消极应对策略	0.261	0.038	0.235	6.87	0.000

4.8.5.5　控制积极应对策略的情况下工作压力5个维度和疏离感的关系

（1）模型拟合。

从表156可以看出，工作压力的5个维度、积极应对策略和疏离感的多元相关系数为0.652，决定系数R^2为0.426，表示预测变量共可解释低效能的42.6%的变异量，表示模型拟合良好，模型对数据有一定解释力。

表156　模型汇总

模型	*R*	R^2	调整R^2	标准估计的误差	更改统计量				
					R^2更改	*F*更改	df1	df2	Sig.*F*更改
1	0.652a	0.426	0.420	1.309 65	0.426	73.892	6	598	0.000

（2）方差分析。

从表157可以看出，回归模型的方差分析表明变异量显著性检验的*F*

值为73.892，显著性检验的P值为0.000，小于0.05的显著性水平，表示回归模型的整体解释变异量达到显著水平。

表157 Anova[a]

模型		平方和	df	均方	F	Sig.
1	回归	760.434	6	126.739	73.892	0.000b
	残差	1 025.679	598	1.715		
	总计	1 786.113	604			

（3）回归方程的系数及系数的检验。

从表158可以看出，控制积极应对策略的情况下，以疏离感为因变量，工作压力5个维度和积极应对策略为自变量放入回归方程，根据表158回归方程的结果可知，5个工作压力维度的系数均显著，即P值均小于0.05，同时积极应对策略的系数也显著。因此，根据中介检验的程序，积极应对策略在教练员的5个工作压力维度和疏离感的关系中起到部分中介作用，假设H4c成立。

表158 标准化回归模型系数[a]

模型		非标准化系数		标准系数	t	Sig.
		B	标准误差	试用版		
1	（常量）	1.284	0.552		2.326	0.020
	JCS工作特征压力	0.137	0.039	0.119	3.552	0.000
	VDS职业发展压力	0.114	0.043	0.092	2.654	0.008
	JSS工作保障压力	0.229	0.041	0.187	5.597	0.000
	IRS人际关系压力	0.300	0.038	0.264	7.923	0.000
	PAS绩效考核压力	0.197	0.037	0.180	5.344	0.000
	PR积极应对策略	–0.361	0.056	–0.222	–6.389	0.000

4.8.5.6 控制消极应对策略的情况下工作压力5个维度和疏离感的关系

（1）模型拟合。

从表159可以看出，工作压力的5个维度、消极应对策略和疏离感的多元相关系数为0.652，决定系数R^2为0.424，表示预测变量共可解释低效能的42.4%的变异量，表示模型拟合良好，模型对数据有一定解释力。

表159　模型汇总

模型	R	R^2	调整R^2	标准估计的误差	更改统计量				
					R^2更改	F更改	df1	df2	Sig.F更改
1	0.656a	0.430	0.424	1.30475	0.430	75.199	6	598	0.000

（2）方差分析。

从表160可以看出，回归模型的方差分析表明变异量显著性检验的F值为75.199，显著性检验的P值为0.000，小于0.05的显著性水平，表示回归模型的整体解释变异量达到显著水平。

表160　Anova[a]

模型		平方和	df	均方	F	Sig.
1	回归	768.099	6	128.017	75.199	0.000b
	残差	1018.014	598	1.702		
	总计	1786.113	604			

（3）回归方程的系数及系数的检验。

表161表明控制消极应对策略的情况下，以疏离感为因变量，工作压力5个维度和消极应对策略为自变量放入回归方程，根据表161回归方程的结果可知，5个工作压力维度的系数均显著，即P值均小于0.05，同时消极应对策略的系数也显著。因此，根据中介检验的程序，消极应对策略在教练员的5个工作压力维度和疏离感的关系中起到部分中介作用，假设H4f成立。

表161　标准化回归模型系数[a]

模型		非标准化系数		标准系数	t	Sig.
		B	标准误差	试用版		
1	（常量）	−1.572	0.288		−5.454	0.000
	JCS工作特征压力	0.145	0.038	0.126	3.801	0.000
	VDS职业发展压力	0.110	0.043	0.088	2.562	0.011
	JSS工作保障压力	0.217	0.041	0.177	5.311	0.000
	IRS人际关系压力	0.302	0.038	0.266	8.021	0.000

续表

模型		非标准化系数		标准系数	t	Sig.
		B	标准误差	试用版		
1	PAS绩效考核压力	0.184	0.037	0.169	4.992	0.000
	NC消极应对策略	0.262	0.039	0.236	6.755	0.000

4.8.6 讨论与分析

相关分析和回归的结果表明，积极应对策略和消极应对策略在教练员工作压力和工作倦怠中起到部分中介作用，也就是说工作压力不仅会直接导致工作倦怠的形成，应对方式或策略也会导致工作倦怠，并且工作压力会通过应对策略影响工作倦怠的形成。本研究结果与前期学者的研究结论一致（王宪红、刘长青、孟祥乐）。应对策略在教练员工作压力和工作倦怠之间的中介效果具体体现在以下方面。

（1）积极应对策略在教练员工作压力的工作特征压力、人际关系压力、职业发展压力、工作保障压力和绩效考核压力中起到部分中介作用。

（2）消极应对策略在教练员工作压力的工作特征压力、人际关系压力、职业发展压力、工作保障压力和绩效考核压力中起到部分中介作用。

由此可见，应对策略在教练员工作压力和工作倦怠的关系中扮演着重要的角色。积极的应对策略可以减少压力的感知和形成，缓解压力带来的倦怠感；消极的应对策略会加重压力的感知，加重工作压力所带来的不适感。教练员的工作繁重而复杂，如果教练员采取积极的应对策略，就可以降低压力的感知，从而避免倦怠的形成。教练员通过主动积极的应对策略，不仅可以改善自身与工作的关系，还可以获得对压力的积极认知，获得良性的认知结构；同时不断地总结经验，向同行请教，积极寻求家人、朋友及社会的支持，从而解决问题，避免因压力造成一系列不良反应，降低工作倦怠。相反地，当教练员面对来自工作的各种压力时，采取逃避、置之不理或任由其发展等一系列消极的应对策略必然会使教练员的心理负担加重，从而形成倦怠感，周而复始，形成恶性循环，不利于问题的有效解决。

4.9 有中介的调节检验

4.9.1 有中介的调节的概念

如果一个模型中除了自变量和因变量以外还有中介变量和调节变量同时存在，就称为有中介的调节模型或有调节的中介模型（温忠麟）。根据前文的理论分析和文献回顾，本研究建立了两个有中介的调节模型。（图19、图20）

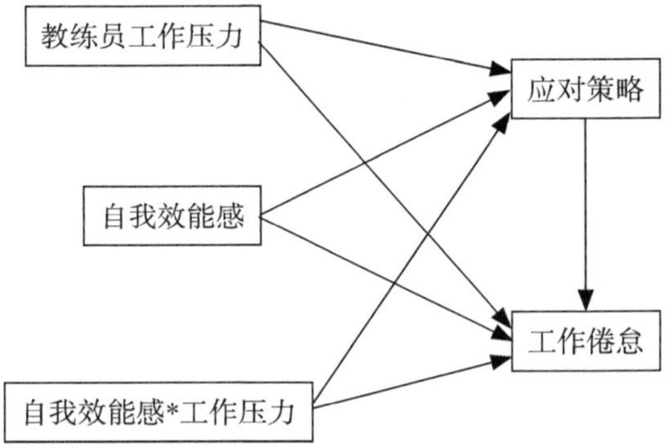

图19 应对策略为中介、自我效能感为调节的模型

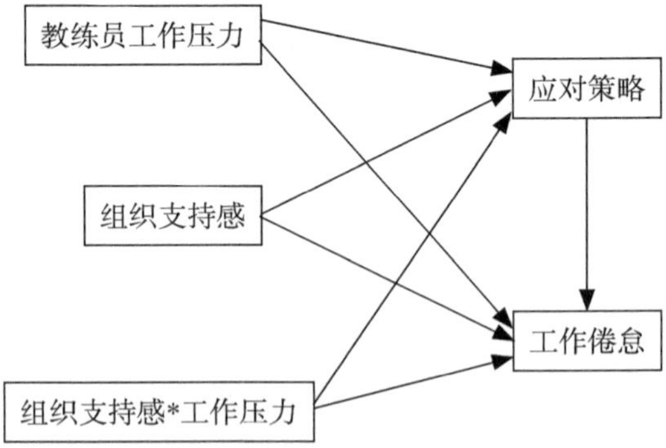

图20 应对策略为中介、组织支持感为调节的模型

4.9.2 有中介的调节的检验程序

叶宝娟、温忠麟提出的检验有中介的调节模型的程序如图21所示。

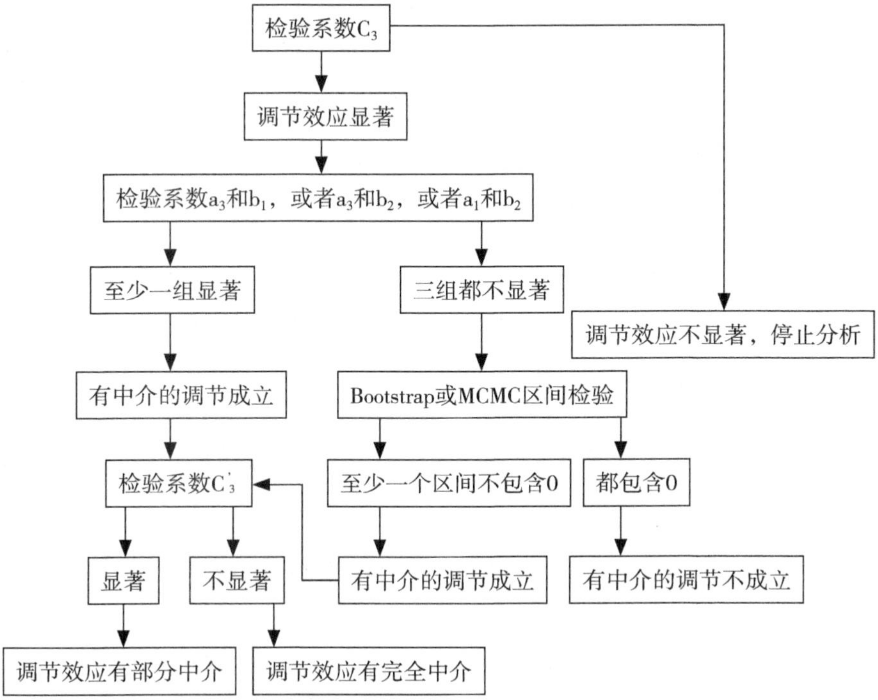

图21　有中介的调节模型的检验程序

本研究根据以上的检验程序，通过依次检验的方法分3个步骤进行，以自我效能感（组织支持感同下）作为调节变量为例：

（1）做工作倦怠（Y）对工作压力（X）、自我效能感（U）和自我效能感×工作压力（U×X）的回归：

$$Y=C_0+C_1X+C_2U+C_3UX+e_1$$

UX的系数C_3显著。接下来检验UX通过中介变量W对因变量产生影响。

（2）做应对策略（W）对工作压力（X）、自我效能感（U）和自我效能感×工作压力（U×X）的回归：

$$W=C_0+a_1X+a_2U+a_3UX+e_2$$

UX的系数a_3显著。

（3）做工作倦怠（Y）对工作压力（X）、自我效能感（U）、自我效能感×工作压力（U×X）和应对策略（W）的回归：

$$Y=C_0+C_1X+C_2U+C_3UX+b_1W+e_1$$

W的系数b_1显著。至此说明UX通过中介变量W对因变量Y产生影响。此时，间接调节效应（通过中介变量的调节效应）等于a_3b_1，直接调节效应等于C_3。如果在第三步中，UX的系数C_3不显著，则U的调节效应完全通过中介变量W起作用。目前，国内学者多采用这种方法检验有中介的调节模型（楼尊、孟慧、宋继文、孙志强、王崴、苏少冰、黄桢炜、张锦涛、林丹华）。

4.9.3 应对策略是教练员工作压力和自我效能感交互影响工作倦怠的中介变量

4.9.3.1 应对策略是教练员工作压力和自我效能感交互影响情感衰竭的中介变量

（1）（第一步）自我效能感在工作压力和情感衰竭之间的调节作用检验。

前面已经进行了工作压力对工作倦怠的直接效应和调节效应的检验，结果见表162。可以看出，教练员工作压力5个维度对情感衰竭都有显著的正向影响。但5个维度与自我效能感的交互效应中，只有人际关系压力、工作保障压力和职业发展压力与自我效能感的交互作用对情感衰竭影响显著，其他两个维度的P值都大于0.05，因此根据上述的检验步骤，进行第二步检验，即工作压力对积极应对策略和消极应对策略的直接效果的检验以及自我效能调节效应的检验（第二个方程的检验）。

表162　自我效能对工作压力和情感衰竭的调节效应（第一步）

模型		非标准化系数		标准系数	t	Sig.
		B	标准误差	试用版		
1	（常量）	–0.091	0.281		–0.324	0.746
	工作特征压力	0.137	0.037	0.133	3.705	0.000
	职业发展压力	0.308	0.041	0.277	7.521	0.000

续表

模型		非标准化系数		标准系数	t	Sig.
		B	标准误差	试用版		
	工作保障压力	0.117	0.039	0.107	2.973	0.003
	人际关系压力	0.249	0.036	0.245	6.834	0.000
	绩效考核压力	0.119	0.035	0.122	3.362	0.001
2	（常量）	2.051	0.446		4.603	0.000
	工作特征压力	0.117	0.036	0.113	3.238	0.001
	职业发展压力	0.289	0.040	0.260	7.243	0.000
	工作保障压力	0.090	0.039	0.082	2.318	0.021
	人际关系压力	0.225	0.036	0.221	6.307	0.000
	绩效考核压力	0.079	0.035	0.081	2.246	0.025
	自我效能感	–0.277	0.046	–0.214	–6.077	0.000
3	（常量）	1.887	0.430		4.388	0.000
	工作特征压力	0.122	0.034	0.119	3.599	0.000
	职业发展压力	0.308	0.038	0.277	8.176	0.000
	工作保障压力	0.069	0.037	0.063	1.862	0.063
	人际关系压力	0.228	0.034	0.224	6.775	0.000
	绩效考核压力	0.078	0.034	0.080	2.318	0.021
	自我效能感	–0.261	0.044	–0.202	–5.964	0.000
	JCS × SE	–0.021	0.030	–0.023	–0.695	0.487
	IRS × SE	–0.156	0.028	–0.185	–5.535	0.000
	PAS × SE	0.033	0.029	0.040	1.166	0.244
	JSS × SE	0.086	0.033	0.089	2.625	0.009
	VDS × SE	–0.146	0.033	–0.153	–4.454	0.000

（2）（第二步）教练员工作压力5个维度和自我效能感的交互作用对应对策略的影响检验。

①教练员工作压力5个维度和自我效能感的交互作用对积极应对策略的影响检验，结果见表163。工作压力的5个维度和自我效能感的交互效应对积极应对策略的影响在0.05的水平上都达到了显著要求，检验结果如下：工作特征压力×自我效能感（t=–4.097，P=0.000<0.05）、人际关系压力×自我效能感（t=–5.404，P=0.000<0.05）、绩效考核压力×自我效能感（t=–5.290，P=0.000<0.05）、工作保障压力×自我效能感

（t=−3.975，P=0.000<0.05）、职业发展压力×自我效能感（t=−3.832，P=0.000<0.05），满足了以上第二个步骤的要求即自变量和调节变量的交互作用对中介的作用要显著，可以进行第三步检验。

表163　自我效能感在工作压力和积极应对策略之间的调节效果检验（第二步）

模型		非标准化系数		标准系数	t	Sig.
		B	标准误差	试用版		
1	（常量）	8.337	0.209		39.942	0.000
	工作特征压力	−0.110	0.028	−0.154	−3.981	0.000
	职业发展压力	−0.151	0.030	−0.198	−4.967	0.000
	工作保障压力	−0.080	0.029	−0.106	−2.723	0.007
	人际关系压力	−0.099	0.027	−0.141	−3.649	0.000
	绩效考核压力	−0.088	0.026	−0.131	−3.344	0.001
2	（常量）	8.336	0.341		24.412	0.000
	工作特征压力	−0.110	0.028	−0.154	−3.960	0.000
	职业发展压力	−0.151	0.031	−0.198	−4.948	0.000
	工作保障压力	−0.080	0.030	−0.106	−2.701	0.007
	人际关系压力	−0.099	0.027	−0.141	−3.622	0.000
	绩效考核压力	−0.088	0.027	−0.131	−3.280	0.001
	自我效能感	9.958E−05	0.035	0.000	0.003	0.998
3	（常量）	7.422	0.298		24.923	0.000
	工作特征压力	−0.100	0.024	−0.141	−4.261	0.000
	职业发展压力	−0.135	0.026	−0.176	−5.166	0.000
	工作保障压力	−0.064	0.026	−0.084	−2.490	0.013
	人际关系压力	−0.103	0.023	−0.148	−4.437	0.000
	绩效考核压力	−0.062	0.023	−0.093	−2.693	0.007
	自我效能感	0.075	0.030	0.084	2.474	0.014
	JCS × SE	−0.085	0.021	−0.139	−4.097	0.000
	IRS × SE	−0.106	0.020	−0.182	−5.404	0.000
	PAS × SE	−0.105	0.020	−0.181	−5.290	0.000
	JSS × SE	−0.090	0.023	−0.135	−3.975	0.000
	VDS × SE	−0.087	0.023	−0.132	−3.832	0.000

②教练员工作压力5个维度和自我效能感的交互作用对消极应对

策略的影响检验，结果见表164。工作压力的5个维度和自我效能感的交互效应对消极应对的影响在0.05的水平上都达到了显著要求，检验结果如下：工作特征压力×自我效能感（t=4.534，P=0.000<0.05）、人际关系压力×自我效能感（t=7.161，P=0.000<0.05）、绩效考核压力×自我效能感（t=3.636，P=0.000<0.05）、工作保障压力×自我效能感（t=4.743，P=0.000<0.05）和职业发展压力×自我效能感（t=3.137，P=0.000<0.05），满足了以上第二个步骤的要求即自变量和调节变量的交互作用对中介的作用要显著，可以进行第三步检验。

表164　自我效能感在工作压力和消极应对策略之间的调节效果检验（第二步）

模型		非标准化系数		标准系数	t	Sig.
		B	标准误差	试用版		
1	（常量）	−0.577	0.303		−1.905	0.057
	JCS工作特征压力	0.120	0.040	0.115	2.994	0.003
	VDS职业发展压力	0.225	0.044	0.201	5.087	0.000
	JSS工作保障压力	0.154	0.043	0.140	3.617	0.000
	IRS人际关系压力	0.129	0.039	0.126	3.279	0.001
	PAS绩效考核压力	0.169	0.038	0.172	4.411	0.000
2	（常量）	−0.153	0.495		−0.308	0.758
	JCS工作特征压力	0.116	0.040	0.111	2.882	0.004
	VDS职业发展压力	0.221	0.044	0.197	4.988	0.000
	JSS工作保障压力	0.149	0.043	0.135	3.463	0.001
	IRS人际关系压力	0.124	0.040	0.121	3.137	0.002
	PAS绩效考核压力	0.161	0.039	0.164	4.126	0.000
	SE自我效能感	−0.055	0.051	−0.042	−1.084	0.279
3	（常量）	1.185	0.428		2.768	0.006
	JCS工作特征压力	0.100	0.034	0.097	2.965	0.003
	VDS职业发展压力	0.195	0.037	0.174	5.208	0.000
	JSS工作保障压力	0.121	0.037	0.110	3.301	0.001
	IRS人际关系压力	0.132	0.033	0.129	3.950	0.000
	PAS绩效考核压力	0.132	0.033	0.134	3.949	0.000
	SE自我效能感	−0.167	0.044	−0.128	−3.837	0.000
	JCS × SE	0.135	0.030	0.151	4.534	0.000
	IRS × SE	0.201	0.028	0.237	7.161	0.000

续表

模型	非标准化系数		标准系数	t	Sig.
	B	标准误差	试用版		
PAS × SE	0.104	0.029	0.122	3.636	0.000
JSS × SE	0.154	0.033	0.158	4.743	0.000
VDS × SE	0.102	0.033	0.106	3.137	0.002

（3）（第三步）工作压力、自我效能感、应对策略和情感衰竭的整体模型检验。

第三步进行教练员工作压力3个维度、自我效能感、应对策略（积极应对策略和消极应对策略）和情感衰竭的整体模型检验。根据前面的第三步的要求和表165的结果，积极应对策略和消极应对策略在整体模型中对情感衰竭都有显著的影响，其中积极应对策略t=–3.586，P=0.001<0.05；消极应对策t=3.827，P=0.000<0.05。因此，根据以上三步的结果判断，积极应对策略和消极应对策略是人际关系压力、职业保障压力和职业发展压力和自我效能感交互影响情感衰竭的中介变量，假设H5a和H5d部分成立。根据前面的要求，完全中介还是部分中介要根据自我效能感与这3个工作压力维度的系数加以判断。从表165可知，人际关系压力和职业发展压力与自我效能感的交互作用显著，分别为t=–7.969，P=0.000<0.05；t=–6.632，P=0.000<0.05。而工作保障压力与自我效能感的交互作用不显著（t=0.503，P=0.615>0.05），表明积极应对策略和消极应对策略在人际关系压力、职业发展压力和情感衰竭的整体模型上属于部分中介，而在工作保障压力维度上属于完全中介。

表165　工作压力、自我效能感、应对策略和情感衰竭的整体模型检验（第三步）

模型		非标准化系数		标准系数	t	Sig.
		B	标准误差	试用版		
1	（常量）	0.419	0.269		1.558	0.120
	VDS职业发展压力	0.357	0.041	0.321	8.750	0.000
	IRS人际关系压力	0.277	0.037	0.273	7.539	0.000
	JSS工作保障压力	0.177	0.038	0.162	4.605	0.000
2	（常量）	2.708	0.419		6.467	0.000

续表

模型		非标准化系数		标准系数	t	Sig.
		B	标准误差	试用版		
	VDS职业发展压力	0.323	0.040	0.290	8.165	0.000
	IRS人际关系压力	0.242	0.036	0.239	6.769	0.000
	JSS工作保障压力	0.128	0.038	0.117	3.396	0.001
	SE自我效能感	–0.313	0.045	–0.242	–6.955	0.000
3	（常量）	2.568	0.402		6.388	0.000
	VDS职业发展压力	0.342	0.037	0.308	9.144	0.000
	IRS人际关系压力	0.246	0.034	0.242	7.256	0.000
	JSS工作保障压力	0.106	0.036	0.097	2.943	0.003
	SE自我效能感	–0.299	0.043	–0.231	–6.952	0.000
	IRS × SE	–0.150	0.028	–0.178	–5.276	0.000
	JSS × SE	0.094	0.031	0.098	3.022	0.003
	VDS × SE	–0.146	0.032	–0.153	–4.533	0.000
4	（常量）	4.013	0.670		5.987	0.000
	VDS职业发展压力	0.256	0.037	0.230	7.006	0.000
	IRS人际关系压力	0.185	0.033	0.182	5.674	0.000
	JSS工作保障压力	0.050	0.035	0.046	1.446	0.149
	SE自我效能感	–0.242	0.041	–0.187	–5.902	0.000
	IRS × SE	–0.224	0.028	–0.266	–7.969	0.000
	JSS × SE	0.015	0.031	0.016	.503	0.615
	VDS × SE	–0.206	0.031	–0.215	–6.632	0.000
	PR积极应对策略	–0.251	0.070	–0.173	–3.586	0.000
	NC消极应对策略	0.188	0.049	0.190	3.827	0.000

4.9.3.2 应对策略是教练员工作压力和自我效能感交互影响低效能的中介变量

（1）（第一步）自我效能感在工作压力和低效能之间的调节作用检验。

前面已经进行了工作压力对低效能的直接效应和调节效应的检验，结果见表166。可以看出，教练员工作压力5个维度对低效能都有显著的正向影响。但5个维度与自我效能感的交互效应中，绩效考核压力、人际关系压力、工作保障压力和职业发展压力与自我效能感的乘积对低效能影响显著，工作特征压力和自我效能感的交互作用的P值都大于0.05（不能进行下一步检验），因此根据上述的检验步骤，对调节效应显著的工作压力维度进行下一步的检验。

表166　自我效能感对工作压力和低效能的调节效果检验（第一步）

模型		非标准化系数		标准系数	t	Sig.	共线性统计量	
		B	标准误差	试用版			容差	VIF
1	（常量）	2.265	0.209		10.818	0.000		
	工作特征压力	0.106	0.028	0.135	3.835	0.000	0.882	1.134
	职业发展压力	0.221	0.031	0.261	7.226	0.000	0.836	1.196
	工作保障压力	0.140	0.029	0.168	4.751	0.000	0.873	1.146
	人际关系压力	0.120	0.027	0.155	4.408	0.000	0.881	1.135
	绩效考核压力	0.166	0.026	0.223	6.253	0.000	0.858	1.165
2	（常量）	3.814	0.333		11.452	0.000		
	工作特征压力	0.091	0.027	0.116	3.383	0.001	0.874	1.144
	职业发展压力	0.207	0.030	0.245	6.943	0.000	0.831	1.203
	工作保障压力	0.120	0.029	0.144	4.150	0.000	0.860	1.162
	人际关系压力	0.102	0.027	0.132	3.839	0.000	0.870	1.149
	绩效考核压力	0.136	0.026	0.184	5.194	0.000	0.827	1.209
	自我效能感	–0.200	0.034	–0.204	–5.879	0.000	0.860	1.162
3	（常量）	3.594	0.334		10.767	0.000		
	工作特征压力	0.093	0.026	0.119	3.530	0.000	0.873	1.145
	职业发展压力	0.207	0.029	0.245	7.090	0.000	0.829	1.207
	工作保障压力	0.135	0.029	0.162	4.705	0.000	0.836	1.195
	人际关系压力	0.100	0.026	0.129	3.833	0.000	0.867	1.153
	绩效考核压力	0.144	0.026	0.194	5.537	0.000	0.805	1.242
	自我效能感	–0.190	0.034	–0.194	–5.612	0.000	0.829	1.206
	JCS × SE	0.028	0.023	0.041	1.190	0.234	0.833	1.201
	IRS × SE	0.058	0.022	0.090	2.638	0.009	0.846	1.183
	PAS × SE	–0.048	0.022	–0.075	–2.172	0.030	0.821	1.217
	JSS × SE	–0.082	0.025	–0.112	–3.239	0.001	0.830	1.205
	VDS × SE	–0.072	0.025	–0.099	–2.832	0.005	0.808	1.237

（2）（第二步）教练员工作压力5个维度和自我效能感的交互作用对应对策略的影响检验。

由于前面结果已经表明工作压力5个维度和自我效能感的交互作用对积极应对策略影响均显著（表163），因此直接进行第三步检验。同理，前面结果已经表明工作压力5个维度和自我效能感的交互作用对消极应对策略影响显著（表164），因此直接进行第三步检验。

（3）（第三步）工作压力、自我效能感、应对策略和低效能的整体模型检验。

第三步进行教练员工作压力4个维度、自我效能感、应对策略（积极应对策略和消极应对策略）和低效能的整体模型检验。根据前面的第三步的要求和表167的结果，积极应对策略和消极应对策略在整体模型中对低效能都有显著的影响，其中积极应对策略$t=-5.315$，$P=0.000<0.05$；消极应对策略$t=4.710$，$P=0.000<0.05$。因此，根据以上3步的结果判断，积极应对策略和消极应对策略是人际关系压力、工作保障压力、绩效考核压力和职业发展压力与自我效能感交互影响低效能的中介变量，假设H5b和假设H5e部分成立。根据前面的要求，完全中介还是部分中介要根据自我效能感与这3个工作压力维度的交互作用系数加以判断。从表167可知，绩效考核压力、工作保障压力、职业发展压力与自我效能感的交互作用显著，分别为$t=-4.731$，$P=0.000<0.05$；$t=-5.856$，$P=0.000<0.05$；$t=-5.120$，$P=0.000<0.05$。而人际关系压力与自我效能感的交互作用不显著（$t=-0.313$，$P=0.754>0.05$），表明积极应对策略和消极应对策略在绩效考核压力、工作保障压力、职业发展压力和低效能的整体模型上属于部分中介，而在人际关系压力维度上属于完全中介。

表167 工作压力、自我效能感、应对策略和低效能的整体模型检验（第三步）

模型		非标准化系数		标准系数	*t*	Sig.
		B	标准误差	试用版		
1	（常量）	2.470	0.205		12.060	0.000
	VDS职业发展压力	0.242	0.030	0.285	7.939	0.000
	JSS工作保障压力	0.156	0.030	0.187	5.279	0.000
	IRS人际关系压力	0.130	0.027	0.169	4.767	0.000

续表

模型		非标准化系数		标准系数	t	Sig.
		B	标准误差	试用版		
	PAS绩效考核压力	0.176	0.027	0.236	6.592	0.000
2	（常量）	4.071	0.327		12.446	0.000
	VDS职业发展压力	0.224	0.030	0.265	7.554	0.000
	JSS工作保障压力	0.132	0.029	0.159	4.578	0.000
	IRS人际关系压力	0.110	0.027	0.143	4.124	0.000
	PAS绩效考核压力	0.143	0.026	0.193	5.434	0.000
	SE自我效能感	–0.211	0.034	–0.214	–6.164	0.000
3	（常量）	3.828	.327		11.707	0.000
	VDS职业发展压力	0.225	0.029	0.266	7.729	0.000
	JSS工作保障压力	0.148	0.029	0.177	5.148	0.000
	IRS人际关系压力	0.109	0.026	0.141	4.170	0.000
	PAS绩效考核压力	0.151	0.026	0.204	5.781	0.000
	SE自我效能感	–0.198	0.034	–0.201	–5.831	0.000
	IRS × SE	0.061	0.022	0.095	2.768	0.006
	PAS × SE	–0.046	0.022	–0.072	–2.065	0.039
	JSS × SE	–0.074	0.025	–0.101	–2.947	0.003
	VDS × SE	–0.065	0.025	–0.089	–2.598	0.010
4	（常量）	5.622	0.507		11.091	0.000
	VDS职业发展压力	0.144	0.027	0.170	5.305	0.000
	JSS工作保障压力	0.102	0.026	0.122	3.880	0.000
	IRS人际关系压力	0.052	0.024	0.067	2.146	0.032
	PAS绩效考核压力	0.108	0.024	0.145	4.479	0.000
	SE自我效能感	–0.149	0.031	–0.152	–4.805	0.000
	IRS × SE	–0.007	0.021	–0.010	–.313	0.754
	PAS × SE	–0.098	0.021	–0.153	–4.731	0.000
	JSS × SE	–0.137	0.023	–0.186	–5.856	0.000
	VDS × SE	–0.119	0.023	–0.163	–5.120	0.000
	PR积极应对策略	–0.279	0.053	–0.253	–5.315	0.000
	NC消极应对策略	0.173	0.037	0.229	4.710	0.000

4.9.3.3 应对策略是教练员工作压力和自我效能感交互影响疏离感的中介变量

（1）（第一步）自我效能感在工作压力和疏离感之间的调节作用检验。

前面已经进行了工作压力对疏离感的直接效应和调节效应的检验，结果见表168。可以看出，教练员工作压力5个维度对疏离感都有显著的正向影响。但5个维度与自我效能感的交互效应中，绩效考核压力、人际关系压力、工作保障压力和职业发展压力与自我效能感的乘积对疏离感影响显著，工作特征压力和自我效能感的交互作用的*P*值都大于0.05（不能进行下一步检验），因此，根据上述的检验步骤，对调节效应显著的工作压力维度进行下一步的检验。

表168　自我效能感对工作压力和疏离感的调节效果检验（第一步）

模型		非标准化系数		标准系数	*t*	Sig.	共线性统计量	
		B	标准误差	试用版			容差	VIF
1	（常量）	2.265	0.209		10.818	0.000		
	工作特征压力	0.106	0.028	0.135	3.835	0.000	0.882	1.134
	职业发展压力	0.221	0.031	0.261	7.226	0.000	0.836	1.196
	工作保障压力	0.140	0.029	0.168	4.751	0.000	0.873	1.146
	人际关系压力	0.120	0.027	0.155	4.408	0.000	0.881	1.135
	绩效考核压力	0.166	0.026	0.223	6.253	0.000	0.858	1.165
2	（常量）	3.814	0.333		11.452	0.000		
	工作特征压力	0.091	0.027	0.116	3.383	0.001	0.874	1.144
	职业发展压力	0.207	0.030	0.245	6.943	0.000	0.831	1.203
	工作保障压力	0.120	0.029	0.144	4.150	0.000	0.860	1.162
	人际关系压力	0.102	0.027	0.132	3.839	0.000	0.870	1.149
	绩效考核压力	0.136	0.026	0.184	5.194	0.000	0.827	1.209
	自我效能感	–0.200	0.034	–0.204	–5.879	0.000	0.860	1.162
3	（常量）	3.594	0.334		10.767	0.000		
	工作特征压力	0.093	0.026	0.119	3.530	0.000	0.873	1.145
	职业发展压力	0.207	0.029	0.245	7.090	0.000	0.829	1.207
	工作保障压力	0.135	0.029	0.162	4.705	0.000	0.836	1.195

续表

模型	非标准化系数		标准系数	t	Sig.	共线性统计量	
	B	标准误差	试用版			容差	VIF
人际关系压力	0.100	0.026	0.129	3.833	0.000	0.867	1.153
绩效考核压力	0.144	0.026	0.194	5.537	0.000	0.805	1.242
自我效能感	–0.190	0.034	–0.194	–5.612	0.000	0.829	1.206
JCS × SE	0.028	0.023	0.041	1.190	0.234	0.833	1.201
IRS × SE	0.058	0.022	0.090	2.638	0.009	0.846	1.183
PAS × SE	–0.048	0.022	–0.075	–2.172	0.030	0.821	1.217
JSS × SE	–0.082	0.025	–0.112	–3.239	0.001	0.830	1.205
VDS × SE	–0.072	0.025	–0.099	–2.832	0.005	0.808	1.237

（2）（第二步）教练员工作压力5个维度和自我效能感的交互作用对应对策略的影响检验。

前面结果已经表明工作压力5个维度和自我效能感的交互作用对积极应对策略影响均显著（表163），因此直接进行第三步检验。同理，前面结果已经表明工作压力5个维度和自我效能感的交互作用对消极应对策略的影响显著（表164），因此直接进行第三步检验。

（3）（第三步）工作压力、自我效能感、应对策略和疏离感的整体模型检验。

第三步进行教练员工作压力4个维度、自我效能感、应对策略（积极应对策略和消极应对策略）和疏离感的整体模型检验。前面第三步的要求和表169的结果表明，积极应对策略和消极应对策略在整体模型中对疏离感都有显著的影响，其中积极应对策略t=–5.197，P=0.000<0.05；消极应对策略t=5.028，P=0.000<0.05。因此，根据以上3步的结果判断，积极应对策略和消极应对策略是人际关系压力、工作保障压力、绩效考核压力和职业发展压力与自我效能感交互影响疏离感的中介变量，假设H5c和H5f部分成立。

根据前面的要求，完全中介还是部分中介要根据自我效能感与这4个工作压力维度的交互作用系数加以判断。从表169可知，绩效考核压力、工作保障压力、人际关系压力与自我效能感的交互作用显著，分别为$t=-5.864$，$P=0.000<0.05$；$t=-5.827$，$P=0.000<0.05$；$t=-3.944$，$P=0.000<0.05$。而职业发展压力与自我效能感的交互作用不显著（$t=0.679$，$P=0.498>0.05$），表明积极应对策略和消极应对策略在绩效考核压力、工作保障压力、人际关系压力和疏离感的整体模型上属于部分中介，而在职业发展压力维度上属于完全中介。

表169　工作压力、自我效能感、应对策略和对疏离感的整体模型检验（第三步）

模型		非标准化系数		标准系数	*t*	Sig.
		B	标准误差	试用版		
1	（常量）	−1.382	0.293		−4.724	0.000
	VDS职业发展压力	0.203	0.044	0.163	4.671	0.000
	JSS工作保障压力	0.284	0.042	0.232	6.729	0.000
	IRS人际关系压力	0.353	0.039	0.311	9.038	0.000
	PAS绩效考核压力	0.245	0.038	0.225	6.444	0.000
2	（常量）	1.239	0.463		2.679	0.008
	VDS职业发展压力	0.175	0.042	0.140	4.158	0.000
	JSS工作保障压力	0.245	0.041	0.200	6.001	0.000
	IRS人际关系压力	0.320	0.038	0.282	8.466	0.000
	PAS绩效考核压力	0.193	0.037	0.177	5.158	0.000
	SE自我效能感	−0.345	0.048	−0.239	−7.135	0.000
3	（常量）	0.840	0.463		1.815	0.070
	VDS职业发展压力	0.172	0.041	0.138	4.174	0.000
	JSS工作保障压力	0.263	0.041	0.215	6.477	0.000
	IRS人际关系压力	0.313	0.037	0.276	8.429	0.000
	PAS绩效考核压力	0.211	0.037	0.194	5.706	0.000
	SE自我效能感	−0.310	0.048	−0.215	−6.454	0.000
	IRS × SE	−0.018	0.031	−0.019	−0.580	0.562
	PAS × SE	−0.097	0.032	−0.103	−3.075	0.002
	JSS × SE	−0.101	0.036	−0.094	−2.850	0.005
	VDS × SE	0.099	0.036	0.092	2.776	0.006
4	（常量）	3.286	0.715		4.596	0.000
	VDS职业发展压力	0.056	0.038	0.045	1.460	0.145
	JSS工作保障压力	0.197	0.037	0.161	5.316	0.000
	IRS人际关系压力	0.231	0.034	0.203	6.753	0.000
	PAS绩效考核压力	0.148	0.034	0.136	4.370	0.000

续表

模型	非标准化系数		标准系数	*t*	Sig.
	B	标准误差	试用版		
SE自我效能感	–0.239	0.044	–0.166	–5.468	0.000
IRS × SE	–0.116	0.029	–0.123	–3.944	0.000
PAS × SE	–0.171	0.029	–0.182	–5.864	0.000
JSS × SE	–0.192	0.033	–0.178	–5.827	0.000
VDS × SE	0.022	0.033	0.021	0.679	0.498
PR积极应对策略	–0.385	0.074	–0.237	–5.197	0.000
NC消极应对策略	0.260	0.052	0.235	5.028	0.000

4.9.4 应对策略是教练员工作压力和组织支持感交互影响工作倦怠的中介变量

4.9.4.1 应对策略是教练员工作压力和组织支持感交互影响情感衰竭的中介变量

（1）（第一步）组织支持感在工作压力和情感衰竭之间的调节作用检验。

前面已经进行了工作压力对工作倦怠的直接效应和调节效应的检验，结果见表170。可以看出，教练员工作压力5个维度对情感衰竭都有显著的正向影响。但5个维度与组织支持感的交互效应中，只有人际关系压力、工作特征压力和职业发展压力与组织支持感的交互作用对情感衰竭影响显著，其他两个维度与组织支持感交互作用不显著（将不带入第三步检验），因此根据上述的检验步骤，进行第二步检验。

表170　组织支持感对工作压力和情感衰竭的调节效果检验（第一步）

模型		非标准化系数		标准系数	*t*	Sig.
		B	标准误差	试用版		
1	（常量）	–0.091	0.281		–0.324	0.746
	工作特征压力	0.137	0.037	0.133	3.705	0.000
	职业发展压力	0.308	0.041	0.277	7.521	0.000
	工作保障压力	0.117	0.039	0.107	2.973	0.003
	人际关系压力	0.249	0.036	0.245	6.834	0.000

续表

模型		非标准化系数		标准系数	t	Sig.
		B	标准误差	试用版		
	绩效考核压力	0.119	0.035	0.122	3.362	0.001
2	（常量）	0.828	0.381		2.176	0.030
	工作特征压力	0.113	0.037	0.110	3.038	0.002
	职业发展压力	0.295	0.041	0.265	7.220	0.000
	工作保障压力	0.104	0.039	0.095	2.640	0.009
	人际关系压力	0.236	0.036	0.233	6.512	0.000
	绩效考核压力	0.093	0.036	0.095	2.574	0.010
	组织支持感	−0.124	0.035	−0.130	−3.535	0.000
3	（常量）	0.768	0.351		2.190	0.029
	工作特征压力	0.137	0.034	0.133	4.011	0.000
	职业发展压力	0.313	0.037	0.281	8.342	0.000
	工作保障压力	0.068	0.037	0.062	1.870	0.062
	人际关系压力	0.234	0.033	0.231	7.037	0.000
	绩效考核压力	0.084	0.033	0.086	2.537	0.011
	组织支持感	−0.135	0.032	−0.142	−4.194	0.000
	JCS × OS	−0.087	0.021	−0.131	−4.150	0.000
	IRS × OS	−0.120	0.020	−0.191	−5.840	0.000
	PAS × OS	0.033	0.021	0.051	1.521	0.129
	JSS × OS	0.041	0.023	0.060	1.806	0.071
	VDS × OS	−0.134	0.024	−0.189	−5.647	0.000

（2）（第二步）教练员工作压力5个维度和组织支持感的交互作用对应对策略的影响检验。

①教练员工作压力5个维度和组织支持感的交互作用对积极应对策略的影响检验，结果见表171。工作压力的5个维度和组织支持感的交互作用对积极应对策略的影响在0.05的水平上都达到了显著要求，检验结果如下：工作特征压力×组织支持感（t=−3.881，P=0.000<0.05）、人际关系压力×组织支持感（t=−5.049，P=0.000<0.05）、绩效考核压力×组织支持感（t=−3.248，P=0.001<0.05）、工作保障压力×组织支持感（t=−3.852，P=0.000<0.05）、职业发展压力×组织支持感（t=−5.257，

P=0.000<0.05），满足了以上的第二个步骤的要求即自变量和调节变量的交互作用对因变量的影响要显著，可以进行第三步检验。

表171　组织支持感在工作压力和积极应对策略之间的调节效果检验（第二步）

模型		非标准化系数		标准系数	t	Sig.
		B	标准误差	试用版		
1	（常量）	8.337	0.209		39.942	0.000
	JCS工作特征压力	−0.110	0.028	−0.154	−3.981	0.000
	VDS职业发展压力	−0.151	0.030	−0.198	−4.967	0.000
	JSS工作保障压力	−0.080	0.029	−0.106	−2.723	0.007
	IRS人际关系压力	−0.099	0.027	−0.141	−3.649	0.000
	PAS绩效考核压力	−0.088	0.026	−0.131	−3.344	0.001
2	（常量）	8.018	0.285		28.090	0.000
	JCS工作特征压力	−0.101	0.028	−0.143	−3.624	0.000
	VDS职业发展压力	−0.147	0.031	−0.191	−4.795	0.000
	JSS工作保障压力	−0.075	0.029	−0.100	−2.553	0.011
	IRS人际关系压力	−0.094	0.027	−0.135	−3.472	0.001
	PAS绩效考核压力	−0.079	0.027	−0.118	−2.929	0.004
	OS组织支持感	0.043	0.026	0.066	1.637	0.102
3	（常量）	7.702	0.252		30.555	0.000
	JCS工作特征压力	−0.088	0.025	−0.124	−3.588	0.000
	VDS职业发展压力	−0.137	0.027	−0.179	−5.086	0.000
	JSS工作保障压力	−0.066	0.026	−0.088	−2.525	0.012
	IRS人际关系压力	−0.110	0.024	−0.158	−4.614	0.000
	PAS绩效考核压力	−0.069	0.024	−0.103	−2.898	0.004
	OS组织支持感	0.038	0.023	0.058	1.636	0.102
	JCS × OS	−0.058	0.015	−0.128	−3.881	0.000
	IRS × OS	−0.074	0.015	−0.172	−5.049	0.000
	PAS × OS	−0.050	0.015	−0.114	−3.248	0.001
	JSS × OS	−0.063	0.016	−0.134	−3.852	0.000
	VDS × OS	−0.090	0.017	−0.184	−5.257	0.000

②教练员工作压力5个维度和组织支持感的交互作用对消极应对策略的影响检验，结果见表172。工作压力的5个维度和组织支持感的交互作用对消极应对策略的影响在0.05的水平上都达到了显著要求，检验结果如下：工作特征压力×组织支持感（$t=4.645$，$P=0.000<0.05$）、人际关系压力×组织支持感（$t=5.813$，$P=0.000<0.05$）、绩效考核压力×组织支持感（$t=3.625$，$P=0.000<0.05$）、工作保障压力×组织支持感（$t=3.286$，$P=0.001<0.05$）、职业发展压力×组织支持感（$t=5.138$，$P=0.000<0.05$），满足了以上的第二个步骤的要求即自变量和调节变量的交互作用对因变量（消极应对策略）的影响要显著，可以进行第三步检验。

表172　组织支持感在工作压力和消极应对策略之间的调节效果检验（第二步）

模型		非标准化系数		标准系数	*t*	Sig.
		B	标准误差	试用版		
1	（常量）	–0.577	0.303		–1.905	0.057
	JCS工作特征压力	0.120	0.040	0.115	2.994	0.003
	VDS职业发展压力	0.225	0.044	0.201	5.087	0.000
	JSS工作保障压力	0.154	0.043	0.140	3.617	0.000
	IRS人际关系压力	0.129	0.039	0.126	3.279	0.001
	PAS绩效考核压力	0.169	0.038	0.172	4.411	0.000
2	（常量）	0.214	0.413		0.518	0.605
	JCS工作特征压力	0.099	0.040	0.095	2.453	0.014
	VDS职业发展压力	0.213	0.044	0.190	4.825	0.000
	JSS工作保障压力	0.142	0.043	0.129	3.345	0.001
	IRS人际关系压力	0.118	0.039	0.115	3.001	0.003
	PAS绩效考核压力	0.146	0.039	0.148	3.746	0.000
	OS组织支持感	–0.107	0.038	–0.111	–2.806	0.005
3	（常量）	0.682	0.359		1.898	0.058
	JCS工作特征压力	0.078	0.035	0.075	2.213	0.027
	VDS职业发展压力	0.199	0.038	0.177	5.163	0.000
	JSS工作保障压力	0.134	0.037	0.121	3.566	0.000
	IRS人际关系压力	0.140	0.034	0.137	4.100	0.000
	PAS绩效考核压力	0.132	0.034	0.135	3.902	0.000
	OS组织支持感	–0.100	0.033	–0.104	–3.023	0.003

续表

模型	非标准化系数		标准系数	t	Sig.
	B	标准误差	试用版		
JCS × OS	0.100	0.021	0.149	4.645	0.000
IRS × OS	0.122	0.021	0.193	5.813	0.000
PAS × OS	0.079	0.022	0.124	3.625	0.000
JSS × OS	0.077	0.023	0.111	3.286	0.001
VDS × OS	0.125	0.024	0.175	5.138	0.000

（3）（第三步）工作压力、组织支持感、应对策略和情感衰竭的整体模型检验。

第三步进行教练员工作压力3个维度、组织支持感、应对策略（积极应对策略和消极应对策略）和情感衰竭的整体模型检验。根据前面的要求和表173的结果，积极应对策略和消极应对策略在整体模型中对情感衰竭都有显著影响，其中积极应对策略（$t=-4.080$，$P=0.000<0.05$），消极应对策略（$t=5.379$，$P=0.000<0.05$）。

根据以上3步的结果判断，积极应对策略和消极应对策略是人际关系压力、工作特征压力和职业发展压力和组织支持感交互影响情感衰竭的中介变量，因此，假设H6a和H6d部分成立；同时根据前面的分析步骤，完全中介还是部分中介要根据组织支持感与这3个工作压力维度的系数加以判断。从表173可知，人际关系压力、职业发展压力和工作特征压力与组织支持感的交互作用显著，分别为$t=-8.924$，$P=0.000<0.05$；$t=-8.476$，$P=0.000<0.05$；$t=-6.565$，$P=0.000<0.05$。这表明积极应对策略和消极应对策略在人际关系压力为、职业发展压力和工作特征压力和情感衰竭的整体模型上属于部分中介。

表173　工作压力、组织支持感、应对策略和情感衰竭的整体模型检验（第三步）

模型		非标准化系数		标准系数	t	Sig.
		B	标准误差	试用版		
1	（常量）	0.676	0.238		2.845	0.005
	JCS工作特征压力	0.174	0.037	0.169	4.706	0.000
	VDS职业发展压力	0.345	0.041	0.310	8.379	0.000

续表

模型		非标准化系数		标准系数	t	Sig.
		B	标准误差	试用版		
	IRS人际关系压力	0.268	0.037	0.264	7.245	0.000
2	（常量）	1.704	0.321		5.307	0.000
	JCS工作特征压力	0.135	0.037	0.131	3.624	0.000
	VDS职业发展压力	0.319	0.041	0.287	7.797	0.000
	IRS人际关系压力	0.247	0.037	0.243	6.731	0.000
	OS组织支持感	–0.161	0.034	–0.169	–4.668	0.000
3	（常量）	1.433	0.295		4.852	0.000
	JCS工作特征压力	0.155	0.034	0.150	4.510	0.000
	VDS职业发展压力	0.332	0.038	0.298	8.820	0.000
	IRS人际关系压力	0.237	0.034	0.233	7.045	0.000
	OS组织支持感	–0.167	0.032	–0.175	–5.276	0.000
	JCS × OS	–0.079	0.021	–0.119	–3.768	0.000
	IRS × OS	–0.121	0.021	–0.193	–5.842	0.000
	VDS × OS	–0.120	0.024	–0.170	–5.081	0.000
4	（常量）	2.913	0.598		4.876	0.000
	JCS工作特征压力	0.100	0.032	0.097	3.159	0.002
	VDS职业发展压力	0.232	0.035	0.209	6.606	0.000
	IRS人际关系压力	0.172	0.031	0.169	5.551	0.000
	OS组织支持感	–0.111	0.029	–0.116	–3.808	0.000
	JCS × OS	–0.128	0.019	–0.193	–6.565	0.000
	IRS × OS	–0.172	0.019	–0.274	–8.924	0.000
	VDS × OS	–0.188	0.022	–0.266	–8.476	0.000
	PR积极应对策略	–0.272	0.067	–0.187	–4.080	0.000
	NC消极应对策略	0.248	0.046	0.250	5.379	0.000

4.9.4.2 应对策略是教练员工作压力和组织支持感交互影响低效能的中介变量

（1）（第一步）组织支持感在工作压力和低效能之间的调节作用检验。

前面已经进行了工作压力对低效能的直接效应和调节效应的检验，结果见表174。可以看出，教练员工作压力5个维度对低效能都有显著的正向影响；但5个维度与组织支持感的交互效应中，只有工作特征压力与组织支持感的交互作用不显著（将不带入第三步检验），其他4个维度的工作压力与组织支持感的交互作用都显著，因此根据上述的检验步骤，进行第二步检验。

表174　组织支持感对工作压力和低效能的调节效果检验（第一步）

模型		非标准化系数		标准系数	t	Sig.
		B	标准误差	试用版		
1	（常量）	2.265	0.209		10.818	0.000
	工作特征压力	0.106	0.028	0.135	3.835	0.000
	职业发展压力	0.221	0.031	0.261	7.226	0.000
	工作保障压力	0.140	0.029	0.168	4.751	0.000
	人际关系压力	0.120	0.027	0.155	4.408	0.000
	绩效考核压力	0.166	0.026	0.223	6.253	0.000
2	（常量）	3.814	0.333		11.452	0.000
	工作特征压力	0.091	0.027	0.116	3.383	0.001
	职业发展压力	0.207	0.030	0.245	6.943	0.000
	工作保障压力	0.120	0.029	0.144	4.150	0.000
	人际关系压力	0.102	0.027	0.132	3.839	0.000
	绩效考核压力	0.136	0.026	0.184	5.194	0.000
	组织支持感	−0.200	0.034	−0.204	−5.879	0.000
3	（常量）	3.594	0.334		10.767	0.000
	工作特征压力	0.093	0.026	0.119	3.530	0.000
	职业发展压力	0.207	0.029	0.245	7.090	0.000
	工作保障压力	0.135	0.029	0.162	4.705	0.000
	人际关系压力	0.100	0.026	0.129	3.833	0.000
	绩效考核压力	0.144	0.026	0.194	5.537	0.000
	组织支持感	−0.190	0.034	−0.194	−5.612	0.000
	JCS × OS	0.028	0.023	0.041	1.190	0.234
	IRS × OS	0.058	0.022	0.090	2.638	0.009
	PAS × OS	−0.048	0.022	−0.075	−2.172	0.030
	JSS × OS	−0.082	0.025	−0.112	−3.239	0.001
	VDS × OS	−0.072	0.025	−0.099	−2.832	0.005

（2）（第二步）教练员工作压力5个维度和组织支持感的交互作用对应对策略的影响检验。

根据前面的检验结果，工作压力和组织支持感的交互作用对应对策略（积极应对策略和消极应对策略）作用均显著，因此进行第三步检验。

（3）（第三步）工作压力、组织支持感、应对策略和低效能的整体模型检验。

第三步进行教练员工作压力4个维度、组织支持感、应对策略（积极应对策略和消极应对策略）和低效能的整体模型检验。表175的结果表明，积极应对策略和消极应对策略在整体模型中对低效能都有显著的影响，其中积极应对策略$t=-4.265$，$P=0.000<0.05$；消极应对策略$t=4.073$，$P=0.000<0.05$。

根据以上3步的结果判断，积极应对策略和消极应对策略是人际关系压力、工作保障压力、职业发展压力和绩效考核压力与组织支持感交互影响低效能的中介变量，因此，假设H6b和H6e部分成立；同时根据前面的分析步骤，完全中介还是部分中介要根据组织支持感与这4个工作压力维度的系数加以判断。从表175可知，人际关系压力、职业发展压力、工作保障压力和绩效考核压力与组织支持感的交互作用显著，分别为$t=2.079$，$P=0.038<0.05$；$t=-4.264$，$P=0.000<0.05$；$t=-5.893$，$P=0.000<0.05$；$t=-4.145$，$P=0.000<0.005$。这表明积极应对策略和消极应对策略在人际关系压力、职业发展压力、工作保障压力和绩效考核压力和低效能的整体模型上属于部分中介。

表175　工作压力、组织支持感、应对策略和低效能的整体模型检验（第三步）

模型		非标准化系数		标准系数	*t*	Sig.
		B	标准误差	试用版		
1	（常量）	2.470	0.205		12.060	0.000
	VDS职业发展压力	0.242	0.030	0.285	7.939	0.000
	IRS人际关系压力	0.130	0.027	0.169	4.767	0.000
	JSS工作保障压力	0.156	0.030	0.187	5.279	0.000
	PAS绩效考核压力	0.176	0.027	0.236	6.592	0.000
2	（常量）	3.469	0.269		12.876	0.000

续表

模型		非标准化系数		标准系数	t	Sig.
		B	标准误差	试用版		
	VDS职业发展压力	0.221	0.030	0.260	7.362	0.000
	IRS人际关系压力	0.113	0.027	0.146	4.203	0.000
	JSS工作保障压力	0.136	0.029	0.163	4.689	0.000
	PAS绩效考核压力	0.142	0.027	0.192	5.335	0.000
	OS组织支持感	−0.142	0.026	−0.196	−5.533	0.000
3	（常量）	3.251	0.263		12.369	0.000
	VDS职业发展压力	0.219	0.029	0.259	7.544	0.000
	IRS人际关系压力	0.105	0.026	0.136	4.053	0.000
	JSS工作保障压力	0.163	0.029	0.195	5.701	0.000
	PAS绩效考核压力	0.155	0.026	0.208	5.975	0.000
	OS组织支持感	−0.141	0.025	−0.195	−5.672	0.000
	IRS × OS	0.070	0.016	0.146	4.344	0.000
	VDS × OS	−0.033	0.018	−0.061	−1.776	0.076
	JSS × OS	−0.071	0.018	−0.136	−3.961	0.000
	PAS × OS	−0.039	0.017	−0.082	−2.365	0.018
4	（常量）	4.793	0.482		9.937	0.000
	VDS职业发展压力	0.154	0.028	0.182	5.528	0.000
	IRS人际关系压力	0.054	0.025	0.070	2.174	0.030
	JSS工作保障压力	0.122	0.027	0.147	4.558	0.000
	PAS绩效考核压力	0.120	0.024	0.162	4.929	0.000
	OS组织支持感	−0.110	0.023	−0.152	−4.704	0.000
	IRS × OS	0.032	0.015	0.067	2.079	0.038
	VDS × OS	−0.075	0.018	−0.140	−4.264	0.000
	JSS × OS	−0.099	0.017	−0.191	−5.893	0.000
	PAS × OS	−0.065	0.016	−0.135	−4.145	0.000
	PR积极应对策略	−0.226	0.053	−0.204	−4.265	0.000
	NC消极应对策略	0.151	0.037	0.200	4.073	0.000

4.9.4.3 应对策略是教练员工作压力和组织支持感交互影响疏离感的中介变量

（1）（第一步）组织支持感在工作压力和疏离感之间的调节作用

检验。

前面已经进行了工作压力对疏离感的直接效应和调节效应的检验，结果见表176。可以看出，教练员工作压力5个维度对疏离感都有显著的正向影响；同时工作压力的5个维度与组织支持感的交互作用都显著，因此根据上述的检验步骤，进行第二步检验。

表176 组织支持感对工作压力和疏离感的调节效果检验（第一步）

模型		非标准化系数		标准系数	*t*	Sig.
		B	标准误差	试用版		
1	（常量）	-1.723	0.298		-5.785	0.000
	工作特征压力	0.176	0.039	0.153	4.491	0.000
	职业发展压力	0.169	0.044	0.136	3.879	0.000
	工作保障压力	0.257	0.042	0.210	6.142	0.000
	人际关系压力	0.336	0.039	0.296	8.680	0.000
	绩效考核压力	0.229	0.038	0.210	6.068	0.000
2	（常量）	-0.246	0.398		-0.618	0.537
	工作特征压力	0.138	0.039	0.120	3.538	0.000
	职业发展压力	0.147	0.043	0.118	3.433	0.001
	工作保障压力	0.235	0.041	0.193	5.724	0.000
	人际关系压力	0.315	0.038	0.278	8.296	0.000
	绩效考核压力	0.186	0.038	0.170	4.929	0.000
	组织支持感	-0.200	0.037	-0.187	-5.424	0.000
3	（常量）	-0.413	0.386		-1.071	0.285
	工作特征压力	0.138	0.038	0.120	3.679	0.000
	职业发展压力	0.133	0.041	0.107	3.224	0.001
	工作保障压力	0.270	0.04	0.221	6.714	0.000
	人际关系压力	0.291	0.037	0.257	7.960	0.000
	绩效考核压力	0.199	0.036	0.183	5.470	0.000
	组织支持感	-0.193	0.035	-0.181	-5.447	0.000
	JCS × OS	0.081	0.023	0.109	3.495	0.001
	IRS × OS	-0.069	0.023	-0.098	-3.054	0.002
	PAS × OS	-0.059	0.024	-0.084	-2.528	0.012
	JSS × OS	-0.115	0.025	-0.151	-4.613	0.000
	VDS × OS	0.075	0.026	0.095	2.862	0.004

（2）（第二步）教练员工作压力5个维度和组织支持感的交互作用对应对策略的影响检验。

根据前面的检验结果，工作压力和组织支持感的交互作用对应对策略（积极应对策略和消极应对策略）的作用均显著，因此进行第三步检验。

（3）（第三步）工作压力、组织支持感、应对策略和疏离感的整体模型检验。

第三步进行教练员工作压力5个维度、组织支持感、应对策略（积极应对策略和消极应对策略）和疏离感的整体模型检验。表177的结果表明，积极应对策略和消极应对策略在整体模型中对疏离感都有显著的影响，其中积极应对策略t=−4.227，P=0.000<0.05；消极应对策略t=4.624，P=0.000<0.05。

根据以上3步的结果判断，积极应对策略和消极应对策略是工作压力5个维度与组织支持感交互影响疏离感的中介变量，因此，假设H6c和H6f部分成立；同时根据前面的分析步骤，完全中介还是部分中介要根据组织支持感与这5个工作压力维度的交互作用系数加以判断。从表177可知，人际关系压力、工作保障压力和绩效考核压力与组织支持感的交互作用显著，分别为t=−3.054，P=0.002<0.05；t=−6.560，P=0.000<0.05；t=−4.286，p=0.000<0.05。表明积极应对策略和消极应对策略在人际关系压力、工作保障压力和绩效考核压力和疏离感的整体模型上属于部分中介；而职业发展压力、工作特征压力与组织支持感的交互作用不显著，属于完全中介。

表177　工作压力、组织支持感、应对策略和疏离感的整体模型检验（第三步）

模型		非标准化系数		标准系数	t	Sig.
		B	标准误差	试用版		
1	（常量）	−1.723	0.298		−5.785	0.000
	VDS职业发展压力	0.169	0.044	0.136	3.879	0.000
	IRS人际关系压力	0.336	0.039	0.296	8.680	0.000
	JSS工作保障压力	0.257	0.042	0.210	6.142	0.000
	PAS绩效考核压力	0.229	0.038	0.210	6.068	0.000
	JCS工作特征压力	0.176	0.039	0.153	4.491	0.000
2	（常量）	−0.246	0.398		−0.618	0.537

续表

模型		非标准化系数		标准系数	t	Sig.
		B	标准误差	试用版		
	VDS职业发展压力	0.147	0.043	0.118	3.433	0.001
	IRS人际关系压力	0.315	0.038	0.278	8.296	0.000
	JSS工作保障压力	0.235	0.041	0.193	5.724	0.000
	PAS绩效考核压力	0.186	0.038	0.170	4.929	0.000
	JCS工作特征压力	0.138	0.039	0.120	3.538	0.000
	OS组织支持感	−0.200	0.037	−0.187	−5.424	0.000
3	（常量）	−0.413	0.386		−1.071	0.285
	VDS职业发展压力	0.133	0.041	0.107	3.224	0.001
	IRS人际关系压力	0.291	0.037	0.257	7.960	0.000
	JSS工作保障压力	0.270	0.04	0.221	6.714	0.000
	PAS绩效考核压力	0.199	0.036	0.183	5.470	0.000
	JCS工作特征压力	0.138	0.038	0.120	3.679	0.000
	OS组织支持感	−0.193	0.035	−0.181	−5.447	0.000
	IRS × OS	−0.069	0.023	−0.098	−3.054	0.002
	VDS × OS	0.075	0.026	0.095	2.862	0.004
	JSS × OS	−0.115	0.025	−0.151	−4.613	0.000
	PAS × OS	−0.059	0.024	−0.084	−2.528	0.012
	JCS × OS	0.081	0.023	0.109	3.495	0.001
4	（常量）	1.841	0.694		2.655	0.008
	VDS职业发展压力	0.042	0.039	0.034	1.077	0.282
	IRS人际关系压力	0.223	0.034	0.197	6.469	0.000
	JSS工作保障压力	0.217	0.038	0.177	5.780	0.000
	PAS绩效考核压力	0.146	0.034	0.134	4.275	0.000
	JCS工作特征压力	0.092	0.035	0.080	2.621	0.009
	OS组织支持感	−0.157	0.033	−0.148	−4.763	0.000
	IRS × OS	−0.122	0.021	−0.174	−5.666	0.000
	VDS × OS	0.016	0.025	0.021	0.664	0.507
	JSS × OS	−0.154	0.023	−0.202	−6.560	0.000
	PAS × OS	−0.094	0.022	−0.133	−4.286	0.000
	JCS × OS	0.038	0.022	0.052	1.760	0.079
	PR积极应对策略	−0.314	0.074	−0.194	−4.227	0.000
	NC消极应对策略	0.241	0.052	0.217	4.624	0.000

4.9.5 讨论与分析

本研究不仅探讨了自我效能感和组织支持感在教练员工作压力和工作倦怠中的调节作用，并且进一步探讨了自我效能感和组织支持感对教练员工作压力和工作倦怠之间的调节效应的内部机制。这种机制的结果具体如下。

（1）积极应对策略和消极应对策略是人际关系压力、职业发展压力、工作保障压力和自我效能感交互影响情感衰竭的中介变量。

（2）积极应对策略和消极应对策略是绩效考核压力、职业发展压力、工作保障压力、人际关系压力和自我效能感交互影响低效能的中介变量。

（3）积极应对策略和消极应对策略是绩效考核压力、职业发展压力、工作保障压力、人际关系压力和自我效能感交互影响疏离感的中介变量。

（4）积极应对策略和消极应对策略是人际关系压力、职业发展压力、工作特征压力和组织支持感交互影响情感衰竭的中介变量。

（5）积极应对策略和消极应对策略是人际关系压力、职业发展压力、工作保障压力、绩效考核压力和组织支持感交互影响低效能的中介变量。

（6）积极应对策略和消极应对策略是人际关系压力、职业发展压力、工作特征压力、工作保障压力、绩效考核压力和组织支持感交互影响疏离感的中介变量。

根据压力作用的交互理论，个体在面对压力性事件时，会对压力进行评价，从而采取不同的应对策略。个体的应对策略往往受到个性特征的影响（Bolger）。具有高自我效能感的教练员在面对工作压力时会采取积极的应对方式去进行有效的应对，而自我效能感较低的教练员会采取消极的应对方式去应对；高自我效能感的教练员不会认为工作压力是阻力，相反会觉得是动力，也愿意去求助以便获得积极的资源，而低自我效能感的教练员认为工作压力会带来负面影响，认为自己很难控制，采取回避、不理会等消极的方式应对，结果导致倦怠感的产生。同时，资源保存理论认为：人们有获得、保存和保护其所重视的资源的本能。当个体失去资源，工作要求无法达到满足时或是无法达到预期时，就会产生压力感或倦怠感。而来自组织的支持恰恰是一种资源，组织的支持可以为教练员提供各种福利和医疗卫生等一系列保障，为教练员安心地投入训练和工作提供支持。因此，当教练员面对较大的工作压力时，来自组织的支持可以减少不良反应，教练员可以利用组织的支持进行积极的应对管理；而当教练员较少感受到来自组织的支持时，个体资源就会不断消耗并且得不到有效补充，便会采取消极的应对方式，从而产生倦怠感。

总之，本研究在资源保存理论和压力交互作用理论的基础上，提出了有中介的调节模型，比较深入地探讨了教练员工作压力和工作倦怠的关系及其作用机制。既说明了工作压力是工作倦怠的直接影响因素，又初步揭示了工作压力影响工作倦怠的条件，还揭示了工作压力在不同的自我效能感和组织支持感下存在差别的原因，无疑丰富了工作压力和工作倦怠研究内容。

4.10 假设检验的汇总结果

本研究深入探讨了教练员工作压力和工作倦怠之间的直接关系、自我效能感和组织支持感在工作压力和工作倦怠之间的调节效应、应对策略的中介效应以及有中介的调节效应，并对研究假设进行了验证，研究假设汇总表见表178。

表178 研究假设汇总表

序号	假设内容	检验结果
H1	教练员工作压力对工作倦怠有正向影响	支持
H1a	工作特征压力对情感衰竭有正向影响	支持
H1b	人际关系压力对情感衰竭有正向影响	支持
H1c	绩效考核压力对情感衰竭有正向影响	支持

续表

序号	假设内容	检验结果
H1d	工作保障压力对情感衰竭有正向影响	支持
H1e	职业发展压力对情感衰竭有正向影响	支持
H1f	工作特征压力对低效能有正向影响	支持
H1g	人际关系压力对低效能有正向影响	支持
H1h	绩效考核压力对低效能有正向影响	支持
H1i	工作保障压力对低效能有正向影响	支持
H1j	职业发展压力对低效能有正向影响	支持
H1k	工作特征压力对疏离感有正向影响	支持
H1l	人际关系压力对疏离感有正向影响	支持
H1m	绩效考核压力对疏离感有正向影响	支持
H1n	工作保障压力对疏离感有正向影响	支持
H1o	职业发展压力对疏离感有正向影响	支持
H2	自我效能感在教练员工作压力和工作倦怠的关系中起调节作用	部分支持
H2a	自我效能感调节工作特征压力和情感衰竭的关系	不支持
H2b	自我效能感调节人际关系压力和情感衰竭的关系	支持
H2c	自我效能感调节绩效考核压力和情感衰竭的关系	不支持
H2d	自我效能感调节工作保障压力和情感衰竭的关系	支持
H2e	自我效能感调节职业发展压力和情感衰竭的关系	支持
H2f	自我效能感调节工作特征压力和低效能的关系	不支持
H2g	自我效能感调节人际关系压力和低效能的关系	支持
H2h	自我效能感调节绩效考核压力和低效能的关系	支持
H2i	自我效能感调节工作保障压力和低效能的关系	支持
H2j	自我效能感调节职业发展压力和低效能的关系	支持
H2k	自我效能感调节工作特征压力和疏离感的关系	支持
H2l	自我效能感调节人际关系压力和疏离感的关系	不支持
H2m	自我效能感调节绩效考核压力和疏离感的关系	支持
H2n	自我效能感调节工作保障压力和疏离感的关系	支持
H2o	自我效能感调节职业发展压力和疏离感的关系	支持
H3	组织支持感在教练员工作压力和工作倦怠的关系中起调节作用	部分支持
H3a	组织支持感调节工作特征压力和情感衰竭的关系	支持
H3b	组织支持感调节人际关系压力和情感衰竭的关系	支持

续表

序号	假设内容	检验结果
H3c	组织支持感调节绩效考核压力和情感衰竭的关系	不支持
H3d	组织支持感调节工作保障压力和情感衰竭的关系	不支持
H3e	组织支持感调节职业发展压力和情感衰竭的关系	支持
H3f	组织支持感调节工作特征压力和低效能的关系	不支持
H3g	组织支持感调节人际关系压力和低效能的关系	支持
H3h	组织支持感调节绩效考核压力和低效能的关系	支持
H3i	组织支持感调节工作保障压力和低效能的关系	支持
H3j	组织支持感调节职业发展压力和低效能的关系	不支持
H3k	组织支持感调节工作特征压力和疏离感的关系	支持
H3l	组织支持感调节人际关系压力和疏离感的关系	支持
H3m	组织支持感调节绩效考核压力和疏离感的关系	支持
H3n	组织支持感调节工作保障压力和疏离感的关系	支持
H3o	组织支持感调节职业发展压力和疏离感的关系	支持
H4	应对策略是教练员工作压力和工作倦怠的中介变量	支持
H4a	积极应对策略是教练员工作压力和情感衰竭的中介变量	支持
H4b	积极应对策略是教练员工作压力和低效能的中介变量	支持
H4c	积极应对策略是教练员工作压力和疏离感的中介变量	支持
H4d	消极应对策略是教练员工作压力和情感衰竭的中介变量	支持
H4e	消极应对策略是教练员工作压力和低效能的中介变量	支持
H4f	消极应对策略是教练员工作压力和疏离感的中介变量	支持
H5	应对策略是教练员工作压力和自我效能感交互影响工作倦怠的中介变量	部分支持
H5a	积极应对策略是工作压力和自我效能感交互影响情感衰竭的中介变量	部分支持
H5b	积极应对策略是工作压力和自我效能感交互影响低效能的中介变量	部分支持
H5c	积极应对策略是工作压力和自我效能感交互影响疏离感的中介变量	部分支持
H5d	消极应对策略是工作压力和自我效能感交互影响情感衰竭的中介变量	部分支持
H5e	消极应对策略是工作压力和自我效能感交互影响低效能的中介变量	部分支持
H5f	消极应对策略是工作压力和自我效能感交互影响疏离感的中介变量	部分支持

续表

序号	假设内容	检验结果
H6	应对策略是教练员工作压力和组织支持感交互影响工作倦怠的中介变量	部分支持
H6a	积极应对策略是工作压力和组织支持感交互影响情感衰竭的中介变量	部分支持
H6b	积极应对策略是工作压力和组织支持感交互影响低效能的中介变量	部分支持
H6c	积极应对策略是工作压力和组织支持感交互影响疏离感的中介变量	部分支持
H6d	消极应对策略是工作压力和组织支持感交互影响情感衰竭的中介变量	部分支持
H6e	消极应对策略是工作压力和组织支持感交互影响低效能的中介变量	部分支持
H6f	消极应对策略是工作压力和组织支持感交互影响疏离感的中介变量	部分支持

5 结论和建议

5.1 结 论

本研究在以往的研究基础上，以我国省级教练员为调查对象，首先对教练员工作压力的内涵进行了界定，在此基础上编制了教练员工作压力的测量问卷，最后研究了教练员的工作压力和工作倦怠之间的直接关系，以及自我效能感、组织支持感和应对策略对它们之间的关系的影响机制，具体结论如下。

（1）本研究在借鉴以往工作压力测量工具的基础上，通过定性的访谈，编制了教练员的工作压力问卷。该问卷一共由5个维度、27个题目组成。通过预试的小样本测试和大样本的探索式因子分析、验证式因子分析确定了教练员工作压力的5个维度为：工作特征压力、人际关系压力、职业发展压力、工作保障压力和绩效考核压力。该问卷经检验具有良好的信效度，可以为今后研究教练员工作压力提供测量工具。

（2）通过对教练员发放工作压力正式问卷进行调查，总体来看，教练员感受的工作压力处于中等偏上水平，所感受到的各个维度的工作压力由大到小依次是工作保障压力、职业发展压力、绩效考核压力、工作特征压力、和人际关系压力；教练员工作倦怠的程度处于中等偏上水平，低效能感最强烈，其次是情感衰竭，最后是疏离感；教练员在面对压力时，多采用积极应对策略而较少采用消极应对策略；教练员的自我效能感处于中等偏上水平，而组织支持感处于中等偏下水平。

（3）本研究对教练员工作压力的不同维度进行了人口学变量的统计分析，不同人口学统计变量工作压力的某些维度存在显著性差异，具体如下：从性别层面来看，教练员工作压力、工作保障压力、人际关系压力和绩效考核压力不存在显著性差异，但女教练员所感受的工作特征压力显著高于男教练；30～39岁的教练员的职业发展压力和工作保障压力高于其他年龄段的教练员；工作时间在15年以上的教练员的工作特征压力显著高于其他两个工作时间的教练员，工作时间在5～14年的教练员感受的工作保障压力显著高于其他两个工作时间的教练员，15年以上工作时间的教练员的人际关系压力最大；初级职称的教练员感受的工作特征压力最大，而高级职称及以上教练员工作保障压力最大；大专及以下和本科学历的教练员职业发展压力最大；已婚教练员感受到的压力普遍大于未婚教练员。

（4）本研究通过多元回归分析方法研究了教练员工作压力对工作倦怠的影响，总体来说，教练员工作压力与工作倦怠有正向相关关系，并且工作压力的5个维度都可以预测工作倦怠3个维度。具体来说：教练员工作特征压力、职业发展压力、人际关系压力、工作保障压力和绩效考核压力都可以正向预测情感衰竭、低效能和疏离感。其中职业发展压力对情绪衰竭的解释力最大，职业发展压力对低效能的解释力最大，人际关系压力对疏离感的解释力最大。可见，工作压力是引起工作倦怠的一个非常重要的原因。

（5）通过层级回归的方法研究了自我效能感、组织支持感在教练员工作压力的部分维度和工作倦怠的不同维度的关系中具有调节效应，也就是说自我效能感和组织支持感的高低可以影响工作压力部分维度和工作倦怠之间的关系，表明可以从自我效能感和组织支持感的角度对工作压力进行干预和管理。

（6）通过依次回归的方法检验了积极应对策略和消极应对策略在教练员工作压力和工作倦怠之间的中介效应。也就是说，教练员的工作压力是通过积极应对策略和消极应对策略间接影响工作倦怠。

（7）自我效能感、组织支持感和教练员工作压力的部分维度的交互作用是通过积极应对策略和消极应对策略对工作倦怠产生影响的。也就是说，自我效能感高、组织支持感高的教练员会采取积极的应对策略来避免倦怠感的产生；反之，自我效能感低、组织支持感低的教练员会采取消极的应对策略，从而引起倦怠感。

5.2 建 议

本研究通过对教练员工作压力的调查研究，分析了教练员工作压力的现状，同时进一步研究了工作压力、工作倦怠、自我效能感、组织支持感和应对策略之间的关系，明确了它们之间的作用机制。研究结果表明，自我效能感和组织支持感不仅可以调节工作压力和工作倦怠之间的关系，而且这种调节作用是通过应对策略的途径完成的；同时也表明，工作压力和工作倦怠之间的关系受到个人层面和组织层面两个方面的影响。因此，本研究将从个体和组织两个方面提出建议。

5.2.1 个人层面的压力应对

（1）准确地认识自我，提高应激控制技能。

通过多种评估手段，教练员对自己的心理卫生状态有一定的认识，进而通过各种途径予以调适，保持心理平衡。这种评估可以通过自评或他评的方式进行。当教练员对自己有正确的认识以后，就能正确定位自己的目标，对所面临的问题做出正确的决断和恰当的选择，避免压力的困扰。教练员不仅要控制自己的心理压力，而且要想方设法通过阶段性和可操作性的过程目标及具体调节方法，减少运动员在重要比赛过程中的心理压力，提高其在压力过程中的适应能力。由此，教练员应增强对训练和比赛过程中目标实现的成就感和满意度，从而有效地保持和增强自己的心理健康水平。

（2）培养良好的人格和心态，保持“责任心”和“平常心”。

教练员在工作中要善于培养自己的兴趣和爱好，保持工作中的稳定心态，保持心理平衡，提高自身的基本素质，始终保持一颗平常心。平静的心态会很好地接受各种工作中的变化，处变不惊，坦然处之。不因为一点挫折而灰心丧气，也不为曾经的成功而久久回味。“责任感”和“平常心”有助于教练员保持心理平衡。此外，源于“责任感”的焦虑也是必要的，要促使焦虑和压力转变成一种动力，进而成就事业。

（3）构建积极的心理应对技能。

首先，教练员可以通过提高自己的领导能力，达到提高执教效力的目的。领导技能的提升可以改变教练员多方面的困扰，从而影响教练员的心理健康状况。其次，在训练和比赛过程中，教练员需要通过一些方式与运动员、管理人员及其他教练员、裁判等进行沟通。良好的沟通可以使执教工作事半功倍，也是教练员应当具备的基本心理技能之一。

（4）教练员应学会适应竞争，驾驭竞争。

虽然竞争免不了会产生压力，但如果教练员能够对竞争有正确合理的心态和认识，便会更好地面对竞争，驾驭竞争，化解竞争中的不良压力。因此，教练员首先应树立良性的竞争价值观，在竞争中追求超越，追求进步，追求发展。其次，不要看重一时的得失，为暂时的失利而焦虑，只要自己不断进步，未来一定能成功。再次，要从胜败中学到知识、吸取经验，使自己得到进步和发展。最后，要认真评估自己的竞争力和发展潜力，在自己的能力范围内合理选择竞争目标。

5.2.2 组织层面的压力应对

（1）改善工作环境和提高工作保障。

改善训练场所的工作条件，提高教练员的福利待遇水平，同时建立良好的社会保障机制，解决教练员的后顾之忧，以便提高教练员工作的积极性，有效降低工作压力带来的负面效应。在运动队层面，领导要正确认识教练员和训练的重要关系，尊重教练员的教学地位，注意为教练员减压、减负，充分调动其积极性和主动性。

（2）重视他人对教练员心理压力的影响。

首先，上级领导的关心与支持对教练员的心理健康产生重大影响。大赛前领导下队动员式慰问及比赛失利后的批评责备都会给教练员带来巨大的心理压力，是导致教练员情绪衰竭、职业倦怠的主要潜在因素。因此，关怀教练员的内在与外在需求，促进教练员的自我提升，完善教练员的评价制度，注重平时慰问和交流，对消除教练员的职业倦怠，维护其心理健康有重要作用。其次，教练员需要得到家人的理解，因为常年带队训练、比赛，教练员很少有时间陪在家人身边，和家人聚少离多。对教练员来说，平台越高，压力越大，如何处理好“小家”与“大家”的关系是每位教练员需要面对的问题。因此，家人、朋友的理解与支持是教练员努力工作的坚实后盾，也是保障教练员心理健康的重要基础。

（3）完善教练员的奖励制度和管理制度。

应针对不同阶段的教练员执行不同的评价标准，奖励制度应该灵活机动。既要通过经济手段对取得优异执教成绩的教练员进行奖励，也要通过非经济手段满足取得执教突破的教练员继续培训、深造的自我需要，给予他们肯定。尽量让教练员参与到运动队的相关决策和管理中，培养其主人翁意识。积极为教练员的晋升提供条件，促进其自我提升，使之感受到自己时刻处在积极向上的阶段。完善教练员的评价制度，使教练员能及时看到自己的劳动成果，满足其自我实现感，进而消除其对工作的消极倦怠心理。

5.3 研究局限和展望

第一，在研究设计上，本研究主要采用横断面的设计，所采集的数据属于横断面数据，横断面数据很难对变量之间的因果关系进行推断，并且调查的数据都来自自陈式的问卷，都是个体对自己的主观评价，难免受到其他无关变量的干扰导致数据不准确。因此，今后的研究还需要通过其他评价方式来获取数据，在研究设计上应增加实验研究和追踪的调查研究，进一步证明变量之间的因果关系。

第二，在研究内容上需要进一步探索工作压力和工作倦怠之间的作用机制。本研究主要内容是个体变量、组织变量和工作压力的交互作用对工作倦怠的影响。实际上，在工作压力对工作倦怠的影响过程中，个体变量和外界变量也会相互作用并对结果变量产生影响。因此，在今后的研究中可以将自我效能感、应对策略、社会支持等众多缓冲变量纳入模型中进行研究，探索这些缓冲变量之间的交互作用对工作压力和工作倦怠之间关系的影响机制，进一步丰富研究的内容。

第三，本研究的调研对象是来自各个运动项目的省级教练员，并没有对各个运动项目教练员之间的工作压力的差异进行研究，但实际上各个运动项目教练员工作压力之间有很大差异，今后可以对各个运动项目教练员的工作压力进行有针对性的研究。

参考文献

[1] 叶一舵，申艳娥.应对及应对方式研究综述[J]. 心理科学，2002，25（6）：755–756.

[2] 曾晓娟. 大学教师工作压力研究[D]. 大连：大连理工大学，2010.

[3] 凌文辁，杨海军，方俐洛. 企业员工的组织支持感[J]. 心理学报，2006，38（2）：281–287.

[4] 白玉苓. 组织支持感对工作压力影响的实证研究[J]. 北京服装学院学报，2011，31（3）：59–70.

[5] 张忠秋. 教练员心理卫生健康问题的预防与应对方法[J]. 中国体育教练员，2013，21（3）：9–12.

[6] 文超. 田径[M]. 北京：人民体育出版社，1990.

[7] 田麦久. 运动训练科学化探索[M]. 北京：人民体育出版社，1988.

[8] 李中海，廖建桥. 现代企业中的工作压力管理[J]. 工业工程，2001，4（1）：11–15.

[9] 高中华，赵晨，李超平，等. 高科技企业知识员工心理资本对其离职意向的影响研究——基于资源保存理论的调节中介模型[J]. 中国软科学，2012（3）：138–148.

[10] 张莉，林与川，于超跃，等. 支持资源作用下的工作–家庭促进：情感倾向的调节作用[J]. 管理学报，2012，9（3）：78–85.

[11] 崔向军，马洋纳，朱小茼. 高校教师工作压力与职业倦怠的相关研究[J]. 中国健康心理学杂志，2011，19（5）：561–562.

[12] 许小东，孟晓斌. 工作压力：应对与管理[M]. 北京：航空工业

出版社，2004.

[13] 石林．职业压力与应对[M]．北京：社会科学文献出版社，2004.

[14] 舒晓兵．管理人员的工作压力和工作效率研究[M]．湖北：武汉大学出版社，2007.

[15] 贾子若，杨书宏，宋守信．安全绩效与工作压力，职业倦怠关系研究——以铁路机车司机为例[J]．中国安全科学学报，2013，6：145-150.

[16] COOPER C L，SLOAN S J，WILLIAMS S. Occupational stress indicator[M]. Windsor：Nfer-Nelson，1988.

[17] PARKER D F，DECOTIIS T A.Organizational determinants of job stress[J].Organizational behavior and human performance，1983，32（2）：160-177.

[18] 王宪红，刘长青，隋国增，等．教练员职业压力，社会支持与职业倦怠关系研究[J]．山西师大体育学院学报，2011，26（2）：41-44.

[19] HURRELL J J.Occupational stress：Issues and developments in research[M].New York：Taylor & Francis，1988.

[20] KELLEY B C，BAGHURST T.Development of the coaching issues survey （CIS）[J].The Sport Psychologist，2009，23（3）：367-387.

[21] 张玉泉，张永虎，周涛，等．竞技体育教练员职业压力与职业倦怠的关系研究[J]．中国体育科技，2010，46（2）：71-75.

[22] FREUDENBERGER H J. Staff burn - out[J].Journal of social issues，1974，30（1）：159-165.

[23] MASLACH C. Burnout[J]. Human behavior，1976，5（9）：16-22.

[24] 李永鑫．工作倦怠及其测量[J]．心理科学，2003，26（3）：556-557.

[25] MASLACH C，JACKSON S E. The measurement of experienced burnout[J].Journal of occupational behavior，1981，2（2）：99-113.

[26] 刘红云，孟庆茂，张雷．教师集体效能和自我效能对工作压力影响作用的调节——多水平分析研究[J]．心理科学，2004，27（5）：

1073–1076.

[27] HOBFOLL S E. Conservation of resources: A new attempt at conceptualizing stress[J].American psychologist, 1989, 44 (3): 513.

[28] 房巧玲，王晓丽．注册会计师职业倦怠“工作要求–资源”模型及其应用——基于资源保存理论的视角[J]．会计与经济研究，2013（1）：13–22.

[29] DENSTEN I L. Re - thinking burnout[J]. Journal of Organizational Behavior, 2001, 22 (8): 833–847.

[30] MOORE J E. Why is this happening? A causal attribution approach to work exhaustion consequences[J]. Academy of Management Review, 2000, 25 (2): 335–349.

[31] KITTEL F, LEYNEN F. A study of work stressors and wellness/health outcomes among Belgian school teachers[J]. Psychology and Health, 2003, 18 (4): 501–510.

[32] MEARNS J, CAIN J E. Relationships between teachers' occupational stress and their burnout and distress: Roles of coping and negative mood regulation expectancies[J]. Anxiety, Stress & Coping, 2003, 16 (1): 71–82.

[33] LEE R T, ASHFORTH B E. A meta–analytic examination of the correlates of the three dimensions of job burnout[J]. Journal of applied Psychology, 1996, 81 (2): 123.

[34] ÇAM O. The burnout in nursing academicians in Turkey[J]. International journal of nursing studies, 2001, 38 (2): 201–207.

[35] DRAKE D, Hebert E P. Perceptions of occupational stress and strategies for avoiding burnout: Case studies of two female teacher–coaches[J]. Physical Educator, 2002, 59 (4): 170.

[36] KELLEY B C. A model of stress and burnout in collegiate coaches: Effects of gender and time of season[J].Research quarterly for exercise and sport, 1994, 65 (1): 48–58.

[37] 赵简，张西超．工作压力与工作倦怠的关系——心理资本的调

节作用[J]. 河南师范大学学报：自然科学版，2010，38（3）：139–143.

［38］徐富明. 中小学教师的工作压力现状及其与职业倦怠的关系[J]. 中国临床心理学杂志，2003，11（3）：195–197.

［39］蒋奖，张西超，许燕. 银行职员的工作倦怠与身心健康，工作满意度的探讨[J]. 中国心理卫生杂志，2004，18（3）：197–199.

［40］李琼，王松丽，张艳. 教师工作压力对职业倦怠的影响：一个路径分析[J]. 教育学报，2009，5（5）：78–82.

［41］邱宗忠，陈雪梅，周涛. 教练员职业压力人口统计学变量的差异分析[J]. 山东体育学院学报，2012，28（5）：68–72.

［42］李铂，吴磊. 竞技运动教练员职业压力现状的研究[J]. 泰山学院学报，2009，31（3）：114–118.

［43］张玉泉，张永虎，周涛，等. 竞技体育教练员职业压力与职业倦怠的关系研究[J]. 中国体育科技，2010，46（2）：71–75.

［44］孟祥乐，陈作松，苏清芳，等. 教练员职业压力，应对方式与职业倦怠关系的研究[J]. 体育研究与教育，2015，30（1）：91–96.

［45］王宪红，刘长青，隋国增，等. 教练员职业压力，社会支持与职业倦怠关系研究[J]. 山西师大体育学院学报，2011，26（2）：41–44.

［46］郭冰心，汪永光，王义强，等. 应对方式在科技工作者职业倦怠及压力知觉中的中介效应[J]. 中国公共卫生，2015，31（7）：863–869.

［47］BANDURA A，LOCKE E A. Negative self–efficacy and goal effects revisited[J]. Journal of applied psychology，2003，88（1）：87.

［48］袁锦芳. 小学女教师的压力，应对方式与职业倦怠的关系[J]. 中国健康心理学杂志，2009（5）：547–549.

［49］郑晓芳. 中小学教师职业压力对职业倦怠和工作满意感的影响研究[D]. 长春：吉林大学，2013.

［50］SCHAUBROECK J，LAM S S K，XIE J L. Collective efficacy versus self–efficacy in coping responses to stressors and control：a cross–cultural study[J]. Journal of Applied Psychology，2000，85（4）：512.